# DER SIEG DES KAPITALS

## WIE DER REICHTUM IN DIE WELT KAM:
## DIE GESCHICHTE VON WACHSTUM, GELD UND KRISEN

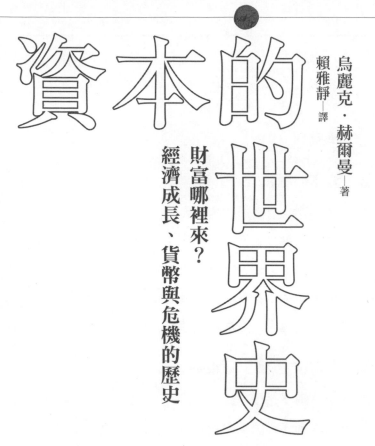

資本的世界史

烏麗克‧赫爾曼 著

賴雅靜—譯

財富哪裡來？
經濟成長、貨幣與危機的歷史

# 目次

# 資本主義並非永恆的存在，只不過是歷史的產物

黃紹恆（交大客家文化學院人文社會學系
教授兼系主任）

　　現代經濟學理論可追溯十八世紀的亞當・史密斯（Adam Smith），「道德哲學」則是其學問的總稱，由四個部分所構成，即自然神學、倫理學、正義論及「有關政治性規範的考察」。第四部分的「有關政治性規範的考察」講義內容，亞當・史密斯於日後增補改寫成《國富論》，成為現代經濟學奠基的重要著作之一。不過，日後被認為是亞當・史密斯經濟學思想及理論的部分，實為其所建立更宏大的學問體系「道德哲學」的一環，而非其學問的核心。

　　亞當・史密斯所處的英國已完成市民革命，同時也是以私有財產權及營業自由為前提，主張國家對外貿易應採取干涉的「議會重商主義」即將結束的階段。亞當・史密斯支持光榮革命所確立的私有財產權及營業自由及以此為基礎的社會，卻主張廢除重商主義的

干涉政策。由於這兩種互相矛盾的社會體系是以法律的形式表現出來，因此在方法上，亞當‧史密斯先確立判斷這些法律的基準，亦即自然法的內容，再以此說明其批判或支持的理由。亞當‧史密斯的「道德哲學」之核心，便在於說明如何的狀態才合乎自然法。在當時極富盛名的《道德情感論》（The Theory of Moral Sentiments, 1759）一書中，亞當‧史密斯闡明如何認知包括自然法在內的道德一般規則，主張重商主義的政策違背了自然法。

亞當‧史密斯的道德哲學論說對日後資本主義的發展，具有二個重要意義，首先是人類的任何情感只要能獲得「公正觀察者的同感」，在道德上即可被認為是正當，而此「公正觀察者」不一定非得要傳達上帝旨意的代言人不可。此觀點使得中世紀歐洲被視為「惡德」，而被責難的「利己心」，取得道德正當性的可能。近代以降所發展出來的經濟學理論，所假定「每個有理性的經濟人，係以其利己心進行經濟活動」之原則，可說源自於此見解。其次，亞當‧史密斯以此「公正觀察者的同感」為原理構築其「正義論」，批判以「公共的利益」為立法原則的重商主義政策法思想。他主張這種「公共的利益」其實壓抑了國民的自由，而此觀點亦成為今日經濟學理論的大前提，即市場機制與自由競爭。

如前所述，亞當‧史密斯正處於英國「議會重商主義」即將結束的階段，屬於英國資本主義「原始積累」的一部分。只不過這是後人的見解，作為同時代人的亞當‧史密斯並不認同重商主義對英國資本主義之形成，所發揮的積極效果，而是主張如果沒有重商主義政策，英國的經濟將會發展得更快。基於這種觀點，《國富論》一貫的觀點便是撤除重商主義，以充分發揮市民革命（清教徒革命、光榮革命）所確立的自由及安全。不過必須留意的是，亞當‧史密

斯所主張的市場機制、自由競爭等觀點，可說是面對當時英國重商主義政經氛圍所提出的見解，然而經過後人不斷的延引，最後成為與其著書立說時的歷史條件全然無關，日後資本主義發展所需的道德基礎及經濟理論模型設定時「理所當然」的前提。

亞當・史密斯開啟了今日經濟學理論發展的大門，接著在1870年代則出現分別由孟格（C. Menger）、瓦拉斯（M.E.L. Walras）、吉逢斯（W.S. Jevons）所發展出來的「邊際革命」。「邊際革命」將數學引進為分析經濟課題的工具，一改此前偏於社會哲學性質的論述方式，為經濟學理論的發展帶來更大的躍進。亞當・史密斯在《國富論》所揭舉許多有關資本主義的命題，由於「邊際革命」創見者與亞當・史密斯所處之歷史背景不同，亦不易數量化，多半被視為經濟理論模型的外生變數。市場機制、自由競爭之類的概念，更是束之高閣，成為無庸置疑或無需再討論的前提條件。1930年代世界經濟大蕭條時期所出現的「凱因斯革命」，雖然對自亞當・史密斯以降，被經濟學理論家認為不應干涉經濟活動的「國家」，給予前所未有的重視，闡述其在國民經濟所應扮演的角色，然而凱因斯的立論並不挑戰已逐漸與歷史背景脫鉤並被「神格化」的市場機制、自由競爭等概念。

另一方面，亞當・史密斯在今日之所以被視為「經濟學之父」，不只其經濟思想成為上述經濟學理論發展的起點，亦表現在當這些經濟學理論挾政經優勢入侵工業化後發國家，並對後者形成「外壓」而思抵抗（或追趕）時，所激發出來的後發國家經濟學理論。換言之，不論贊成或是反對，今日人類所發展出來所有的經濟學理論，包括馬克思經濟學，都可說是因亞當・史密斯而起或源自亞當・史密斯。

具體而言，十九世紀後半工業先進國英國的經濟學理論，對於工業化後發的德國而言，成為先進資本主義國——英國——入侵德國政經勢力的一部分。受此刺激的德國的歷史學派，即是以批判英國經濟學理論為出發點所展開的學問體系。英國的經濟學理論可說是以自然法思想、啟蒙思想為背景，藉由抽象、演繹性質的方法，建立具「普同性質」的理論。相對之下，德國歷史學派則受羅曼主義的歷史意識影響，以具歸納性質的方法著重於個別、具各殊性質問題的研究。

德國歷史學派先驅李斯特（Friedrich List）針對英國經濟學理論所揭舉的自由貿易主義，主張為扶植自國工業發展，應採行具保護主義性的重商主義策略，在方法上，則強調經濟理論應重視各國經濟的歷史背景及國民特性。李斯特之後的德國歷史學派有舊歷史學派（W.G.F. Roscher, K.G.A. Knies）及新歷史學派（許莫勒，G. Schmoller）之分。熊彼得（J.S. Schumpeter）歸納此學派理論有三項特徵，一、反對有所謂「超歷史的普同法則」之存在，提出「相對」的觀點；二、主張相互關聯因素的不可分，強調社會生活的統一性；三、反對「原子論」、「機械論」式的社會觀，強調應將國民經濟視為有機體。第一項的觀點可說與今日已被「神格化」的市場機制、自由競爭等概念直接對衝，第二及第三項的特徵，更直接反映在十九世紀末德國新歷史學派大將許莫勒與孟格的「方法論戰」的內容。雖然許莫勒在此論戰中未能對孟格之質疑，給予具說服力的回應，不過在態度上則可說是對「邊際革命」研究方法的質疑。

許莫勒所活躍的德國已經完成其工業革命，成功建立其資本主義國民經濟，在研究方法上與舊歷史學派皆強調歷史方法在經濟學的重要性，以及經濟與其他文化要素的有機關聯。不過，新派的研

究排除舊派理論的「歷史哲學」，形成一種歷史性、記述性的研究風格。德國歷史學派對歷史因素的重視，成為馬克思經濟思想及論述的學術淵源之一。

以後發資本主義國的立場，德國在抵抗（或引進）工業先進國英國強勢經濟學理論的過程中，逐步摸索適合自國經濟理論，最後發展出重視歷史條件及各殊性的德國經濟學傳統（或特徵），從本書作者烏麗克‧赫爾曼（Ulrike Herrmann）的學術背景及本書在〈前言〉的部分，開宗明義地指出「現代資本主義無疑是個歷史現象，但是經濟理論卻往往將它當成自然法則處理，並且以各種數學公式加以解釋」，直言這種觀點只會引起人類文明「歷史必然性」地邁向資本主義的誤解，可以清楚看出來。因此，本書書名雖言「資本的世界史」，看似經濟史的作品，如以上述德國經濟學發展的歷史脈絡論，說是具有歷史觀察深度的現代資本主義經濟論，或許更為合適。

本書從人類歷史的回顧、釐清許多被視為現今資本主義社會所特有其實並非如此的物事，其中有若干的論述更可提供今日臺灣社會思考、吟味，破除一些迷思。

第一篇「資本的崛起」說明了幾件事，首先是金錢（貨幣）並非資本主義特有的現象，同時貨幣也不必然地等同資本。本書指出古希臘羅馬的富人過於富有，然而大部分的人卻過於貧窮，後者為求餬口無力與雇主議價，致使工資水準偏低。由於無需投資於更精良的技術，握有貨幣的金主也能獲利，因而使得高效率的生產過程及技術進步，無法在古希臘羅馬出現。結果這些最有能力轉變成資本家的富人，只是將金錢虛擲於在非再生產性消費，古希臘羅馬社會有金錢卻無資本。

資本的形成與工資水準的關聯，是個有趣的課題，作者以中國、英國為例繼續鋪陳。書中提到中國在西元1820年每人實質日薪僅英國的38％，當然中國社會重農抑商的傳統與以「天朝」自居的對外態度，也是近代中國沒有發展出資本主義而趨於沒落的原因。

至於英國為何是人類最早發展資本主義的地區，作者舉出三點耐人尋味的現象，首先是工業化並非始於倫敦而是英國最貧窮的西北部鄉間，其次是工業化與科學沒有任何的關聯，其三是資本主義初期幾乎不需任何資本，亦即所謂「工業化在人們沒有預料到時便悄悄啟動，起初是從鄉村地區開始。幾乎沒有動用任何資本，所需的技術知識也是許多歐洲國家已經具備。」

英國之所以可脫穎而出的原因，作者主張在於英國率先於中世紀末葉開始農業革命，又很早就廢除封建制度。在農業革命過程中，雖然使得窮人逐漸喪失原有對土地的權利，被迫轉變成日薪勞動者。然而，另一方面農業革命也帶來農業生產成本相對降低，使得一般平民有餘錢可購買糧食以外的商品，最後形成廣大的消費層。然後再經過光榮革命的政經變革，人民逐漸富有，工資水準也跟著上漲，機械取代人力遂成為英國經濟繼續成長的主要動力。不言自明，機械的發明與使用意味著一國的工業化，也即是資本主義化的開端。換言之，催生資本主義的因素「不是廉價而是昂貴的工資。唯有在勞動力昂貴的情況下，才值得借助新的科技發明提高產量，從而帶動經濟成長」。

相對於英國，身為後發工業國的德國又是如何推動工業化，德國資本主義又是如何發展，作者很直接了當地說就是「抄襲」。換個說法，也可說德國充分運用了「後發利益」的條件。後發國的工業化並不需完全如先進國一般，花費極大的代價去研發全新的技術

或機械，只要能自力地、純熟地使用並維修已開發的機械及技術，便具有推動自國工業化的能力，其資本主義亦因此而得以進展。德國「抄襲」國外發明的風氣到了1880年代大致趨向終息，第一次世界大戰前的德國產業已位居世界第二，僅次於美國。此時德國工業發展快速而且超越英國，當時英國社會認為這是因為德國人力比較低廉所致，因此主張應降低英國工資水準以維持國際競爭力的聲音。然而，當時《德國製造》暢銷書著者厄內斯特・E・威廉斯卻明言：「如此一來，企業家連探求自己的弱點都可以免了。」企業家應當作的努力應該是對工廠及人才的投資。

第二篇「對資本主義的三種誤解」主要敘述今日資本主義社會現狀與經濟學理論，尤其是與「市場經濟的新自由主義理論家」的主張之間，出現差異的情形，作者將此差異名之「誤解」。

就理論上的理解而言，價格與競爭為「市場」概念所不可欠缺的兩大要素，而競爭更是「達成並確保富裕的最有效手段」。但是作者指出資本主義其實早在十九世紀的鋼鐵工業，便已經出現「康采恩」的獨佔資本，藉由巨額資本的力量取得市場的領導地位，使得市場已非理論所說的競爭狀態。更重要的是鋼鐵業資本獨佔化的情形並非孤例，進入到二十世紀普遍可在其他產業看到。換言之，所謂資本主義的市場經濟在十九世紀後半的階段即已經逐漸走向壟斷獨佔的階段，作者指出戰後如傅利德曼（M. Friedman）之類的新自由派思想領袖，卻對此充耳不聞，「依然頌揚自由競爭的學說毫不倦怠」。在現今的社會裡，市場競爭實則只存在於一些「經濟政策尚未特別關注的小範圍裡，那些必須在無情的競爭中捍衛自己的小型業者」。

本書認為今日人類社會充滿著勞動市場、金融市場、醫療保健

市場等話語，其背後或許存在著所有事物都是私有而且有價格的假定，但是這些市場終究都是虛構出來的，尤其勞動市場不可能自行成為薪資公平的真正市場。造成這種情形的原因很多，總的來說，這些原因造成勞資雙方在議價時的權力不對稱地位，致使勞資間始終無法擺脫「不等價交換」關係。

　　作者認為我們一般所認知的市場經濟如果是錯誤的，為何還會一直存在的理由，在於「錯誤的理論創造出實質的利益」、「企業將『競爭』提升到近乎宗教準則的地位，藉此承攬收益有保障的政府案。而這些政府案之所以有保障，是因為那裡沒有任何競爭」。現代的資本主義實則是另一種計畫經濟，「未受控制的競爭具有毀滅性，因此從一開始就會遭到排除」，「世上並不存在沒有任何約束的『競爭』，有的只是少數大型康采恩掌控了資本主義經濟」。在康采恩獨佔資本橫行的今日，國家在資本主義市場經濟更是居於關鍵性的地位，而且是無所不在，「假如沒有國家持續不斷地干預，就不會出現有效的資本主義」。

　　至於 1990 年代出現的「全球化」亦非嶄新的概念及現象，十九世紀資本主義列強所主張的自由主義，其實就是一種「全球化烏托邦」，而現今的全球化則「被新自由主義者為理由地濫用，用來壓低薪資、降低企業稅，並解除對金融市場的管制」。

　　作者最後明白指出，今日「資本主義必須接受政治控管才能繁榮興盛，可惜多數國民與政治人物都缺乏這種自我意識，反而無助地聽信新自由主義的宣傳，因為他們不了解銀行和銀行商品──金錢，是如何運作的」。此處所謂「接受政治管控」，可理解係透過民主政治的運作方式，樹立合乎最大多數國民利益的經濟政策，而非由少數獨佔資本假借自由主義、市場機制，綁架國家的運作，操

弄民主政治以制定出只有利於其資本累積的政治、經濟、社會、文化等政策。

第三篇「資本對金錢」從今日資本主義的歷史，更加深入說明金錢（貨幣）未必可視同資本，其根本原因在於貨幣不是窖藏或炫耀性消費，而是要用在具再生產性消費的情形下才會轉成資本。一個社會的財富，也即是「國富」，則是表現在這個社會所創造出來的商品及服務的價值。不過，金錢確實在資本主義社會發揮著不可欠缺的功能，不僅隨著工業化（資本主義）的發展，其供給量會跟著增加，也會引起通貨膨脹的現象。作者認為通膨並不足以懼怕，「為了調控資本主義體系，溫和的通膨是不可或缺的」，也是二十世紀福利國家的「良性成果」。

金錢在人類歷史出現之後，人類便不斷追求「錢可以生錢」的投機套利行為，這類商品已發生在此數千年之間，並非資本主義社會獨特的現象。晚近二十一世紀資本主義所發生的危機，只不過換了一個金融的外貌，充其量只是這種行為的一次新展現而已。

作者所指陳的資本主義危機，在第四篇有相當詳細的說明，充分發揮其作為媒體人觀察及評論經濟時論的本事，可說最引人入勝的篇章。書中細數自世界資本主義成立之後歷次發生的危機，尤其以1927年「黑色星期四」為開端所爆發的全球性經濟大恐慌，甚至被當時人認為資本主義似乎已經走到盡頭。造成此恐慌的政經因素固然非常多，作者強調科技進步雖帶來企業或資本家極大的利益，但是勞動者的工資水準卻未有太大的變動。人數佔絕大多數的勞動者收入未見改善，使得商品及服務的銷售市場（需求）因而趨於蕭條，最後就是經濟危機跟著出現。另一方面，作者亦指出在此危機爆發之前，已經有不斷增加的金錢投入股市，使得投機性質的證券

在股市快速而且無限地增值，不僅與上述狀況形成鮮明對比，同時也營造出經濟活絡的假象。

眾所皆知，這次幾乎讓人覺得資本主義已經「玩完」的危機，最後是在日後被美國新古典學派綜合的學者編成「總體經濟學」的「凱因斯革命」經濟理論而得以解脫，然而資本主義的危機並不因此就不再發生。

二戰結束後的1971年8月15日，美國總統尼克森宣布放棄金本位制，引起所謂的「尼克森震撼」。美國放棄金本位與為支應越戰費用有關，然而美元因此陷入不穩定的狀態，影響所及，各國金融主管機關經常為了維持與美元的匯率，被迫進場干涉。從今天的時點回顧美國這個政策，可說正在為下一個為期更長、影響更深遠的危機作準備。國家在資本主義經濟所扮演的角色，於「凱因斯革命」的時點，得到理論上的支持，「尼克森震撼」所帶來的影響，則使其必須發揮的功能愈來愈複雜，也成為日後新危機的肇因者之一。

1980年代之後所出現的危機，有所謂「超級泡沫」之稱，而且被認為時至今日依然持續，尚未破滅，金融衍生性工具（商品）則在其間大為活躍，不斷地使這個泡沫越來越大。這類金融工具的出現及運作，作者有相當詳細的說明，總之這類工具最大的問題點在於其所代表的價值與實質生產力毫無關係，根本就是一場金錢遊戲的賭局，這也是被形容成「泡沫」的主要原因。

這類獲利者只是少數的遊戲參與者，泡沫破滅所造成的傷害與代價，卻因國家政策而由整個社會來承擔，充分顯示出極度的不公義。2000年初的「網際網絡泡沫」的破滅及2007年爆發的「次貸危機」，可說都這個脈絡下的產物。

本書在最後的「展望未來」，討論了資本主義滅亡的問題。有

關這個問題，在十九世紀末崛起並在二十世紀初以蘇聯的成立為重大成果的馬克思主義，主張在資本主義的瓦礫上將建立起社會主義的天堂，然後同世紀末蘇聯等社會主義國家的相繼瓦解，卻說明即使思想揭櫫了人類社會更好的發展遠景，但是受制於現實存在的歷史條件，無法實現的困境。儘管資本主義市場經濟對人類全體而言，依舊不是最理想、合適的生活方式。

　　作者未言明資本主義之後的人類社會將為如何的遠景，只強調經濟成長將會有結束的一天，其理由是現今所謂的「成長」只意味必須不斷消耗地球的資材，但是人類長久開發使用的自然資源已經日漸稀少，加上環境汙染等問題開始危及人類本身的生存，這些因素都將使得資本主義可能走上終結的道路。不過，「資本主義的終結不會是歷史的絡結，更不會地球的終結……未來將會出現一種我們今天還不知道的體系」，這則是作者在本書所給予讀者看似確定卻又模糊的結論。

# 資本的勝利

這是個罕見的場景：在德國法蘭克福市的歐洲央行前，佔領行動的活躍分子紮營長達297天。[1]他們不畏風雨寒冷與警力，也不因歐洲央行職員的好言勸慰而動搖，一直堅守在潮濕的草地上。然而，這一切為的是什麼？佔領行動的活躍分子並未提出任何具體訴求。儘管繪製了寫有「銀行不該太猖狂」或「我們就是那99%」的海報，但除了這些空泛的控訴外，他們並沒有提出任何改革構想，他們只是對於失控的金融勢力統治著世界的情勢，有著強烈不安之感[2]。

不只佔領行動的活躍分子對於該有何具體改變苦無對策，絕大多數的德國選民對此也深感力不從心。正如作家博托‧史特勞斯（Botho Strauß）所言：「在攸關其福祉最關鍵的領域裡，民眾都是外行人。」[3]

但與此同時，大家都在猜測，金融界正在衝向下一波的大崩潰。在短短的十年間，德國便經歷了三次重大危機：2001年網路泡沫破滅，2007年金融海嘯從美國席捲而來，而歐債危機更是從2010年起一路動盪不安。這是史無前例的狀況，在歐洲史上首度在十年之內

歷經三次金融危機，並且為此付出極高昂的代價，光是在 2006 至 2012 年間，德國投資人在國外的損失便高達近 6,000 億歐元。[4]

除此之外，還有更多潛伏的危機。如同對沖基金經理人喬治‧索羅斯（George Soros）所言，「超級泡沫」已經膨脹了 30 多年，如今這顆「超級泡沫」仍然脹大到隨時可能爆破。之前的三次危機雖然在這個泡沫上戳出些小洞，卻未能將過熱的金融空氣釋放出來。

對此德國民眾雖然束手無策，卻還能認清現實，因此許多人急於購置房產，投資看似較可靠的「有形資產」。自 2010 年至今，德國不動產的價格已經上漲了 15%。[5] 這還只是德國全國的平均漲幅，在慕尼黑、法蘭克福、漢堡或柏林等大城市，房價更是一路勁揚，而且漲勢還看不到終點。

只不過將投資標的移轉到有形資產，成效依然不彰，世上並沒有保護個人免於金融危機的良方。經濟不景氣會衝擊到所有人，無論是勞工、股票投資人、屋主或領取李斯特退休年金[6]的人都無一倖免。我們以房產為例，不動產並不具絕對價值，一旦出現經濟危機，房價就會直直落，原來增值的部位消失。而投資人亟於挽救的資產，其部分也會慘遭虧損。

一般而言，德國人非常注重未雨綢繆，德國人口有 8,000 多萬，民眾投保的壽險卻高達 9,320 萬件[7]。純粹就統計數字來看，可以說就連小寶寶都有保障他們晚年生活的保險了。未雨綢繆本來無可厚非，前提是未來不會再出現更多的金融危機，如此這些規劃才能確保它們的價值。

德國人向來相當信任「專家」，相信他們有能力管理經濟問題，但在短短十年之內接連出現三次金融危機，顯示這些所謂的「專家」並不可靠，選民們再也無法承受將經濟大權交由他人管理的風險，

必須自己介入才比較有保障。

　　因此，本書旨在以深入淺出又引人入勝的手法，說明資本主義是如何運作的。在時間縱深上則起自古羅馬時代終於歐債危機，並非從當前的金融風暴切入。因為若想正確解讀危機，我們就必須先了解資本主義正常的運作方式，而不是盲目相信所有關於資本主義的神話。

　　這一點和醫學相同：醫師必須先了解健康的身體該如何，才能診斷疾病。同理，如果一味聚焦在投機泡沫與這些泡沫的詳細病徵，這麼做不僅沒有幫助，還會把我們搞糊塗。反之，如果我們先釐清不會導致危機的資本主義是如何運作的，想深入了解危機也就加倍容易了。

　　我在本書中採用了「資本主義」這個概念，這個選擇一開始或許會令人感到驚訝，認為「資本主義」一詞豈不是相當「左派」，甚至「馬克思」嗎？這是典型的德式恐懼，在美國，「資本主義」這個說法大家向來用得理直氣壯。再說，這個名詞也不是由卡爾‧馬克思（Karl Marx）創造的。[8]

　　資本主義這個概念的優點在於，它精準描述了當今經濟型態的特色：投入資本，以便之後能擁有更多資本；也就是以獲取利潤為目標。這是一種產生指數型成長的過程。[9]

　　但這種最重要的特色卻在深受德國人喜愛的「市場經濟」（Marktwirtschaft）概念中失落了。在市場上交易的準則是等值、等價原則。然而，在等值的商品交易中如何形成價值持續不斷的成長的現象？這個問題至今依然找不到解釋。

　　本書德文書名《資本的勝利》具有雙重意義。它既說明了經濟型態，也點出現存的權力關係。佔領行動認為最上層1%的人統治了

其他絕大多數的人，這種懷疑並非空穴來風。但只要那下層99%一日不了解資本主義是如何運作的，這種情況便不會有任何改變。

仔細想想，我們在這裡用得這麼理所當然的「資本」一詞，究竟有何涵義？雖然在日常生活中我們往往將資本當成貨幣、金錢的同義詞使用，但資本並不等同於貨幣或金錢。貨幣的出現由來已久，至少已經擁有4,000年的歷史：人類史上最早的文獻來自美索不達米亞地區，而這些文獻的目的不在於將文學流傳於世，而是為了記錄債務。

相較於歷史悠久的貨幣，資本的歷史則相當新。西元1760年左右，英國西北部的紡織業工廠主想到將紡織機與紡織廠加以機械化，從而開啟了現代資本主義的新紀元。就今日的標準而言，這些最早期的機械還極為小巧脆弱，但它們卻開創了全新的時代。有史以來，技術首度取代人類的勞動力，而財富也應運而生。數千年來經濟發展大多停滯不前，如今卻開始呈指數型成長。就此而言，資本主義中的「資本」指的並不是貨幣、金錢，而是高效率的生產過程及技術上的進步。

這不再只是相同物品的累增，而是革命性的變革。針對這種性質上的重大轉變，奧地利經濟學者約瑟夫·熊彼得（Joseph Schumpeter）曾經提出形象鮮明的譬喻：「我們可以把許多驛馬車任意排成一列，但永遠排不出一輛火車來。」[10]

從新石器時代到十八世紀，數千年來人類的生活方式大同小異：大多數人從事農耕工作，以穀物或莢豆為食，其中許多人的勞動所得僅能勉強餬口；但接著工業化突然出現，並帶來令人意想不到的財富。

現代資本主義無疑是個歷史現象，但經濟理論卻往往將它當成

自然法則處理，並且以各種數學公式加以解釋。這種作法令人誤以為人類之邁向資本主義是一種必然性，但這其實是一種假象。

現代資本主義並非物理學的變體，是偶然形成的。現代資本主義是人類的文化成就，很可能也是一項最令人讚嘆的發明，因為資本主義是人類創造出來的第一種動態系統，而經濟成長一旦啟動，就再也無法攔阻。儘管危機一再發生，科技發展依然持續前行——而網路的發展更是方興未艾。

唯有了解了資本主義的歷史，我們才能洞察資本主義是一種歷史現象。許多經濟學者全然漠視經濟史，這一點委實令人不解；經濟史豈不正是國民經濟學者的重要資料來源嗎？如果沒有以事實檢驗，只是一味運用數學公式加以建構，並添入各種變數，成效並不彰。知名的經濟史學家查爾斯・P・金德伯格（Charles P. Kindleberger）就曾揶揄說：「今日的經濟理論大多採用演繹法，並且建構出優美的數學模型，卻往往未能反映出人類的行為。」[11]

其實歷史可以發揮實驗裝置的作用，提供我們判別理論的對錯。在此我們單舉一例加以說明：如同我們之前所說，工業化起於英國，但為何如此？就當時的工業技術而言，英國並不特別前進，而起初英國人所具備的工業技術知識，也並未比古羅馬人更豐富，阿基米德就已經了解蒸汽機的原理了。那麼英國有什麼全新的、與眾不同之處？答案與新自由主義的觀點大異其趣：當時英國的工資是世界上最高的，因此以機器取代人力才有利可圖。

時至今日，英國的例子依然適用：唯有在實質薪資上漲時，資本主義才能穩定發展。這一點許多企業家或許不願相信，但並非低工資，而是高工資才能刺激經濟成長，為企業帶來財富。

換言之，儘管資本家大多不了解資本主義是如何運作的，資本

主義卻能蓬勃發展，這一點真可說是資本主義的奇蹟了。

不只新自由派人士誤解了資本主義，批評資本主義的左派人士往往也誤解了資本主義：他們一心想改革，甚至廢除資本主義。比如佔領行動的活躍分子中，許多人就認為是利息推升成長，因此才發明了另一種貨幣體制。

回顧歷史或許有助於釐清這種誤解：利息從來不曾帶來成長。美索不達米亞人已經知道計算並收取複利，但他們的經濟卻停滯不前。由此可知貨幣本身並不具力量，也無法形成財富。

諷刺，但其實令人痛心的是，許多反對資本主義的人士和他們的死對頭投資銀行所抱持的看法竟然如此相似。金融業者也認為自己那些不牢靠的金融產品能創造真正的財富，因此索取高額紅利。儘管銀行家與佔領行動者彼此有著天壤之別，他們卻合力將金錢拱上神祕寶座，賦予金錢神奇的魔力。

新自由主義者與他們的左派批評者，這兩方對於資本主義的誤解並非毫無後果。因為資本主義是一種極不穩定的體系，很容易導致危機，因此需要政治加以調控。萬一全盤皆錯的觀念帶來全盤皆錯的措施，後果將不堪設想。

因此，本書旨在說明為何：

1. 我們並非活在「市場經濟」中；
2. 大型「康采恩」（Konzern）勢力如此龐大；
3. 全球化並不危險；
4. 錢從來不缺；
5. 通貨膨脹並不危險；
6. 金融衍生工具自古已有之；
7. 1929年起的經濟大蕭條迄今依然深具啟發性；

8. 華爾街權力過大；

還有，解決歐債危機其實很容易。

其次，資本主義的歷史本身便非常有趣。自古以來，人類便深深為黃金、金錢、財富與權力著迷。經濟不像多數人所想的枯燥乏味，其實精彩萬分。

---

**註釋**

1　譯註：從2011年10月15日開始，德國法蘭克福、柏林、漢堡等大、中型城市的民眾借鏡美國佔領華爾街運動，發起佔領行動。德國佔領行動第一座「佔領」的城市便是集結大銀行總部與歐洲央行所在地的法蘭克福。這次佔領行動從第一天起便陸續有人在歐洲央行大樓前的廣場紮營露宿，直到2012年8月6日遭警方清場，紮營活動才告結束。

2　如今回顧，當時佔領行動的活躍分子並未研擬出具體經濟訴求，此事依然令人感到不解。根據一項網路調查顯示，參與佔領行動者其教育程度高於平均，其中66.6%甚至曾經接受過大專教育。烏利希·布林克曼（Ulrich Brinkmann）、奧利佛·納赫特威（Oliver Nachtwey）、法比耶娜·德休斯（Fabienne Décieux），2013年，第6頁。

3　博托·史特勞斯，〈我們少了一個字，就一個字〉（Uns fehlt ein Wort, ein einzig Wort），發表於《法蘭克福廣訊報》（Frankfurter Allgemeine Zeitung），2011年8月23日。

4　史蒂芬·巴哈（Stefan Bach）、圭多·巴爾迪（Guido Baldi）等著，2013年，第3頁。

5　麥可·史提恩（Michael Steen），〈歐元區房價創七年來新低〉（House prices in euro area hit 7-year low），《金融時報》（Financial Times），2013年7月21日。

6　譯註：德國由個人自願提撥，政府提供免稅優惠的退休金制度。是民間金融機構發行的年金金融產品，由德國政府保證投保人付出的保費及政府補助一定能拿回。

7　在這9,320萬件壽險中有7,500萬件為投資型壽險，亦即個人儲蓄養老險，其餘

則主要是風險保障型人壽保險（Risikolebensversicherung）。但這還不是全面的情況，這個數字還沒有將各種退休基金（Pensionsfond）與保險退休金（Pensionskassen）納入，實際上的保險件數還要多得多。詳情請參考德國保險同業公會（Gesamtverband der deutschenVersicherungswirtschaft，簡稱 GDV）報告，2013年

8　直到十九世紀末，「資本主義」這個概念才開始通行。而在德國，更是要到維爾納・宋巴特（Werner Sombart）的代表作《現代資本主義》（*Der moderne Kapitalismus*,1902）問世後才廣為人知。

9　這種粗略的定義當然還有待調整。在1981年的經濟學文獻中，資本主義就出現了111種不同的定義。詳情請參考于爾根・歐斯特漢梅（Osterhammel），2009年，第953頁。

10　熊彼得，1983年，第64頁。

11　金德伯格，1993年，第3頁。

# 第一篇
# 資本的崛起

# 第一章

# 成長奇蹟：財富形成的時候

　　所有的歐洲人都與資本主義有密切的關聯，隨著經濟成長，歐洲人的身高也水漲船高。今日德國男性的平均身高是1.78公尺，德國女性是1.65公尺[1]，比起他們的祖先大約高出十公分。這種大幅成長出現得相當突然，大約起自1880年，[2]之前數千年的歲月中，德國人的身高幾乎沒什麼變化，頂多只有些許波動。古希臘羅馬時期日耳曼人的身高與十八世紀荷爾斯泰因地區（Holstein）或黑森（Hessen）地區的人相當。

　　至於德國人的平均壽命更是大幅延長，現在出生的男孩大約能活到77.5歲，女孩甚至能活到82.6歲[3]。反之，十八世紀時平均壽命只有二十八歲，當時百分之四十的新生兒甚至不滿一歲便喪命[4]，死因大都是腸胃方面的疾病，但白喉、猩紅熱、麻疹、肺結核、天花等傳染病致死率也極高，因此得享高壽的人是少數中的少數。1755年時，柏林一千名嬰兒中只有七十四人能活到七十歲；萊比錫有105人，至於維也納則有七十一人[5]。

　　對於1755年時德國人的死亡年齡我們如此清楚，全拜約翰・彼得・敘史密斯西（Johann Peter Süßmilch）之功。敘史密斯西是柏林

教區的牧師，他將人口學這門新學科引進了德國。他根據教區記事錄，仔細收集當時民眾的死亡日期並製作成表。敘史密斯西此舉並非出於政治意圖，他根本沒有意識到壽命與社會及經濟狀況有何關聯，反而認為壽命乃是上帝的旨意。這一點從他那部劃時代的作品標題便可見一斑。這本書名為《從人類的出生、死亡與生育見證上帝的秩序對人類在這些變化上的影響》（*Die göttliche Ordnung in den Veränderungen des menschlichen Geschlechts, aus der Geburt, dem Tode und der Fortpflanzung desselben erwiesen*）[6]。

然而，最遲自十九世紀起我們便可確定，人類壽命不純粹由生理因素決定，也受到人為因素左右。自1871年德意志帝國創建後，便持續有人口資料可供參考。從當時迄今，德國人的平均壽命增為兩倍，就數字計算，便是每年平均壽命約增加三個月。但有一個持續不變的現象令人憂心：當時也和現在相同，窮人的死亡年齡明顯提早許多，富人則最為長壽[7]。

人口數字呈爆炸性成長也是個新興現象。1800年至1914年間德國人口從2,450萬攀升到6,500萬人[8]，還有510萬人則是遷移至他處——主要遷往美國[9]。這時儘管仍有許多窮人，但他們首度得以溫飽；在此之前德國人口的變化就如手風琴般，在豐年時擴增，荒年或饑荒時又再度縮減。但在工業化後德國人口便迅速攀升，因為經濟成長的速度還更加迅速。

在區區數十年之間，經濟產值便翻了好幾倍。1850年，德國國民收入為九十四億馬克，1913年則增為490億，相當於每年人均收入成長了1.4%。在今日看來，這個數字或許微不足道，甚至幾近於停滯，但在當時持續性的成長可是難得一見的新現象[10]。

當時的人已經察覺自己的生活起了莫大的變化。在相關文獻之

中，尤以馬克思與恩格斯（Friedrich Engels）在1848年發表的「共產主義宣言」，將這種劇變描述得擲地有聲。他們二人頌揚新資產階級的資本主義及其成就，認為：「它第一次證明了人的活動能夠取得什麼樣的成就。它創造了完全不同於埃及金字塔、羅馬水道和哥特式教堂的奇蹟。」

馬克思與恩格斯終其一生都深為當時的工業技術發明所著迷，並一一列舉這些「奇蹟」：「自然力的征服、機器的採用、化學在工業和農業中的應用、輪船的行駛、鐵路的通行、電報的使用，整個大陸的開墾、河川的通航、彷彿用法術從地下呼喚出來的大量人口——過去有哪個世紀曾料想到在社會勞動裡蘊藏有這樣的生產力呢！」

可知，認為馬克思與恩格斯是否定資本主義的這種觀點實在是一種誤解。事實上，他們熱情擁抱有如脫韁野馬般的經濟成長，認為財富應該大幅增加，以便在共產革命中盡可能分配到最多資源。[11]

資本主義為人類的生活帶來了根本的變革，保守派經濟學家熊彼得對這種現象有極為生動的描述：「英國女王伊莉莎白一世已擁有絲襪，然而資本主義的成就不在於為女王們提供更多絲襪，而是讓工廠女工也買得起。」[12]

然而，連這種描述也不夠精準，我們不僅活得像昔日的君王，而且活得比他們還舒適許多。雖然當時的宮殿建造得富麗堂皇，但裡頭卻沒有廁所，取暖設備也極為簡陋。旅行也同樣辛苦。1770年奧地利公主瑪麗・安東尼特（Marie-Antoinette）出嫁法國時，她所乘坐的馬車歷經二十四天才從維也納抵達巴黎。時至今日，如果搭乘夜行列車，同樣的路程只消十二小時即可到達，火車的避震性也遠優於當時的皇室車輛，而且舒適多了。不過，現今依然存在著社會

階級的差異，儘管現代女性人人穿得起絲襪，但女王與女性清潔工之間的差異並沒有縮小。

千年來，人均經濟產值一直停滯不前，對比之下，指數型成長的出現簡直是個奇蹟。對於這個現象，本書僅以一張統計圖表來呈現，這張圖表足以說明這一切。

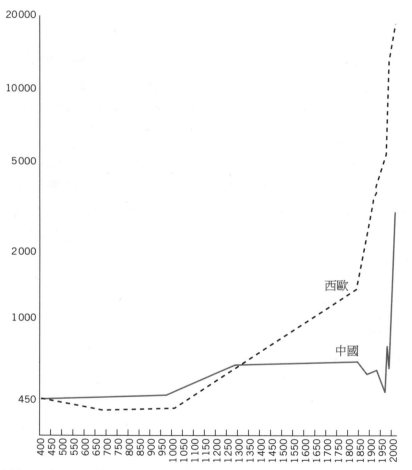

資料來源：安格斯‧麥迪森（Angus Maddison）《世界經濟千年史》（ *The World Economy: A Millennial Perspective* ），巴黎，2001年，第42頁。

中世紀初期社會動盪不安，從當時到西元1000年，人均收入呈下降趨勢。之後儘管緩步改善，但水準依然低落，直到十九世紀初起才一路勁揚。在今天，每個西歐人的平均收入大約是五代前的二十倍，而這種新財富顯然與工業化有關。但光是工業化並無法解釋這種變化，因其伴隨而來的問題是：工業化何以起步這麼晚，而不是在古羅馬時代便出現？古羅馬人的社會已經是大眾社會嗎？

---

**註釋**

1　德國聯邦統計局（Statistisches Bundesamt），2012年a，這只是當時的數據，而德國國民身高成長顯然尚未結束：二十到二十五歲的年輕男性如今平均身高是181公分，比二十五到三十歲的男性已經高出一公分。

2　艾瑞克‧霍布斯邦（Eric Hobsbawm），1994年，第29頁。

3　德國聯邦統計局，2012年b。但此處的平均壽命或許必須微幅下修，因為2011年人口普查顯示，當時居住於德國境內的人口略低於之前的假設，並非8,170萬，而是8,020萬人。

4　馬提亞斯‧艾森梅格（Matthias Eisenmenger）、迪特‧艾梅林（Dieter Emmerling），2011年，第219-238頁，此處資料來自第222頁。

5　此處約翰‧彼得‧敘史密斯西的研究引用弗朗索瓦‧赫普弗林格（François Höpflinger）〈瑞士人壽命之演變─探討前幾世紀壽命之文章與歷史檔案〉（Zur Entwicklung der Lebenserwartung in der Schweiz - Studientext und historisches Datendossier zur Lebenserwartung in früheren Jahrhunderten，http://www.hoepflinger.com/fhtop/Lebenserwartung-historisch1.pdf，第9頁。

6　敘史密斯西也曾思考，地球上最多能供多少人生活。他得到的數字在當時看來幾乎是天方夜譚，但在2011年時卻真的達到了70億；後來他更將這個數字提高到140億。

7　日內瓦共和國對不同階層人士的壽命留有詳細紀錄：十七世紀時，上層階級每1,000人中有305人年齡達六十歲；中產階級（市民與手工業者）達此年齡者為171人；下層階級（無專業技能之勞工）則僅有106人。詳情請參考：http://www.hoepflinger.com/fhtop/Lebenserwartung-historisch1.pdf，第4頁。如今貧富之間

壽命的差距雖然縮小，但兩者間男性壽命依然相差五年，女性則相差3.5年。參見馬丁‧柯羅（Martin Kroh）等著，2012年，第3-15頁。

8　漢斯－烏利希‧韋勒（Hans-Ulrich Wehler），1987年a，第69、70頁；2003年，第231頁。這些數據可相互參較，因為1800年的資料依據的區域範圍與1914年時的德國相同。

9　韋勒，1995年，第544頁。

10　以1913年物價為基準，參見弗里德里希－威廉‧漢寧（Friedrich-Wilhelm Henning），1973年，第25、26頁。相較之下，自1500年至1700年間人均收入幾乎沒有任何成長，到1750年時成長率為百分之0.2，到1800年再度出現停滯，而自1800至1850年間人均收入成長率則分別為百分之0.5與0.7。參見烏利希‧普菲斯特（Ulrich Pfister），2011年，第17頁。

11　《共產主義宣言》在今日堪稱世界史上效果最強大的宣傳文章，但在當時這篇宣言卻遭大眾漠視，直到1870年這篇宣言重新出版後才廣為人知。參見霍布斯邦，1997年，第21頁。

12　熊彼得，2008年，第84頁。

第二章

# 古羅馬人熱愛金錢，卻不是資本家

　　古羅馬人是其後代子孫的楷模。直到十七世紀時，許多歐洲人
還認為想再次達到古希臘羅馬時期的成就，甚至超越他們是不可能
的事。幾乎在所有領域，古希臘與羅馬人都是風格的開創者：他們
的建築藝術不斷受到後世模仿，他們的哲學也源源本本傳承下來；
至於羅馬帝國鼎盛時期，領土東起波斯，西至西班牙，南起撒哈拉
沙漠，北至今日之約克郡，幅員之廣更是令人歎為觀止，此後再沒
有任何一個歐洲帝國擁有如此廣大的疆域。至於他們的軍事與行政
史更是後代人所熱中探討的。一直到二十世紀，有相當長一段時間，
拉丁文一直都是德國文理高中（Gymnasium）的必修課程，每位學
生都嘗過凱撒《高盧戰記》（*Commentarii de Bello Gallico*）的苦頭。

　　就連漫畫《阿斯泰利克斯歷險記》（*Astérix le Gaulois*）也是向古
羅馬致敬。儘管該系列漫畫中的主角阿斯泰利克斯與奧貝利克斯
（Obelix）總是能打敗愚蠢的羅馬軍團，但這些發生在一座「高盧小
村」的故事之所以如此引人入勝，是因為我們都知道古羅馬人實際
上有多強大。

　　幾乎在所有的領域中，古羅馬人都成就斐然，但為何他們未發

展出資本主義？早在十九世紀，史學家發現工業化帶來的衝擊有多強大時，便已開始探討這個問題。回顧歷史，指數型成長未在古羅馬時代出現，委實令人難以理解。

其實古羅馬式的資本主義並不乏潛在顧客，當時的羅馬城聚居著一百萬名居民，亞歷山大城（Alexandria）與安提阿城（Antiochia）則各有三十萬名居民。當時的建築師一如他們在十九世紀的同業，已經思考必須將這些居民向上堆棧，才容納得下這麼多人，因此當時的羅馬已經出現了七層樓高的出租公寓「insulae」。

如果「市場經濟」意味著各處都有市場，並且在市場上從事熱絡的交易活動，那麼我們可以說羅馬帝國已經有「市場經濟」了。羅馬的所有城市皆具備必要的基礎建設，到處設有倉庫與商場，而許多富商巨賈高大堂皇的墓碑，直到今日依然炫耀著他們的財富。[1] 就此來看，缺乏資本並無法解釋羅馬人為何沒有成為資本家。

此外，古羅馬人也具備了必要的知識。當時羅馬帝國已編纂私法，在帝國各地施行，這些法律直到今日依然影響著我們，1900年頒定的德國民法典（Bürgerliches Gesetzbuch，簡稱BGB）也採行羅馬法。當時也出現了不同的職業分工，拉丁文中有五百多種不同的職業名稱，[2] 而在陶器、建築材料、紡織或玻璃手工作坊中，更利用不同的工序步驟進行量產。例如阿雷佐（Arezzo）生產的紅陶「terra sigillata」便是其中相當知名者。這種產品的產量極大，在當時的窮鄉僻壤都隨處可見，就連現今德國南部最小的地方性博物館也有收藏。

其中還有一椿科技史學者津津樂道的事：古羅馬人已經了解蒸汽力的原理。假如沒有蒸汽力，十九世紀就無法出現工業化的變革。只不過古羅馬人和他們的後代子孫不同，他們並不知道如何善用這

種能源，頂多只是充當奇器玩物而已。[3]

　　古希臘羅馬時代已經有了相當強大的貨幣經濟，有銀行接受客戶存款、提供抵押貸款並給付計息，甚至有非現金交易。而早在西元前三世紀時，埃及托勒密王朝就有匯兌付款的方式。後來古羅馬人甚至想到將各處行省的支出與收入進行結算，不以現金處理，以減少運輸的錢幣數量。[4]

　　羅馬人並沒有比較善良，他們同樣追求財富。在龐貝古城的廢墟中有些塗鴉頗具深意，例如「利潤萬歲」（salve lucrum）或「利潤令人開心」（lucrum gaudium）等。[5]但光是追求利潤顯然還無法形成資本主義──那麼，當時的羅馬究竟有何不同之處？

　　到目前為止，最佳答案係由摩西・以色列・芬利（Moses Israel Finley）所提出。芬利這位二十世紀重要的古代史學者擅長詮釋沉默不語的古希臘羅馬史料，他發現這些古老文獻對於投資性貸款隻字未提。看來古希臘與羅馬人還不了解利用借款來提高生產效能的道理，而富裕的元老院元老們也未曾想過降低田產的花費，來提高自己的收入。[6]

　　小普林尼（Plinius der Jüngere）流傳於世的一封信頗具啟發性。小普林尼生於西元61–62年間，逝於113–115年間，出身羅馬世家大族。[7]在這封信裡，他提到在義大利中部的溫布利亞（Umbrien，義大利語Umbria）有塊田地因管理不當破產而低價求售，他正考慮是否要買下這片緊鄰他原有地產的耕地。現代的農場經營者同樣會試圖整併農地，這樣就能更高效利用機械與勞動力，但小普林尼卻絲毫沒有這樣的觀念，他主要是基於美學考量，並且盛讚合併兩塊土地之後的「美景」（pulchritudo）。此外，他也考量到併購後的實際優點：如此一來，他便能在一天內來往巡視這兩處田地，只雇用一

名看守人；而且在這兩塊土地上，僅需一棟適合其元老身分的莊園宅邸。此外，他還提到他只需要一套狩獵裝備，不必另外置辦第二套。小普林尼顯然也深諳效率之道，但他只想在消費與休閒行樂上省時省錢，卻沒想過如何將這種道理運用在他的大片地產上。

那片土地開價三百萬塞斯特修斯（Sesterz，古羅馬幣），對小普林尼而言，籌措這筆金額絲毫不成問題。他在信中信心滿滿地表示：「借錢不難，更何況我隨時能動用我岳母的錢。她的錢箱我可以盡情取用，就像是我自己的一樣。」[8]由此看來，當時既不乏資本，也不乏貸款。

許多古希臘羅馬時代的借貸契約流傳後世，但借貸的目的無非是為了進行遠地貿易或消費性貸款，就像小普林尼那樣為了買別墅、買官或置辦女兒的嫁妝。至於緊急貸款，則主要是在幫小農紓困，例如糧食歉收時，就必須借貸以熬到隔年夏季。至於企業貸款則付之闕如，原因在於沒有人具有現代企業家的思維。[9]古希臘羅馬人儘管也追求利潤，但他們獲利的方式卻相當傳統，靠的是剝削他們的奴隸，或從事利潤豐厚的遠地貿易。

羅馬時代的作者揶揄這種追求「錢來速」的慾望。諷刺作家蓋厄斯·佩特羅尼烏斯·阿爾比特（Gaius Petronius Arbiter）在他的《特里馬奇歐的盛宴》（*Gastmahl des Trimalchio*）中，便描述了從奴隸獲得自由之身的特里馬奇歐獲得龐大財富的經過。特里馬奇歐曾大言不慚地告訴賓客：「光靠跑一趟路，我就累積了千萬財富。」而就古希臘羅馬的標準而言，他的貨品其實稀鬆平常，不過是買進「酒、燻肉、豆子、香水、奴隸等」，然後再賣出罷了。[10]

幾乎每個文化都曾利用貨物在不同地區的差價，來獲取遠地貿易的高額利潤，但這樣還無法形成持續性的成長。必須在勞動力的

產能上升時，經濟成果才能持續增長。因此想獲得成長，就必須投資以改良技術。然而，羅馬城一小撮的上流社會人士卻不用如此大費周章，他們富甲一方，根本不必再苦心增加自己的財富。即使經營不佳，他們廣大的地產依然能持續帶來大筆收入。

古羅馬的富人很少見到自己的地產，他們並不以農場經營者自居，反而習慣在城裡享受奢華的生活，因此極少前往農地監督他們在當地的看管人。羅馬富人主要的憂慮是他們雇用的人不老實，可能將部分收入中飽私囊。「這是警察的觀點，而非企業家。」芬利如此評論。[11]

富人過於富有，以至於無需投資於更精良的技術；但與此同時，絕大多數的人民卻極度貧窮。大多數的農民擁有的土地太少，少到無法養家餬口，必須另外為鄰近地區的大地主擔任季節性工人，以賺取微薄的工資。說到這裡，我們又回到了之前下過的結論：由於勞動力過於低廉，因此古希臘羅馬人並沒有發展出資本主義。

---

**註釋**

1　烏利希・費爾米特（Ulrich Fellmeth），2008年，第84頁。

2　同前註，第129頁

3　據說一世紀時，亞歷山大城的數學家希羅（Heron）曾經研發一種利用蒸汽力運轉的機器，但這具機器是否具有實際功能卻令人懷疑。參見約翰・蘭德爾斯（John Landels），1978年，第28頁以下。除此之外，希羅在其他方面也富有創造力，比如他曾製造水泵用來滅火，也曾製作迷你廟宇，每當祭壇旁有火點燃，廟門便會自動開啟。但這些發明大都不具實用目的，僅供娛樂。（同前註，第202頁以下）

4　費爾米特，2008年，第73與143頁。

5　同前註，第151頁。

6　芬利，1985年。

7　小普林尼的舅父是重要的博物學者老普林尼（Plinius der Ältere），他在西元79
　　年考察維蘇威火山時身亡，而龐貝城也在這次火山爆發中遭到摧毀。

8　普林尼，信函3、19，引用自《普林尼書信集十卷》（*Pliny's Epistles in Ten Books*）
　　第1卷，1–6冊，維吉尼亞大學圖書館（University of Virginia Library），電子文
　　本中心（Electronic Text Center），另見芬利，1985年，第113頁以下。

9　大家往往忽略了一個事實，即古希臘羅馬人並非現代企業家，例如麥克斯‧霍克
　　海默（Max Horkheimer）與狄奧多‧維森格隆德‧阿多諾（Theodor Wiesengrund
　　Adorno）的論述就相當缺乏歷史視角。在兩人於1947年發表的知名著作《啟蒙
　　辯證法》（*Dialektik der Aufklärung*，1988年版，第50頁以下）中有一段附論〈奧
　　德修斯：或神話與啟蒙〉（Odysseus oder Mythos und Aufklärung），文中將奧德
　　修斯說成是體現了「資本經濟原則」的「經濟人」（homo oeconomicus）。他二
　　人對此本該有一定的了解才對，因為他們為了逃避納粹迫害逃往美國紐約，在
　　那裡領導社會研究所（Institute for Social Research），而摩西‧芬利也在此任職。
　　1954年，芬利出版了至今仍為研究荷馬時期的希臘極為重要的著作《奧德修斯
　　的世界》（*The World of Odysseus*），但在這本書中隻字未提阿多諾與霍克海默的
　　作品，這應該並非偶然：在荷馬的時代並未出現資本經濟型的企業家，在奧德
　　修斯的世界裡，市場或貨幣經濟皆付之闕如。
　　　　但之前的謬誤說法依然頑強地流傳下來，例如基金經理人吉奧爾格‧馮‧
　　瓦爾維茨（Georg von Wallwitz）就寫到奧德修斯「若生在現代社會一定是如魚得
　　水」，甚至認為奧德修斯堪稱現代投資銀行家的先行者：「他幾乎擺脫所有的
　　傳統紐帶，不斷航行海上，為了一己的利益毫不妥協地施行詭計，必要時甚至
　　不惜欺騙眾神。而對他而言，最重要的是要盡力求存，並且在同伴們停滯不前
　　時依舊前進不輟。奧德修斯屢出新意，對自己和他人都嚴峻到無以復加。無論
　　就正面或負面意義而言，奧德修斯都堪稱是現代企業家的典範。」（瓦爾維茨，
　　2011年，第8頁）說奧德修斯施行詭計這一點是無庸置疑的，但若認為光靠計
　　謀就能成為資本經濟型的企業家，可就大錯特錯了。

10　佩特羅尼烏斯，第76頁，kindle版。

11　芬利，1985年，第113頁。古史學者對芬利關於古希臘羅馬時代的經濟論點已
　　探討逾三十年，而芬利的解釋也引來相當多的反對觀點。考古學者與經濟學者
　　的研究認為羅馬人在技術與農業上的成就，遠較芬利所說的進步許多〔參見凱
　　文‧葛林（Kevin Greene），2000年；或彼得‧譚明（Peter Temin），2013年〕。

然而這些批評卻未能認清，古羅馬的經濟力愈是巨大，芬利的中心問題就愈迫切需要探討：羅馬人擁有如此高度的發展，為何沒有進一步邁向資本主義？他們何以未曾發展出任何經濟理論？為何沒有出現投資型貸款？即使葛林也必須承認羅馬人的思維就像是「領取年金過活的人」（第45頁），而譚明也必須承認，羅馬人建造道路，目的不在方便貿易，而是出於軍事需求（第223頁）。直到今日，芬利的論點基本上都無法反駁。〔參見理查德・塞勒（Richard Saller），2005年，第223–238頁〕

第二章

第三章

# 偶然？為何以前中國的經濟
# 未曾大幅成長？

　　從古希臘羅馬時代開始，歐洲人便已認清他們的經濟相當落後，無法與亞洲人抗衡。印度與中國生產的奢侈品如絲綢、珠寶、香料等，是歐洲上層社會人士所嚮往的。反之，歐洲人所能提供的則少得可憐。儘管古羅馬的玻璃器皿也深受中國人喜愛，但中國與印度產品遠優於歐洲，因此這兩個亞洲國家與歐洲交易時往往只接受一種歐洲產品：銀。他們不要歐洲的貨物，只要錢。

　　古羅馬人開始擔心他們大部分的銀幣都流向東方，再也回不來了。羅馬皇帝提貝里烏斯（Tiberius）就曾不滿地表示，由於持續進口奢侈品，羅馬的錢都流向「異族，甚至敵族」。[1]當時羅馬人也曾初次嘗試釐清貴金屬的損失，例如古羅馬學者老普林尼曾寫道：「保守估計，印度人、賽里斯人（Serer）與阿拉伯半島每年從我國賺得一億塞斯特修斯（Sesterz，古羅馬幣）：我們的奢侈生活及我們的婦女的花費是如此龐大啊。」[2]老普林尼在這裡所說的「賽里斯人」指的便是中國人。

　　中國人不僅在古希臘羅馬時期具有優勢，自此兩千多年來，中

國一直是世上最強大的帝國。直到1700年，歐洲人才在經濟上超越了中國，後來中國更遭受歐洲列強侵侮。中國人與古羅馬人都有相同的問題：他們為何沒有發展出工業？在此我謹先提出簡短的說明：中國經濟之所以未出現強勢成長，可能是因為它過於強大了。

中古世紀的歐洲人也深刻意識到中國的強大勢力，他們渴望一窺中國的面貌，可惜當時直接的陸路交通受限於伊斯蘭國家的阻斷而無法通行，直到十三世紀，蒙古人首度征服中國，並且拓展勢力直達匈牙利，東行之路才突然開啟。而義大利商人也立即利用這難得的政治局勢，探訪這個神祕帝國，其中最著名的遊記出自威尼斯人馬可·波羅（Marco Polo）之手，但他絕非當時從歐洲前往中國的唯一旅人。[3]

不久之後，蒙古帝國滅亡，貿易路線再度關閉，歐洲人於是捨陸路，希望經由海路前往中國與印度。眾所周知，哥倫布的計畫並非發現美洲，他的目的其實是想要尋找直通中國的海上航線，直到臨終時，他仍不願承認自己發現了全新的大陸，依舊堅信加勒比地區屬於亞洲，因此將當地居民稱為「印第安人」（Indianer），意思就是印度人。

中國帝國形成於西元前221年，是世上最古老且幅員最廣大的國家。1820年，中國人口已達三億八千一百萬，而當時歐洲人口則為一億七千萬。此外，中國極早就以效率極高的官僚體系治國，封建諸侯與貴族並不那麼重要，早在七世紀時便以科舉考試取士，選拔最優秀的人才擔任公務員。為了防堵世族門閥的勢力，中國發展出極為複雜的機制，以確保考生的姓名受到保密——而且考官評閱的考卷也非考生的筆跡，而是由謄錄人員抄寫他們的答案，以防考生的筆跡洩漏他們的身分。[4]

不同於歐洲，中國的行政菁英獨掌大權，無需時時與其他競爭機制互相較勁。中國沒有力量強大的教會，軍隊也聽命於官僚制度，不會自行其是。權力鬥爭在所難免，但大多屬於宮廷內鬥，並不會擴及全國。[5]中國的管理體系小得出奇，官員人數最多只有15,000名，但藉著公文書信，他們的治理觸角卻能遍及大帝國的每個角落。而歐洲長期只有極少數人識字，最重要的原因之一是書籍極為罕見，必須靠修士在羊皮紙上抄錄。反觀中國人則很早便開始使用價格低廉的紙張，在868年製作出史上第一部印刷書籍，後來更印行儒家經典、百科全書、字典、史書、醫書乃至農業與數學等領域的書籍。

　　新知識迅速普及，從而使農業產量明顯提升。中國南方密集種植稻作，並從事有系統的實驗改良，使稻作成熟期從150天縮短到30天，因此一年能夠收穫數次。當時中國人使用的犁品質較歐洲人的精良，而且很早就使用生物性肥料，建設龐大的灌溉系統，並且採用輪作，不必休耕。早在中古時期，中國的種子與收穫比已經達到一比十，歐洲則只有一比四，雙方差距極大。二十世紀時，歐洲農業的產能也僅達到中國在十二世紀時的水準。

　　中國人一如古羅馬人，他們發展出的市場經濟也足以供應大城市居民所需。當時北京人口達110萬，廣東80萬，杭州50萬，蘇州則有40萬居民，如此眾多的人口所需必須仰賴無遠弗屆的貿易才能應付。中央官員與儒學者固然享有最高聲望，屬於傳統上流階層，但商人也未受輕視。最晚從十六世紀起，這些菁英分子也開始「商業化」，商人子女不但可能與官員子女聯姻，而且相當普遍。這種動態連結顯示富商巨賈也相當受人尊敬。[6]

　　中國人發明的器物極多，包括造紙術、火藥、羅盤、地震儀、印刷機等。而航海方面中國也領先其他國家，其中最廣為人傳頌的

是明朝太監鄭和的海上考察行動，他在1405至1433年間，七次率領優良的船隊出航。他的船隊由317艘船艦組成，成員數目則自20,000至32,000人不等。相形之下，哥倫布在1492年出海時，船隊只有三艘船與87人，規模實在微不足道。即使1588年西班牙無敵艦隊出航準備與英國作戰時，也不過只有137艘船艦而已。

鄭和率領規模龐大的艦隊遠至今日的肯亞海岸，並獲麻林地（Malindi）蘇丹致贈長頸鹿等禮物，返國時還引來首都大批群眾圍觀。中國人的海上考察之行遠早於歐洲人：84年後，葡萄牙航海家瓦斯科‧達伽瑪（Vasco da Gama）才抵達麻林地。

鄭和的航海之旅顯示，當時中國的科技與經濟能力，足以支持中國躍升為海上霸權國家，但中國與後來的葡萄牙及西班牙不同，並沒有懷抱任何商業目的。中國人志不在發現新貿易路線或異域奇貨，他們旨在宣示中國帝王的象徵性權力，認為遠方的異族也應如同其鄰國越南、朝鮮，向中國帝王朝貢。

1433年後，中國便不再派員出海，強大的船隊遭到解散，而領先其他國家的科技也未多加利用。造成這種改變的原因之一，或許是北疆遭受外敵威脅，蒙古人可能再次發動攻擊。如今回顧，明朝捨棄這些船隊顯然是個錯誤的決策。倘若中國沒有自願撤離，歐洲人或許就無法崛起，發展為勢力遠及印度洋與太平洋，影響力遍及全球的殖民強權。

起初中國尚未受到歐洲這股殖民慾望波及，國力甚至在十八世紀末達到顛峰，征服了台灣、蒙古與西藏。此外，西伯利亞大部分地區以及東突厥斯坦（Ostturkestan）的廣大區域、緬甸、尼泊爾、暹邏、安南與朝鮮等都屬於清朝的藩屬國。

但在短短數十年後，如此強大的國家便一蹶不振。自1840年起，

中國在多次戰爭中屢遭歐洲人與日本人重創，從此大受其他國家箝制，原來全世界最富有的國家如今淪為窮國：1952年，中國人均經濟產值甚至低於1820年。反觀同時期的印度，其人均收入仍有20%的成長，表現優於中國。[7]

中國的沒落在世界史上是史無前例的，這也是許多歷史學者所孜孜探討的議題。中國何以不同於西歐國家，並未發展出資本主義？中國為何突然落後其他國家？許多學者都曾致力探討這個議題，最後這個現象甚至有了專屬自己的名稱——「大分流」（The Great Divergence）。[8]

根據較新的研究顯示，中國的落後顯然是逐漸形成的。1800年左右，中國在政治上雖然達到了權力顛峰，經濟上卻已輸給了部分西歐地區。就技術勞工與非技術勞工的實質工資來看，以下層階級買得起的小麥或稻米重量比較，1820年，一名中國人的實質日薪僅為一名英國人的38%。就連一般英國人都明顯享有更高的生活水準。[9]不過，這種相當高的水準首先只出現在英國與荷蘭；義大利南部或東歐工資仍十分微薄，因此有好長一段時間，中國人還不至於瞠乎其後。

中國還有一個阻礙發展的因素，就是商人儘管受到重視，卻無法在政治上伸展抱負。商人的地位依然低於握有治理權的官員，但後者對貿易與生產卻興趣缺缺。中國官僚最重視的是農業，他們希望借此提高收成，增加稅收。[10]

此外，中國官僚制度對於外來文化也僅止於極有限度的開放，這一點也構成了一大阻力。儒家的國家意識型態認為中國是「中」國，其周圍則是蠻族，而這些蠻族有幸得向「天朝」朝貢，應該心存感激。

一旦歐洲人朝亞洲前進，這種觀念便帶來了「文化衝突」（Clash of Cultures），其中最著名的插曲當屬1792–93年間，英國大使喬治・馬戛爾尼（George Macartney）前往中國宮廷遞交英王喬治三世（George III）的禮物。這次英國出手闊綽，使節團攜帶了600箱禮物，從沿海港口出發，取道陸路前往北京，動用了3,000名苦力、90輛車、40頂轎子和200匹馬，箱子內的禮物包括兩具天象儀、地球儀、一支望遠鏡、測量儀表、化學儀器與一具潛水鐘等等。在英國人眼中，這些是歐洲有能力提供的現代科技產品，他們希望借此說服中國，相信與西方從事海外貿易是值得的。

然而，令英國人非常不滿的是，自羅馬時期開始情況一直沒有改變——歐洲人嚮往中國的奢侈品如茶葉、絲綢、瓷器等，中國人卻只想要銀幣。這在現代的說法就是：歐洲人對中國持續出現經常帳赤字。如今英國人急於改變這種情況，而他們採取的方式是要讓中國人愛上歐洲科技。

可惜的是，北京官員卻認為英國的贈禮是種羞辱。對清朝皇帝而言，這些物品既不夠奇巧，也不夠珍貴，他們未能認清，這些箱子代表的科技領先，對中國可能意味著極端的危險。乾隆皇帝誤信大臣的建議，回了一封信給喬治三世，在信中將英國人連同英王一併以「蠻夷」稱之，導致後來嚴重的後果。乾隆特意展現他的傲慢，在信中表示「其實天朝德威遠被，萬國來王，種種貴重之物，梯航畢集，無所不有」，認為沒有必要與英國通商。[11]

在中國宮廷眼中，與其他國家通商主要並非經濟行為，而是攸關著政治威信。對中國帝王而言，從國外進口貨物表示自己力不如人，進口貨物者必須承認其他國家生產較優良的產品。[12]結果，中國錯失了最後一個大好時機，未能認清歐洲資本主義的蓬勃發展對中

國意味著何種威脅。

如果一味譴責乾隆與其大臣的傲慢無知，是不公平的。有鑑於英國自1756年以來視印度為其經濟殖民地的態度，中國人深知英國擴張的野心。乾隆也清楚了解，一旦同意英國在中國從事自由貿易，其他歐洲強權將同樣向中國要求開放通商口岸。

此外，如果將中國說成是安於現狀、不求進步的國家，也有失公允。自1582–83年起便有耶穌會傳教士來到中國，並獲准在北京定居，將歐洲的數學、科技與自然科學等引介給中國宮廷。例如義大利耶穌會傳教士利瑪竇（Matteo Ricci）便繪製了一部世界地圖（以中國為中心），並且翻譯歐幾里德的《幾何原本》。德國耶穌會傳教士湯若望（Johann Adam Schall von Bell）甚至被清廷任命為欽天監監正。[13] 後來的耶穌會士也將鐘錶機械學、玻璃製作與液壓裝置等知識及技術引進中國，還教導中國人如何鑄造大砲，而中國宮廷也能夠欣賞到義大利的巴洛克繪畫藝術。[14]

儘管如此，中國與外界的接觸仍只是在起步階段，既沒有外交部門，也沒有外交事務的相關職務。中國人對西方所知甚少，而且幾乎沒有精通歐洲語言的人才，他們似乎認為自己的國家已經夠大了。

中國之所以沒有發展出資本主義，或許是因為中國這個帝國過於龐大，遠比鄰國佔上風，沒有可與之抗衡的國家。這一點和分裂成許多小國的歐洲大不相同。歐洲王室間彼此爭戰不斷，在短暫的和平過後，不久往往又再度開戰。且讓我們以發生在近代的事件為例：英法兩國在1689–1697、1701–1713、1740–1748、1756–1763、1776–1783、1792–1815年間戰爭頻仍，互有勝負。

戰爭耗費甚鉅，而經濟力往往足以決定勝敗，歐洲人早在古希

臘羅馬時期便深有體悟。正如大家經常引用的西塞羅（Marcus Tullius Cicero）名言：「戰爭的生命力是永無止境的資金。」因此，所有鄰近國家帶來成功的經濟創舉都會受到複製。在歐洲，如果有哪個國家像中國在1433年時，聽任鄭和的船隊荒廢，自願放棄其航海優勢，簡直是無法想像的事。

歐洲國家眾多，如果想實現新構想，總是能找到足夠的支持者。比如哥倫布提出想尋找前往中國的直接路線時，一開始屢遭拒絕。為了尋求資助他考察之行的金主，他於是轉而另尋其他宮廷，直到第四次才終於成功，獲得西班牙國王資助。[15]

在歐洲國與國之間的競爭也說明了，何以英國出現破天荒發展的消息一傳開，立刻有來自德國或法國的科技間諜，不屈不撓地竊取所有英國人的新構想。無論是紡織機、蒸汽機或火車頭，任何英國的發明都能迅速地傳播到歐陸。

然而，歐洲國家彼此間的競爭並不足以說明，現代資本主義是如何形成的。不斷的競爭雖讓我們理解到，在歐洲任何新構想何以總是迅速被其他國家剽竊，但英國人是怎麼想到將紡織生產機械化，從而開啟工業化，至今卻依然是謎。

其次，如果我們問中國可能「做錯」了什麼，這種問法也會誤導我們。我們若將中國與十八世紀世界上其他眾多地區做對照，中國其實極為先進。世上並不存在導致資本主義的歷史決定論，我們可以稱它是個奇蹟，或者是個巧合，一個恰好自1760年起在英國啟動、持續不斷的經濟成長的巧合。此外，長期來看，中國或許有可能形成自己的工業化，只是我們無法確知，因為自從西歐人在世界各地佔盡優勢後，我們就再也無法見證這種假設了。

## 註釋

1 塔西坨（Tacitus）《編年史》（*Annalen*），第三卷，第 52–54 頁。

2 老普林尼《自然史》（*Naturalis historia*），XII，84。不過，這裡所說的一億塞斯特修斯我們不該信以為真。古羅馬人並非統計學者，他們對數字的描述傾向於修辭效果。老普林尼提出的高額數字，主要在指責對奢侈品的消費。參見芬利，1985 年，第 132 頁。

3 義大利的方濟各會修士柏朗嘉賓（Giovanni Piano Carpini）受教皇派遣，於 1246 年抵達蒙古首都哈拉和林（Karakorum），後來並將這次的經歷寫成《蒙古史》（*Geschichte der Mongolen*）。此外，法王路易九世也曾派遣外交使節團：1253 年他派遣以盧布魯克的威廉（Welhelm von Rubruk）為首的使節團前往蒙古，後來這位威廉也寫成一篇報導。這些代表團志不在商業利益，在於阻止蒙古人再次如同 1241 年「蒙古侵略歐洲」（Mongolensturm）時般蹂躪歐洲，同時也希望能與蒙古人結為十字軍東征的盟友，共同抵抗伊斯蘭教。但在外交使節團之後，緊接著而來的便是商人：1260 年時，尼寇羅・波羅（Niccolò Polo）遠達今日烏茲別克的布哈拉（Buchara），後來更與兒子馬可・波羅於 1271 年動身展開著名的第二次旅程。這次旅程據說持續到 1295 年。參見《馬可波羅遊記》（*The Travels of Marco Polo*），班雅明・柯貝爾特（Benjamin Colbert），導論，第 IX 頁（Wordsworth Classics，1997 年）。關於東行前往中國的歐洲人完整名單請參考克勞蒂雅・馮・寇拉尼（Claudia von Collani），2012 年，第 34 頁之後。

4 本章主要採用麥迪森的描述。麥迪森，2007 年，第 24 頁之後。

5 對於少數有機會見證中國宮廷生活的歐洲人而言，中國宮廷生活相當稀奇：由於〔明代〕中國帝王不信任自己的官員，因此培養密探與太監來監督他們。此外，皇室生活起居必須有人照料，到了十七世紀時宮廷成員增至十萬多人，這是相當可觀的經濟負擔。儘管如此，在相當早的時候，中國人就發展出治國的理想，儘管貪權謀利的太監或貪官污吏時有所聞，但這種現象是可以接受批評並予以革新的，而其明確目標則在創造高效能的官僚制度。參見薩賓娜・達布陵豪斯（Sabine Dabringhaus），2006 年，第 14 頁之後。

6 同前註，第 26 頁。

7 安格斯・麥迪森，2007 年，第 43 頁。

8 歐洲與亞洲經濟發展上的差異，不只借由與中國的比較加以研究，對印度的研究也凸顯相同的問題：這個高度發展的國家為何沒有發展出資本主義。但最新的研究結果顯示，印度比中國更早落後於西歐，1650 年時，印度的人均收入僅

達英國的80%。參見斯蒂芬・布勞德伯利（Stephen Broadberry），畢胥努普利亞・古珀塔（Bishnupriya Gupta），2010年。

9　畢胥努普利亞・古珀塔、馬德斌（Debin Ma），〈從亞洲看歐洲：大分流〉（Europe in an Asian Mirror: the Great Divergence），收錄於斯蒂芬・布勞德伯利，凱文・H・歐洛克（Kevin H. O'Rourke），2010年，第264–285頁。

10　同前註，第281頁。

11　乾隆帝回函的英譯文可在網路上找到，例如：http://academic.brooklyn.cuny.edu

12　達布陵豪斯，1996年，第74頁。

13　達布陵豪斯，2006年，第31、32頁。

14　達布陵豪斯，1996年，第22頁以下。耶穌會士不僅將歐洲的知識傳播到中國，也將中國的文化與哲學介紹到歐洲。1693年，普魯士王國的官員考試採行筆試與口試，便是受到中國科舉制度的啟發。（寇拉尼，2012年，第167頁）當時歐洲宮廷更風行收藏中國花瓶，將收藏品擺放在專屬的陳列室裡。此外，宮殿庭園更是少不了中國風情，尤以中式寶塔建築、茶或附有龍圖騰的建築等最受歡迎。但這種美好的中國形象到了十八世紀末卻崩壞了。此時，中國人被視為軟弱無能，中國則是個僵化的國家。歐洲人對中國評價的大翻轉是史無前例的，沒有任何一個亞洲國家曾像中國一樣，在大受欽慕後突然大受鄙夷。這種意識型態上的大轉變並非偶然，而是恰足以說明歐洲剽悍的商貿及殖民政策。

15　例如人類學者賈德・梅森・戴蒙（Jared Mason Diamond）便特別強調歐洲國家彼此競爭帶來的經濟優點。（1999年，第412、413頁）

第四章

# 恰好在英國：資本主義
# 的誕生幾乎沒有資本

　　當時的人萬萬沒想到，英國居然會為全球經濟帶來革命性的變革。英國是個相對小的國家，1760年時約有700萬居民，而當時的歐洲強國法國，人口則約2,500萬人。然而，以機器取代人類勞動力，為全世界帶來永久性變革的卻是英國。後來人們稱此一過程為「工業革命」，但一開始這種變革似乎不具什麼革命性，[1]起初僅有紡織這項產業進行機械化，而紡織業的工業化也只是牛步前進，如此持續了五十年，自1780至1830年，直到最後一架手工紡織機消失。

　　時至今日，對於工業革命何以恰好起於英國這個問題，一直沒有確切的解答。「儘管有成千本書探討這個令人驚嘆的現象，在某種程度上，它卻依然是個謎。」[2]回顧這段歷史，有三個令人驚訝的現象。

　　第一，工業化並非始於倫敦。十八世紀時，倫敦已是擁有75萬居民的歐洲最大城市，但這次的變革卻起源於英國最貧窮的地區，在此之前主要是畜養綿羊的西北部鄉間，雨水是當地唯一豐沛的資源。[3]但突然間在這處偏僻的角落卻冒出一座全新的經濟中心，曼徹

斯特的人口從1800年的81,000人躍升到1850年的404,000人；而利物浦、伯明罕、里茲與謝菲爾德等城市也紛紛成長。

第二，工業化之初與科學並沒有任何關連，最早出現的機器並不是在大學裡製造，而是出自多年來從事繁瑣勞務的工匠之手，希望改良紡織機或紡車。「許多重要發明，特別是紡織工業的發明，所需的知識比阿基米德已經了解的多不了多少。」[4] 而詹姆斯・瓦特（James Watt）在1784年製作出劃時代的蒸汽機時，也未具備任何科學新知。「關於蒸汽機的真正理論，要到1820年代才由法國人卡諾（Carnot）在事後研究得知。」英國史學家艾瑞克・霍布斯邦（Eric Hobsbawm）如是說。[5] 資本主義剛起步時並非一場科學革命，甚至相反，這種轉變還導致許多工匠的知識失傳；高度專業化的紡織工匠儘管力抗機械化洪流，卻依然遭到非技術工人取代。

第三，資本主義初期幾乎不需要任何資本，最早出現的機器並非如一般人所想的那樣，必須仰賴倫敦大銀行的資助。當時的工廠主要是向家人或朋友借取需要的資金，例如後來成為社會主義者的羅伯特・歐文（Robert Owen）便是向熟人借貸，以一百英鎊創立其位於曼徹斯特的工廠。[6]

工業化之初的進展極為低調，因而被當代人所忽視，就連著名的經濟學家也未發現，他們眼前正在進行一場革命。亞當・史密斯於1776年發表《國富論》（*The Wealth of Nations*）時，對紡織工業草草帶過，反而藉由一間位於蘇格蘭的小型扣針工廠的例子，來說明分工的原理。就連大衛・李嘉圖（David Ricardo）儘管活到1823年，也未能認識這種技術變革的重要性。在他的著作中幾乎沒有提到任何機器。而在1828年見證到最早的蒸汽火車的法國經濟學者尚－巴蒂斯特・薩伊（Jean-Baptiste Say）更大錯特錯，他預言：「連一匹馬

都辦得到的事，也就是將人與貨物經過擁擠的大城市送往他處，沒有任何機器可以辦到。」[7]

　　工業化在人們還未預料到時悄悄啟動。起初從鄉村地區開始，幾乎沒有動用任何資本，所需的技術知識也是許多歐洲國家早已具備的。那麼，為何史上第一架機械化的紡織機不是出現在黑森、布根蘭（Burgenland）或西西里島（Sizilien）呢？而是恰好發生在英國西北部呢？

　　答案不在十八世紀，也不在英國北部，而應該回溯到更早之前。自中世紀末葉起，英國便步上一條異於其他國家的道路。這條道路有許多中繼站，最終則邁向了工業化的進程——但其開頭卻是一場農業革命。在手工業興盛之前，鄉村地區的生活環境必須先有所改變。

　　在當時，大變革都必須從鄉村地區開始，因為整體經濟都是以農產品為基礎。到了十八世紀，一般人收入的60％都花費在糧食上，而糧食以外的產品也是以農業為基礎：衣物以亞麻、羊毛製成，皮革以動物皮毛製作，人們也將木料加工建造成房屋或船隻。[8]紡織工業等新興市場則要等到糧食與其他農業原料價格變得較低廉、有更多錢能用在其他商品上時，才有可能興盛。

　　就此而言，英國很早就廢除封建制度，代之以農業資本主義，從而提高收穫量，可謂發展上的大躍進。早在中世紀末，英國便不再有農奴，反觀哈布斯堡王朝（Habsburger Reich），則要到1781年才廢除勞役制度，而普魯士王國更要到1807年才廢止。[9]

　　英國的農業資本主義並非事先已有計畫，箇中原委眾多，其中之一與英王亨利八世的豐富情史有關。1534年，他為了與第一任來自亞拉貢的妻子凱瑟琳（Catherine of Aragon）離婚，而與教宗決裂，

自任為英國國教會的最高領袖，並沒收修道院的產業，轉賣給低階貴族或商人，而當時修道院的產業佔全國農地的四分之一。

與此同時，農村公有地也逐漸消失。原先許多牧場、森林與農地都屬於全體村民，但自中世紀末葉起，這種共有地逐漸被圈圍起來成為私有地。自十八世紀中葉起，蘇格蘭高地上的土地遭到清土（clearances），當地的氏族長躍升為勢力強大的地主，其餘居民卻因為原來的土地變成大片綿羊牧場而必須離開家園。

此時英國施行悍然無情的土地分配，大約4,000名地主掌控了60％的農地，並將這些農地出租給約25萬名佃農，而這些佃農再雇用約125萬名日薪農工。[10]較低階的貴族往往以相當殘暴的手段佔領土地，[11]但此舉卻能提高效能。到了1800年，每名農工的產量已經加倍。反觀德國與奧地利，產能幾乎沒有任何成長，每名勞動力的產能大約只有英國的一半。[12]英國在很早以前就沒有饑荒，而當時只有荷蘭能達到這種水準。這種重大轉變有確切時間可考：1648與1650年英國農作物嚴重歉收，但這兩次英國死亡人數在荒年之後並未攀升。不過，最窮的五分之一人口仍然得忍飢挨餓。[13]

由於農業革命朝兩個方向發展，英國的農產量才得以攀升。農業革命不僅影響了窮人階層，使他們喪失原有的權利，變成日薪工人；地主的權力也受到限制，再也無法任意對自己的土地開條件出租，更無法任意與租用者解約，必須簽訂長期契約，規定租金。如此一來，若佃農為了提高收成而對田地進行投資，由此增加的產值就歸佃農所有，地主無法剝削。這種法律保障在歐洲可說絕無僅有，如此一來，佃農就成了努力使自己土地收成最大化的農業資本家。

他們也善用各種新知。十八世紀時，人們發現另一種輪作制度更為有利，農民便立刻廢除源自中世紀的三田輪耕制。從前農民們

每三年土地便休耕一次，以便在種植一輪的冬季及夏季穀物後，土地能休養生息。但現在農民發現只要在這段期間種植苜蓿或甜菜，就不需要休耕。

如今看來，這種輪作制度似乎相當簡單，但對一個在此之前一直與兩種絕對限制：一是沒有足夠的糧食使人人吃得飽，二是沒有足夠的糧食以飼養載運貨物的牲畜奮戰的世界而言，卻是一大創舉。現在一夕之間，這兩大問題都解決了。拜苜蓿與甜菜所賜，人類首次能飼養足夠的馬匹協助他們進行大面積耕作。現在土壤得以深掘，這將有利於穀物收穫量攀升。而牛隻不僅能提供肉類與牛奶，它們的排泄物也能為種植穀物的田地施肥，如此又能再次提高收成。

於是，穩定的富裕生活擴及全國，也令歐陸其他國家的來訪者深感讚佩。1737年，法國神父勒·布朗克（Abbé Le Blanc）遍遊英國，他在寄回法國的信中寫道，英國農民生活極為享受，就連雇農都能先享用茶再開始耕作，而在當時，茶可是一種奢侈品呢。此外，勒·布朗克對於鄉村居民的衣著如此雅緻，也大感驚訝。冬天時，英國鄉間男士們會穿上小禮服，而他們的妻女也打扮得有如真正的仕女。[14]

反之，英國人對於法國農民生活之困苦也感到駭然。在一篇談論法國的英國文章中寫道，1754年時「鄉村居民連必要的膳食都匱乏，由於食物不夠，這些人還不到40歲就已相當衰老⋯⋯倘若將他們與其他人民，尤其是我們英國的農民相較，實在悲慘至極。從法國農工的外表就看得出他們的肉體有多虛弱。」[15]

英國人日子過得幾乎比其他歐洲國家的人都要好。據說有名西班牙大使曾經因為倫敦市場上「一個月賣出的肉比整個西班牙一年所吃的量還大」[16]而感到不可思議。此外，英國以外的歐洲地區飲食

極為單調，歐洲人的飲食主要以麵包、粥泥和啤酒湯為主。因為就卡路里含量而言，穀物是價格最低廉的食物，比起肉類便宜11倍，比海鮮便宜65倍，比淡水魚便宜九倍，比蛋便宜六倍，比奶油或植物油便宜三倍。[17]

但英國人不只吃得較好，他們在食物上所花的錢，佔工資的比率也較少。由於農業革命使農業生產成本相對降低，即使平民百姓也有餘錢可購買其他商品，比如一年可以購買一件以上的襯衫，形成廣大的消費階層，而他們最喜愛的商品則是時尚的服飾。

英國很早就發展出統一的國內市場。因為廢除國內稅，運輸費用也較其他歐洲國家低廉，而且船隻能先沿著海岸載運貨物，再經由眾多的河流抵達國內各地城市；沒有河流經過的地方，就開鑿運河或修築道路。1840年時，英國道路長度便已超過30,000公里，這些道路利用養路費支應。除了道路，另外還有7,000公里長的運河。[18]

英國不只在經濟上比其他歐洲國家更現代化，在社會與政治上的優異地位至少也同等重要，而這正足以解釋，為何工業革命恰好在英國興起。就連英國貴族都具有商業思維，並且進行有目的的投資，而這也是英國的一項特色。

例如，有位公爵就曾在1761年建造第一條現代化的運河，這位布里奇沃特公爵（Duke of Bridgewater）希望將自己位於沃斯利（Worsley）的煤礦場與曼徹斯特的通路接起來，使他因此而躍升為英國一大富豪。他的投資報酬極為可觀：運河造價二十萬英鎊，但每年的收益達八萬英鎊。這條運河堪稱是技術上的大傑作，其中包括一條地下水道，可將礦場開採的煤直接運往運河。

不只布里奇沃特公爵對這條運河可望帶來的利潤頗為雀躍，許

多英國富人也急於成為運河股東，希望藉此迅速致富。約自1790起，英國爆發了一場「運河熱」（Kanalfieber），最後導致史上最早的大型經濟危機之一。在貪婪心的驅使下，投資人錯估了需求，許多運河從未獲利，還有一些則根本沒有建造完成。

儘管英國貴族從事企業活動已是司空見慣，但在歐洲其他國家，公爵像尋常商人般做生意卻是難以想像的，因為不參與勞動是高階貴族的基本原則，而且這種原則受到嚴格的監督。[19]反觀英國，貴族與平民的界線是流動的，因為英國嚴格執行長子繼承制，只有長子能繼承貴族頭銜與財產，其他子女皆為平民。他們必須從事其他行業，諸如擔任公職、從軍、擔任牧師、教士，或者成為企業家。自古以來，英國便是個階級嚴明的社會，一個人的出身具有關鍵影響，但英國的菁英向來有生意頭腦，也願意與來自較下層的階級、白手起家的富人往來。

最晚自1688以來，這些會做生意的菁英在政治上也開始擁有一席之地，因為「光榮革命」（Glorious Revolution）之後，國王的獨裁權大為削弱，從此議會有權針對賦稅投票表決，司法也得以獨立。許多學者認為這些措施限縮了政府與國王的權力，但實情是，有了議會的監控後，國家反而變得更加重要。例如1688年之後，為了軍隊與海軍軍備而增稅不再是問題，因為議會中的貴族與商人都深知，在征戰不斷的歐洲打贏戰爭絕對是對自己有利。掌控海洋者，即掌控了全球市場。

英國的稅收也隨之銳增。在1665與1800年間，稅收從經濟產值的3.4%成長到12.9%以上。反之，十八世紀時法國稅收則下降，在1788年時更降到只佔國內生產毛額的6.8%。[20]此時，身處絕對君主制下的法國人民起而反抗新稅制，他們認為國王只想為奢華的凡爾

賽宮籌措費用。此外，法國財務管理機構效率極差，絕大部分的稅收並未上繳中央管理單位，而是被貪汙的包稅商中飽私囊。結果眾所週知，較小的英國在與力量強大得多的法國作戰時，往往每戰必勝。

稅賦不只對戰爭至關重要，它同時也是刺激景氣的辦法，因為軍需能廣泛創造就業機會：必須建造船艦、購買糧食、招募水陸軍人，[21] 而這些國家需求又催生新的需求，因為供應商、士兵與工人一轉手便將他們從政府賺來的錢花掉。因此戰爭期間經濟也可能成長：儘管自1793年至1815年英國與法國長年作戰，英國的工業產品在1780至1830年間依然成長將近三倍。[22]

不過，當時的英國人還無法想像，稅收除了支付船艦與士兵外，還能作為其他用途。1815年拿破崙兵敗滑鐵盧（Waterloo）之後，英國便不再增加賦稅了。[23]

隨著人民逐漸富有，英國也出現前所未有的問題。由於工資提高，而造成英國生產的商品無法在國際上競爭，其中最大的受災戶是必須與印度貨競爭的紡織業。英國東印度公司（East India Company）成立於1600年，經歷過初期的辛苦經營，隨之而來的是蓬勃的進口貿易。不只印度香料極為搶手，棉平布與薄洋紗也深受喜愛，因為這些輕軟的棉布料不僅不像英國本地的羊毛料會扎刺皮膚，色彩繽紛的圖案也與歐洲的亞麻布不同，不會在下水洗滌數次後便褪色。更重要的是，由於印度工資只及英國的五分之一，甚至六分之一，所以印度的棉平布與薄洋紗反而還更便宜。[24]

英國人最初的反應相當典型，他們採取貿易保護措施，來保護自己國內的紡織業。十八世紀時，印度進口布料有數量限制，主要出口到歐洲其他國家或美國。對英國東印度公司而言，這種三角貿

易其實更有利可圖。在此僅舉一事為例：1684年時，東印度公司以
84萬英鎊從印度買進棉布料，再以400萬英鎊的價錢售往歐洲其他
國家。[25]然而，英國人並不以擔任中間商為滿足，他們還想自己生產
紡織品、自己供應全球市場，但如此一來，英國人的工資必須比印
度人更低廉才有可能。有鑑於英國工資高昂，剩下來的只有一個辦
法：以機器取代人力。

　　十八世紀出現了許多為紡織業帶來大變革的偉大發明，在此舉
出幾個例子。1733年，一位深具研究精神的約翰‧凱（John Kay）為
自己所發明的「飛梭」（Flying Shuttle）登記專利權。飛梭仍然是一
種手搖紡織機，但較以往的紡織機寬闊得多，而且只需一名織工操
作，但現在因紡織機的速度快到紡紗工人無法趕上，因此後來在
1764年又出現了由織工詹姆斯‧哈格瑞佛斯（James Hargreaves）發
明的「傑尼紡紗機」（Spinning Jenny）。這種紡紗機最多可使用一
百支錠子，產能是原來紡車的八倍。不久又出現了重大突破：假髮
匠理查德‧阿克萊特（Richard Arkwright）於1769年製造出水力紡紗
機（Water Frame），起先使用水力（而這也是這種紡紗機得名的由
來），後來則改以蒸汽機驅動。如今只需一名普通工人就能監控數
百支錠子。不久之後，動力縮織機（Power Loom）於1785年取得專
利，這種紡織機同樣使用蒸汽動力操作。[26]

　　結果棉布料價格一落千丈，1850年，棉布料的價格還不到1800
年的五分之一；而穀物與其他食物的價格則只下降約三分之一，[27]因
此英國布料製造商能輕鬆在全球市場擠下印度的競爭者，因為英國
貨的價格低到連最窮的印度女人都不值得為了生活而去紡棉紗。[28]

　　英國人不只以他們的紡織產品征服歐洲與美洲，就連印度與印
度的亞洲客戶也被他們收服了。早在古希臘羅馬時期，印度便以生

產輕盈柔軟的布料而聞名，但現在這種傳統產業卻已蕩然無存。在短短數年之間，高度發展的印度便成了一個只是將棉花原料供應給英國的純農業國家。

如此一來，印度便處在矛盾的局勢中：由於印度工資如此低廉，使印度變得更窮；而在工資如此低廉的情況下，又不值得購買昂貴的機器來取代人力。唯有在工資高昂又富有的英國才值得提高生產力，而此舉又使英國人迅速變得更富有。

不只印度必須與這種惡性循環奮戰，其他工資低於英國的歐洲國家也如此。經濟史學家羅伯特・C・艾倫（Robert C. Allen）不久前曾以數據說明：「1780年代，一架阿克萊特紡紗機產生的利潤在英國是40%，在法國為9%，在印度則是1%，但投資人卻期待他們的固定資本能產生15%以上的盈利，難怪在這段時期，英國大約有150架克萊特紡紗機，法國有四架，而在印度則連一架也沒有。」[29]

當歐洲其他與英國相競爭的國家發現大不列顛正在進行一項史無前例的轉變，而它們也試圖仿效「英國奇蹟」。德國貴族立刻派遣工業間諜前往英格蘭，並資助想要複製英國機器的企業家，但最初成效微乎其微，因為德國的工資相當低廉，不值得改採用機器。不只棉布料如此，亞麻布情況也相同，直到1840年左右，紡織機才在歐陸普及起來；反觀英國，大約在二十年前，紡織機便已相當普遍。[30]

到最後，其他歐洲國家只剩下一個機會：由於科技進步銳不可擋，有愈來愈多新發明家投入紡紗、紡織機的研發，藉以降低勞動力及資本。這些技術成本愈來愈低，自1820年起，即使在歐陸經營的紡織業也開始有利可圖了。而自1850年起，機器更是便宜到連低工資的國家，如墨西哥與印度等也能從中獲利。而自1870年起，紡

織業更是全面轉移到第三世界。[31]

　　自此以後，每一次的科技變革都依循著這種模式：新事物總是從富有的國家開始，隨後由於這些科技的成本降低，在其他地區也逐漸變得有利可圖。無論是冰箱、電視或太陽能板皆是如此。上述這些產品現在已經不在歐洲製造，而是轉移到中國了。

　　直到今日，工作機會轉移的現象依然讓許多歐洲人大感憂慮，因此不斷有人呼籲必須調降工資，歐洲才得以在「全球競爭」中保持競爭力。然而，正如歷史所明示的，這其實是一種誤解：催生資本主義的，不是低廉的而是高昂的工資。唯有在勞動力昂貴的情況下，才值得借助新的科技發明提高產量，從而帶動經濟成長。

　　另一方面，有了充裕的能源，才能使用機器。蒸汽機必須不斷生火，但當時歐洲只有木材與木炭可用，因此能源短缺。早在古希臘羅馬時代，能源匱乏便導致了人類史上最早的大型生態災難：雅典周遭的山林大量遭到砍伐，土壤隨即遭到沖蝕，因此這些森林再也無法回復原狀。在柏拉圖的時代，昔日的森林風光已成遙遠的記憶。西元前四世紀，柏拉圖便曾如此描述：「彷彿因病而憔悴的身軀徒留骨骼，昔日肥沃柔軟的土地如今已完全流失，只剩貧瘠的骨架。」[32]

　　中世紀時，西歐的森林同樣也大幅消失。在英國，木材更是匱乏。據說羅賓漢（Robin Hood）雖然和夥伴們在藏身的雪伍德森林（Sherwood Forest）一帶活動，但這些傳說之所以如此受人喜愛，原因之一是因為它描述了在真實的英國幾乎不復存在的景致。雖然雪伍德森林曾經存在，但面積相當小，而且是供國王使用且維護良好的狩獵場；至於那種密林景象，不過只是對早已消逝的過往一種浪漫的投射罷了。[33]

第四章

然而，英國人擁有另一種歐洲許多其他國家所沒有的寶藏。他們擁有煤礦，不但藏量豐富，而且開採方便。新堡（Newcastle）一帶有大型礦場，由於鄰近海濱，因此能以低廉的運費將煤礦裝船運往倫敦，這是莫大的優點。古羅馬人與中國人也發現煤具有高燃燒值，卻甚少派得上用場，因為煤礦礦場位於內地，煤炭必須以手推車裝載，經由崎嶇的道路運送，費用高昂，[34]。因此，古羅馬人捨煤炭而不用。至於北京，則只有官員家中才燃煤取暖。反之，英國早在1600年便已經歷一場「煤炭革命」，即以煤炭取代木柴。遠在工業化進行之前，需要消耗大量能源的行業已開始燃燒煤炭，例如燃煤將海水製成鹽、製糖、釀造啤酒、烤麵包、吹玻璃、燒製磚塊、磁磚並用於家中取暖等。[35]

　　英國人很快就發現，他們位於新堡一帶的煤礦坑是一種財富，堪與西班牙在南美洲的屬地媲美。詩人約翰·克利夫蘭（John Cleveland）於1650年以略帶嘲諷的語調寫道：

英國是個完美世界，也擁有印度，
修正你們的地圖吧，新堡就是秘魯。[36]

　　英國擁有最便宜的能源與最昂貴的勞動力，這種組合舉世無匹，同時也說明工業革命何以起源於英國。因為唯有在英國，以機器取代人力才有利可圖。[37]

　　於是棉布料從奢侈品搖身一變成為大量銷售的商品，連內衣褲與擦碗布也以棉料製造。不過，這種工業化的早期型態產值還相當低，1830年，棉布料只佔英國經濟產值的8％。[38]當英國西北部已經出現最早一些勞工城市如曼徹斯特，其他多數產業都還未受到這種

工業變革的影響。

　　真正的突破始於鐵道的興起。這是一項科技大革新，當時不斷有人與歷史學者試圖描述這項發明的影響，其中最佳表述出自法國詩人兼哲學家保羅·梵樂希（Paul Valéry），他以區區一句話描寫道：「拿破崙一如尤利烏斯·凱撒，也一樣前進緩慢。」但現在歐洲人卻在他們的大陸上迅速奔馳。第一次世界大戰前不久，火車平均時速已達90公里。

　　鐵道的歷史同樣起於礦坑，因為如何將煤礦運載到鄰近的河流或運河是個大難題。很早以前，人們便鋪設軌道，用馬拉行小型的自動傾卸式貨車。起初軌道是木製的，到了十八世紀便已改採鐵軌，但隨著蒸汽力的運用才出現真正的突破：蒸汽力發明之後，人們才想到能夠利用這種能源拉動運煤車。

　　第一條真正的鐵路在1825年啟用，將英格蘭東北部達拉謨（Durham）一帶的產煤區與海岸相連。這條斯托克頓—達靈頓線（Stockton-Darlington-Linie）原本僅用來運送煤炭與穀物，但很快人們便發現，這條鐵路也能靠載送乘客賺錢。後來興建的鐵路愈來愈多，而一如之前開鑿運河的盛況，這時也出現了「鐵道熱」（Railway Mania）：到1850年為止，投資人總共將兩億四千萬英鎊投入鐵道上，這在當時可是一筆天文數字，[39]因為英國的經濟產值在1850年的時候只有五億七千兩百萬英鎊。儘管如此，只要是投資開發基礎建設，就永遠不愁資金。儘管修建鐵路需要龐大的資金，資本卻還是過剩，因為富商與貴族根本不知道自己龐大的金融資產該如何投資，而這股「投資緊急狀態」更使1855年時的鐵道貸款利息只有區區的3.7%。[40]

　　資本主義隨著鐵路的發展而出現了重大改變。不同於紡織工業

的機械化，鐵道發展的資金需求龐大。因為不僅需要興修鐵路，還必須興建機器工廠、開採更多煤礦場、建造輪船並建設大城市。開始創造出一番欣欣向榮的景象，而需要的資金卻輕鬆就能募集。這些資金簡直就像是無中生有，但這絲毫不成問題，因為金錢的本質本來就是無中生有（參見第九章）。

在工業化的第二階段不只需要資本，知識也變得益形重要。此時出現了各種研究實驗室，在那裡針對新產品與生產方法進行有系統的研究，從而發展出化學工業，生產人造顏料、人造肥料、照相底片、甘油炸藥與最早的醫藥。當時電工學也問世，並發展為第二種重要行業，以電報、電話、白熾燈泡與馬達等革新了人們的日常生活。不久之後，腳踏車、汽車、收音機、電影與飛機等也陸續出現。工業化的進程一旦開始，就再也無法停下來了。

起先只有少數人從這片榮景中受益，絕大多數的英國人，日子過得甚至比以前更艱苦。儘管總體經濟成長，大多數人的生活水準卻下降，這種古怪的現象在史學上稱為「成長初期的矛盾」（early growth paradox）。

只要測量他們的身高，便可清楚看到下層階級的貧窮化。1830至1860年間，英國士兵的平均身高矮了兩公分。[41] 當時就有人注意到人民身高變矮與健康不佳的狀況，馬克思在他的《資本論》中也引述了一則與此相關的德國報紙報導：「根據《巴伐利亞日報》（*Bayerische Zeitung*）1862年5月9日的報導，依據麥爾醫師（Dr. Meyer）九年來的觀察獲得的平均結果，1000名普魯士徵召的士兵中，有716名不適合服兵役：317名體型過矮，399名身有殘疾。」[42]

在新興工廠中，工作環境往往極端惡劣，就連保守派媒體都曾對此加以譴責，而市井小民的不滿，更是多到馬克思可以在他的《資

本論》中寫滿一頁又一頁。比如馬克思就曾摘錄1860年1月17日《每日電訊報》（*Daily Telegraph*）一則駭人聽聞的報導：「一名郡治安官布勞頓（Broughton）先生說明……在花邊織廠任職的城市居民，所受的痛苦與貧困是其他文明世界前所未聞的……凌晨二、三、四點，這些九到十歲的兒童就被人從他們骯髒的床上挖起，為了最起碼的溫飽而被迫工作到晚上10、11、12點，結果四肢退化、身形萎縮、神情木然，他們作為人的本質完全僵化成石頭般的麻木，光是看了就令人毛骨悚然。」[43]

他們的壽命極短，許多孩童等不到成年就死了。連一些自由黨政治人物都認為這種情況簡直天理不容。馬克思曾引述當時擔任伯明罕（Birmingham）市長，後來晉升為英國最重要政治人物之一的約瑟夫・張伯倫（Joseph Chamberlain）所說的一段話：「曼徹斯特的健康官員李博士指出，當地富裕階層的平均壽命為38歲，勞工階層則只有17歲。在利物浦則前者平均壽命為35歲，後者15歲。由此看來，特權階級享有的壽命，是貧窮同胞的兩倍之多。」[44]這段摘錄自1875年的引文，不僅就社會批判的角度來看引人深思；如今回顧，我們更發現，無論馬克思或張伯倫似乎都認為，特權階級的平均壽命為35或38歲，這在當時不足為奇。

直到1880年實質薪資開始明顯增加，邁向現代富裕社會的道路才有了突破性的發展，而這主要歸功於工會。1871年，英國法律正式准許工會成立，由此培養出全新的大眾消費力，而這種消費力又改變了資本主義，促成消費社會的誕生。

沒有大眾消費，就不會有今日的資本主義。工薪階級龐大的需求造就了新產品與經濟的快速成長，這些都是光靠富人的生活方式無法產生的。這一點正如史學家艾瑞克・霍布斯邦所做的結論：「革

新汽車工業的不是勞斯萊斯，而是福特的T型車。」[45]

　　1908至1927年間，福特大約生產了1,500萬輛T型車，這種車款自1914年起首度運用輸送帶裝配線的方式製造，售價僅440美元。與此同時，福特的工作人員一天可賺得極高的薪水五美元，因此他們只需工作四個月，就買得起一輛T型車了。這正是福特汽車公司的策略，福特創辦人亨利・福特（Henry Ford）想製造中產階級與工廠勞工買得起的汽車。另外，他還自願支付高薪資，因為他知道他自己是靠需求賺錢的。有句據說是他所言、但或許他從未說過的名言確實說得一針見血：「車子不會自己買車。」

　　一般往往認為薪資是負面的支出項目，因此必須極力壓低薪資。但現代資本主義的發展顯示，高薪資才是資本主義的引擎。高薪資推動生產力，而生產力又能帶來成長。再者，薪資不只是資方的開銷，工薪階級也會用他們的收入消費。薪資能夠創造需求，有了這些需求，才值得為某個市場生產。唯有在較下層階級的所得不只是足以糊口時，現代資本主義才能誕生。工業化之所以起源於英國，正是因為那裡的實質薪資是歐洲其他地區的兩倍。

---

**註釋**

1　「工業化」這個概念自1837年起首度有人使用，而「工業革命」此一說法則最早出現於1799年。歐斯特漢梅，2011年，第909頁。

2　喬伊絲・艾坡比（Joyce Appleby）2010年，第10頁。歐斯特漢梅（2011年，第915頁）也有類似的觀點，他引用英國經濟史學者派屈克・歐布萊恩（Patrick O'Brien）的說法：「歷經將近300年來的實證研究，以及眾多歷史與社會科學領域中最優秀人士的思考，結果並沒有形成對工業化的通論。」

3　費爾南・布勞岱爾（Fernand Braudel），1985年b，第600頁。

4 喬爾‧莫基爾（Joel Mokyr），漢斯－約阿希姆‧沃斯（Hans-Joachim Voth），〈歐洲成長之探討〉（Understanding Growth in Europe, 1700–1870: Theory and Evidence），收錄於布勞德伯利，歐洛克，2010年，第7–42頁；此處引用第37頁。

5 霍布斯邦，2010年，第46頁。

6 同前註，第52頁。

7 引用布勞岱爾，1985年b，第538、539頁。

8 崔西‧丹尼遜（Tracy Dennison），詹姆斯‧辛普森（James Simpson），〈農業〉（Agriculture），收錄於布勞德伯利，歐洛克，2010年，第147–163頁，此處引用第148頁。今日德國人花在食品與無酒精飲料的費用只佔收入的11.48%。參見德國聯邦統計局，2012年c，第10與第24頁。

9 普魯士的「農民解放」並非真正的解放：整個過程持續了數十年，而由於廢除了農民對地主的勞役義務，農民必須賠償他們昔日的地主。與此同時地主也發現，雇用沒有土地，按日支付工資的工人效率更佳。

10 霍布斯邦，2010年，第185頁。這些數據來自1851年，關於此事件最廣為人知又最犀利的描述「高地清土」（Highland Clearances）出自卡爾‧馬克思這位天才修辭與論辯家之手：「在此薩瑟蘭女公爵（Herzogin von Sutherland）之『清土』（Lichtungen）行動便已足矣。這位具備經濟知識的女公爵一即位便決定在經濟上下猛藥，將整片領地……轉而變成放養綿羊的牧場。自1814至1820年，當地約3,000戶家庭，共15,000名居民便遭受有系統地驅逐與殺害。他們的村莊受摧毀、焚燒，耕地全都改成牧場……就這樣，這位女公爵將這塊面積達794,000英畝，漫長歷史中向來屬於蘇格蘭高地部族的土地據為己有，並將大約6,000英畝濱海土地分配給遭驅逐的原住民，每戶分得兩英畝。在此之前，這片6,000英畝地尚未經開墾，未能為它們的所有者帶來任何收益。這位女公爵甚至自以為慷慨地以每英畝平均二先令六便士的價格出租給這些數百年來為她的家族灑熱血的部族人士。薩瑟蘭女公爵將這些掠奪來的土地分成29塊綿羊牧場出租，每塊土地上僅有一戶人家居住。這些家庭大多是英國雇工。1825年時，原先的15,000名蓋爾族人已經被131,000隻綿羊所取代，而原住民中被放逐到海濱的居民則以捕魚餬口，並且成了水陸兩棲，如同一名英國作家所言，半生活在陸地，半生活在水上，並且半靠陸地半靠水產維生。」參見馬克思，1988年，第758頁。

11 彼得‧艾奇森（Peter Aitchison），安德魯‧卡塞爾（Andrew Cassell），2003年，艾瑞克‧理查茲（Eric Richards），2007年。

12 崔西‧丹尼遜，詹姆斯‧辛普森，〈農業〉，收錄於布勞德伯利，歐洛克，

2010年，第150頁。1600到1800年間，德國農產量只增加約17.5%，奧地利則將近30%，但這兩個國家在歐洲國家中依然敬陪末座，在1800年時，表現僅優於義大利。

13 艾坡比，2010年，第83頁。

14 摘錄自布勞岱爾，1985年b，第562頁。

15 摘錄自布勞岱爾，1985年a，第90、91頁，這本書的完整標題已經清楚揭露其內容：《論法國與大不列顛之優缺點，就其商業與其他增加財富之策略探討》（*Remarks on the disadvantages and advantages of France and of Great-Britain. With Respect to Commerce, and to the Other Means of Encreasing the Wealth*）就此來看，當時人已深知英國農業革命在與其他國家的競爭中具有策略性優勢。據傳，本書是由一位名叫約翰・尼可斯（John Nickolls）的人所撰，但背後其實隱藏著相當複雜的成書經過：英國人約書亞・塔克（Josiah Tucker）曾經撰寫過一篇經濟論文，後來路易・約瑟夫・普呂瑪・德・登古埃爾（Louis Joseph Plumard de Dangueil）化名為約翰・尼可斯爵士將這篇文章翻譯為法文，同時加入他自己的觀察，而這篇文章又引起了英國人的關注並譯回英文。光是這本書的由來就可以顯示，英吉利海峽兩側的這兩個國家，對對方的經濟發展有多麼密切注意。在此謹向柏林自由大學的克里斯多夫・威特（Christoph Witt）與馬汀・布萊施泰納（Martin Bleisteiner）提供的研究致上深深的謝意。

16 布勞岱爾，1985年a，第197頁。

17 同前註，第133頁。

18 丹・伯加爾（Dan Bogart），莫里奇歐・德萊利希曼（Mauricio Drelichman），奧斯卡・格爾德布隆（Oscar Gelderblom），尚－羅蘭・羅森塔爾（Jean-Laurent Rosenthal），〈國家與民營機構〉（State and private institutions），收錄於布勞德伯利，歐洛克，2010年，第70–95頁；此處引用第88頁以下。

19 有個罕見的例外是西里西亞（Schlesien）某個上層貴族，此人親自運輸他領地上的礦藏並予以加工。亨克爾・馮・杜能斯馬克（Henckel von Donnersmarck）、霍恩洛厄（Hohenlohe）與普雷斯（Pless）三大家族躍升為普魯士最富有的貴族。然而，儘管這些西里西亞的貴族在經濟上的成就眾所目睹，其他普魯士貴族卻沒有效法他們的作為。參見迪特・齊格勒（Dieter Ziegler），2009年，第92頁。

20 丹・伯加爾，莫里奇歐・德萊利希曼，尚－羅蘭・羅森塔爾，〈國家與民營機構〉，收錄於布勞德伯利，歐洛克，2010年，第78頁。

21 羅伯特・艾倫，2011年，第29頁。

22 艾坡比，2010年，第165頁。戰爭一大部分的經費也仰賴舉債籌措。不過英國之所以能這麼做，是因為英國稅收穩定可供使用，是個信用優良的債務國。

23 參見註20，英國人在印度大肆掠奪，以支持他們在亞洲與中東的殖民戰爭。自1857年起，印度實質上已是英國的殖民地。

24 斯蒂芬·布勞德伯利，萊納·弗萊德林（Rainer Fremdling），彼得·索勒（Peter Solar），收錄於布勞德伯利，歐洛克，2010年，第164–186頁，此處引用第166頁。

25 布勞岱爾，1985年b，第521–522頁。

26 麥迪森，2001年，第96頁。

27 布勞岱爾，第1985年b，第573頁。

28 艾倫，2010年，第58頁。

29 同前註，第63頁。

30 斯蒂芬·布勞德伯利，萊納·弗萊德林（Rainer Fremdling），彼得·索勒（Peter Solar），收錄於布勞德伯利，歐洛克，2010年，第178頁。

31 艾倫，2010年，第35頁。

32 柏拉圖，1857年版，第201頁

33 安德魯·約漢斯頓（AndrewJohnstone），2013年，第52頁。

34 缺乏便宜的煤炭或許是古羅馬人沒有運用機器的一個原因。（蘭德爾斯，1978年，第31頁）

35 布勞岱爾，1985年a，第368、369頁。

36 摘自布勞岱爾，1985年b，第553頁。克利夫蘭之所以在此引用秘魯，是因為1545年在波托西（Potosí）發現了世上最大的銀礦。（波托西今日雖然屬於玻利維亞，但在西班牙殖民時期卻是秘魯的一部分。）

37 早在1960年代，印度史學家伊爾范·哈比布（Irfan Habib）便支持這種觀點，認為工資的差距說明印度何以無法工業化（見布勞岱爾，1985年b，第505頁）。後來再加上更多大規模的實證研究，精確測量印度與歐洲實質薪資的差距。這些研究主要出自羅伯特·C·艾倫、斯蒂芬·布勞德伯利與畢胥努普利亞·古珀塔。

　　除了這種經濟觀點，另有一些學者以心性史為依據，認為歐洲資本主義是某種特殊文化的結果。這種理論透過馬克斯·韋伯（Max Weber）於1905年出版的著名作品《新教倫理與資本主義精神》（*DieProtestantische Ethik und der Geist des Kapitalismus*）影響至鉅。在這本書中，韋伯提出一種論點，認為促成資本主

義發展的最大動力來自喀爾文主義（Calvinismus）——經由命定說（Prädestination）。依據這種說法，祈禱、告解或懺悔都無法獲得上帝的慈悲，因為上帝是全能的，我們無法經由人的作為影響上帝來獲取祂的恩寵，上帝是自行決定要憐憫誰的。韋伯認為，因此喀爾文教派的信徒永遠活在未知之中，而產生「每個人皆未曾經驗過的內在孤獨感」。為了忍受這種持續不斷的恐懼，喀爾文教徒於是尋覓俗世的徵兆，以探求上帝的意旨，因此喀爾文教徒總是不斷苦行禁欲、依循理性又孜孜不倦地追求財富，因為對他們而言，財富似乎是上帝揀選他們的明確證據。〔接下來韋伯以複雜的推論說明，喀爾文教徒苦行禁欲地追求利潤的態度，對虔信派教徒（Pietist）、衛理公會教徒（Methodist）、門諾會信徒（Mennonit）、浸信會信徒（Baptist）與貴格會教徒（Quäker）等分別產生不同程度的影響。〕數十年來，歷史學者對韋伯的論點深感興趣，如今這種論點無論在宗教社會學或實證社會學上都遭到反駁。我們無法證明清教徒的城市成長較其他城市迅速。因此有些非常有趣的論點將韋伯本身歷史化，並將他的理論置於德意志帝國的歷史脈絡下加以理解：正如塞巴斯提安‧康拉德（Sebastian Conrad）所言，韋伯還深受「文化戰爭」（Kulturkampf）的影響，俾斯麥（Bismarck）曾試圖藉此箝制天主教會的影響力。此外，康拉德在探討韋伯其他著述時曾指出，韋伯並未能擺脫民族主義與帝國主義的影響。（康拉德，2006年，第309頁以下）

除了韋伯之外，還另有新的嘗試，試圖就文化層面推論出資本主義的興起，其中一個例子是經濟史學者喬爾‧莫基爾，他認為英國崛起為工業大國，原因之一在於英國中產階級以貴族的榮譽規條（Ehrenkodex）為準則，亦即個人榮譽勝於對利潤的純粹追求，這種信條降低了詐欺的風險，從而使信用貸款等方法成為可能。（參見喬爾‧莫基爾，漢斯－約阿希姆‧沃斯，〈歐洲成長之探討，1700–1870：理論與證據〉，收錄於布勞德伯利，歐洛克，2010年，第33–34頁。）但莫基爾也提到，借貸關係不只存在英國，早在中世紀時，義大利人便已是銀行業及匯票業務的龍頭。

38 艾倫，2011年，第32頁。

39 霍布斯邦，2010年，第62頁。

40 同前註。類似說法也可見於喬爾‧莫基爾，漢斯－約阿希姆‧沃斯，〈歐洲成長之探討，1700–1870：理論與證據〉，收錄於布勞德伯利，歐洛克，2010年，第13頁。

41 薩‧帕麥克（Sevket Pamuk）、楊－路易騰‧范‧贊登（Jan-Luiten van Zanden），

〈生活水準〉（Standards of Living），收錄於布勞德伯利，歐洛克，2010年，第217–234頁，此處引用第226頁。

42 馬克思，1988年，第254頁，註解46。馬克思忘了提起，普魯士規定的最低身高本來已經相當矮了，只有1.57米。

43 同前註，第258頁。

44 同前註，第671頁。

45 霍布斯邦，1994年，第53頁。

第五章

# 抄襲：德國人千方百計迎頭趕上

　　長久以來，歐洲的貴族絲毫沒注意到，一場即將改變強權政治的「工業革命」正在發生。到了1814年，他們同樣也沒有察覺，策略條件已經改變，回不去了。當時他們為了在打敗拿破崙後重整歐洲秩序而舉行維也納會議，但這些外交人員在劃定國界時卻只考慮政治問題，對經濟不聞不問。

　　從他們對德國的決議，可以清楚看到這種對經濟的冷漠。當時德國分裂成39個小邦國。經過幾度疆界交換後，萊茵蘭（Rheinland）與威斯特法倫（Westfalen）大部分的地區歸屬普魯士。儘管大家都知道這些地方擁有豐富的煤礦，但那些歐洲外交官對此事並不重視，就連普魯士本身對自己分得萊茵蘭也頗感失望，因為普魯士原本想拿下整個薩克森（Sachsen），但奧地利卻極力阻攔。反之，英國人則處心積慮想在萊茵河畔建立可與法國抗衡的普魯士力量。[1]可惜天不從人願，普魯士分得了萊茵河與魯爾河畔這些地區。這些地區很快就發展成工業重地。

　　只是1815年大家還看不到未來的榮景。當時的普魯士是個大受拿破崙摧殘、落後的農業國家，普魯士國王也深知自己的國家之所

以倖存，純粹出於偶然。為了不再重蹈覆轍，腓特烈・威廉三世
（Friedrich Wilhelm III）不得不推動「從上發起的革命」，抄襲法國
與英國有助於強化普魯士防衛力的措施。當時經濟不過只是種手段，
真正的目的是軍事力。如同史學家漢斯－烏爾里希・韋勒（Hans-
Ulrich Wehler）所言，這次普魯士的抄襲計畫其實是種「防衛型現代
化」（defensive Modernisierung）。

　　為了擺脫經濟落後的狀況，普魯士人聚焦在五大措施上：解放
農奴、[2]取消各種國內稅，從而統一國內市場[3]、改善學校及大學教
育、投資興建運輸道路，並且剽竊所有他們可得到的英國發明。

　　儘管英國當局試圖禁止這種剽竊創意的作法，但詹姆斯・瓦特
發明蒸汽機後三年，蒸汽機就已現身德國工廠；11年後，在德國也
見得到阿克萊特的水力紡紗機。直到1842年，英國一直嚴禁機器出
口，專業工人更不得移居國外；倘若國外試圖挖角，也會受到高額
罰金的懲處，但依然有成千上萬名英國人在西歐任職。1848年，光
是在法蘭克福定居的英國人便超過15,000人；此外更有上千名德國
人在英國接受職業培訓，1840年間，聚居在倫敦的德國人便已高達
40,000人。[4]幾乎每三名德國企業家，就有一人在國外歷練過，以便
跟上最新的發展：阿爾弗萊德・克虜伯（Alfred Krupp，德國鋼鐵大
王）化名在英國工作；亞當・歐寶（Adam Opel）在呂塞爾斯海姆
（Rüsselsheim）創辦歐寶汽車公司前，也曾在巴黎搜集經驗；[5]埃伯
哈德・赫施（Eberhard Hoesch）也同樣先在英國學習如何利用攪拌精
煉法（Puddelverfahren），將生鐵煉成高品質的鋼。[6]

　　許多企業家雖私人前往，但德國王侯也極力贊助，以確保技術
轉移。比如普魯士國王腓特烈二世（Friedrich der Große）早在1779
年便曾派遣卡爾・弗里德里希・布克林（Karl Friedrich Bückling）前

往英國偵查蒸汽機的相關知識。這本來是個特例，但普魯士很快就以其縝密徹底的作風，如火如荼地全面展開工業間諜的活動。英國人悻悻然見識到，普魯士設法買到從英國走私出口的所有新型機器，都被仔細研究並藏放於柏林工業學院當做原型機展示。[7]此外，薩克森省也大力推動仿製「傑尼紡紗機」。[8]

德國的紡織工業依然牛步緩進，因為想與早已征服全球市場的英國人競爭根本不可能。雖然德國人急起直追，但除非能生產英國幾乎不製造的特殊商品，否則就只能擁抱國內市場。而當時在伍珀塔爾（Wuppertal）確實有些製造商發現了這樣的稀有商機，因此專門製造各種帶子，例如絲帶、橡皮筋、橡皮帶、棉帶、花邊等，而普魯士政府也設法買到一款英國紡織機，供伍珀塔爾的工廠仿造。[9]這些工廠主人其中一人出身恩格斯家族，此人之子弗里德里希‧恩格斯後來成為舉世聞名的社會主義者。

德國工業要等到第二波工業化來臨——鐵路發明之後，才開始漸入佳境。第一條鐵道建於1835年，長六公里，從紐倫堡（Nürnberg）通往福爾特（Fürth），這是德國人首度在速度上幾乎與英國人並駕齊驅：從利物浦到曼徹斯特的鐵道不過只早了近五年完成。此後德國人便迅速興建更多鐵路，到了1913年，總共鋪設了63,000公里長的軌道。

鐵路建設為鋼鐵工業與機械製造業帶來了重大變革，在此之前，德國的鋼鐵工業還一直停留在中世紀末的技術水準。1835年，95%的生鐵都還是以木炭冶煉，只有4.5%來自現代的焦碳高爐。初期階段的鐵道興建計畫，都使得德國的經濟幾乎瀕臨其產能的極限：1837年興建連接德勒斯登（Dresden）與萊比錫（Leipzig）的鐵路時需要5,650公噸的焦碳生鐵，這個數量已經超過普魯士年產量的

90％，沒有任何一家德國工廠能夠供應這麼多原料，或有能力利用這麼多原料軋製軌條。[10]

　　一開始，生鐵、軌條與火車頭全都需要從英國進口，但德國人以驚人的速度用自家的產品取代這些進口品。在1843年只有10％的軌條產自德國，到了1854年已達58％，1863年更高達85％。[11]德產火車頭的發展也同樣迅速：1853年普魯士鐵道購進105個新火車頭，其中99台已是德國自產。[12]但這個新世界也讓當時某些人大感懷疑，1838年柏林－波茨坦（Potsdam）線啟用時，普魯士國王腓特烈·威廉三世就曾發過牢騷：「一切都追求更好，卻破壞了寧靜與從容。早幾個小時抵達柏林和波茨坦，對我來說並非好事。」[13]

　　德國資本主義與英國相同，幾乎是在沒有資本的情況下誕生。只需一萬五千到五萬普魯士塔勒（Taler）便能開設紡紗、紡織廠或印染廠，就連鋼鐵與機械工廠所需要的創業資金，也不超過五萬到七萬塔勒。倘若資金不足，還能向親戚商借。[14]後來極著名的電機公司「西門子－哈爾斯克」（Siemens & Halske）便是相當典型的例子：1847年該公司成立時，創業資金出自一名堂表兄弟，而該公司雇用的第一名員工就是其兄弟。[15]

　　興修鐵路動輒需要上百萬巨款，這種靠家族成員籌措資金的模式便不管用了。但籌措鐵路資金絲毫不成問題，因為鐵路公司向來有大量資金挹注。1836年，從馬格德堡（Magdeburg）到萊比錫的路線獲准興建，這條鐵路的創辦資金原本設定為230萬塔勒，結果兩天之內認購的金額就高達520萬塔勒。1837年，從奧得河畔法蘭克福（Frankfurt/Oder）到布雷斯勞（Breslau）的路線甚至在一天之內就募集到700萬塔勒。此時的德國與英國之前一樣，也爆發了「鐵道熱」，出現第一波的投機熱潮：1844年從科隆（Köln）通往克雷

費爾德（Krefeld）的鐵路需要240萬塔勒的資金，結果立刻籌集5,300萬塔勒。而當圖林根鐵道公司（Thüringische Bahn）為了募集1,600萬塔勒而發行股票時，認購的金額甚至高達1億6,700萬。[16]德國鐵道的例子再次清楚顯示資本主義的鐵律：錢從不缺乏，而且總是多到氾濫。[17]

　　起先各德意志邦國希望所有鐵道都能由私人興建，但在大多數邦國中，由於初期利潤過低，私人計畫相當早就失敗。此外，私人企業有興趣的路線，往往無法將重要城市與鄰近邦國進行良好的連結，因此未曾想過自己成為企業的德意志各邦國，不久就開始委外進行鐵路的建設。只有普魯士還持續由民間興建鐵路，但同樣接受國家資助，自1842年起確保投資人能有3.5%的利息收入。但即使有這種保障，普魯士境內對民營鐵路的激情依舊急速冷卻，因為基礎建設一旦涉及私人經濟利益，就會出現典型的問題：收費不透明、路線配合不佳，而行車時間也協調不良，再加上鄉村地區鐵路看似無利可圖，因此並未開發。許多企業主也對這種私營經濟活動倍感失望，改而致力推動路線國有化。一名來自艾伯費爾德（Elberfeld）的自由派私人銀行家奧古斯特·馮·德·海德特（August von der Heydt）在擔任普魯士財政大臣期間，從1850年代開始將鐵路收歸為公共財。[18]德意志鐵道的歷史已顯示，國家與資本主義並非對立的兩方。唯有在國家積極支持資本主義時，資本主義方能成功。

　　鐵路興修帶動鋼鐵工業呈爆炸性的成長，而在英國人亨利·貝塞麥（Henry Bessemer）於1856年為新煉鋼法取得專利權後，鋼鐵工業的效能更出現了空前的大躍進：利用貝塞麥煉鋼法，可在二十分鐘內達成之前二十四小時的產量。[19]這種龐大的產能不僅改變了鋼鐵業界，更改變了整個資本主義。它開啟了康采恩（Konzern，編按：

高級壟斷的企業組織形式）時代。因為在貝塞麥煉鋼法的加持下，投資金額急遽攀升，只有大型企業才能募集到足夠的資金。此外，現在每座高爐生產的鋼量明顯增加，這表示軋鋼廠也必須擴廠。[20]於是形成規模龐大的綜合企業（Konglomerat），將所有無法以相同速度擴張的競爭對手從市場上排擠掉。從前許多小型公司彼此互相競爭的傳統市場經濟，這時已不復存在。

少數還留存的大型康采恩則彼此合併為卡特爾（Kartell，一種同業壟斷集團）。單單1879到1886年間，在德國就形成了約90個卡特爾，其中大多為價格壟斷型的卡特爾（Preiskartell）。[21]就企業的觀點而言，這種作法不但明智，而且勢在必行：因為投資費用高昂，企業必須確保銷售與價格合宜，不會因毫無約束的競爭而遭到破壞。直到今日，依然深深影響資本主義的一種矛盾──唯有能大幅排除風險時，投資人才願意投資，在當時已首度出現。

鋼鐵業絕非唯一形成卡特爾的產業，德國電氣工業的發展史也頗具啟發性。白熾燈泡的發明是當年一大盛事，而白熾燈泡得有電線與發電廠才能發光發亮。1882年的紐約便符合這些條件：美國發明家湯瑪斯‧阿爾瓦‧愛迪生（Thohmas Alva Edison）讓全世界的第一批燈泡在JP摩根公司（JP Morgan）這家銀行大放光明，開啟了白熾燈泡征服全球的大勝利。早在1883年，艾米爾‧拉特諾（Emil Rathenau）就已在德國創建了「德意志應用電學愛迪生學會」（Deutsche Edison-Gesellschaft für angewandte Elektrizität）。為了避免所有惱人的問題，他事先與唯一可能的競爭對手「西門子─哈爾斯克」達成協議。後者自1860年代起開始製造發電機。因為拉特諾想自行生產燈泡，因此拉特諾建議西門子放棄電氣化領域，而他則會向西門子採購所有中間產品。[22]

儘管科技的發展讓這項合約很快就成為多餘，但雙方良好的合作關係卻依然持續。1887年拉特諾成立「通用電氣公司」（Allgemeine Elektrizitätsgesellschaft，簡稱AEG）時，西門子與德意志銀行（Deutsche Bank）也都成為其投資者，[23]雙方合作，控制了德國75％的電氣工程產品。[24]捨棄競爭，成功採用一種後來被許多人稱之為「德國股份公司」（Deutschland AG）的獨特模式，彼此緊密聯繫、合作，以防範競爭對手於未然。類似的模式也出現在化學這個第三大產業。[25]

　　最晚到1880年左右，德國抄襲國外發明的風氣才逐漸終結，而德國公司也開始行銷自己研發的產品。到了第一次世界大戰前不久，德國產業已經迎頭趕上英國，並且躍居全球第二位，僅次於美國。

　　在短短一個世代之間，德國迅速竄起，使英國心生畏懼。1895年，在《德國製造》（*Made in Germany*）這本書中，英國記者厄內斯特‧E‧威廉斯甚至以憤慨的語氣描述這場來自歐陸的競爭：「德國對英國展開有意識且致命的競賽，並不計任何代價要摧毀英國的優勢地位。」這本書成為當時的暢銷書。[26]威廉斯震驚地表示，就連英國殖民地也擋不住德國貨的攻勢，英國領地反而成了德國鋼鐵的最佳顧客。「德國人竊取了我們花費許多金錢和血汗苦心飼養的野獸。」[27]

　　德國人力往往較為低廉，這點在英國引發了一場直到今日我們依然耳熟能詳的熱議：不少英國人要求降低工資，以維持國際競爭力。但威廉斯警告他的同胞應該避免這種錯誤的結論：「如此一來，企業家連探求自己的弱點都可以免了。」儘管威廉斯下筆帶有濃厚的民粹主義色彩，他依然不失為優秀的財經記者，文中引用大量的統計數據。而在探討德國的薪資水準時，他也挖出數據向讀者揭露：「正式的統計資料顯示，德國勞工的收入不僅與英國勞工相當，德

國的工資甚至還以相當的幅度持續攀升。」既然德國支付的薪資與英國相當，德國人力為何較為低廉？這個看似謎團的問題，威廉斯以一個至今依然極為關鍵的詞回答他的讀者：生產力。德國的高爐效能更佳，因為它們更大，而且減少的廢料達15%。[28]

威廉斯很清楚，想拯救英國的國際競爭力，不是調降英國的工資，而是投資——投資工廠、投資人。在此，他又借鏡德國寫道：「我們抱持頑固的成見，認為德國人耽溺於空幻的哲學，認為德國人熱中於儲存那無人需要、對儲存它們的人更是毫無用處的知識。這種書呆子到處都有，在德國也不少。但德國民眾接受的科技教育一點也不枯燥，而且是極為實用、極為深入又完全科學，但卻是以實際應用為目的的……德國花錢毫不手軟……一流的科技大學是德國所有城市都有的公共設施……德國人必須接受免費的義務教育直到十四歲，連更高等的教育實際上都是免費的。」[29]

這時參訪的人潮大翻轉。從前是德國人前往英國參觀當地的機器，而今則是英國人前往德意志帝國了解德國的教育機構。某個來自曼徹斯特的代表團在1891年參觀了座落於夏洛滕堡（Charlottenburg）的科技大學（Technische Hochschule，今日的柏林科技大學）。返回英國後，他們盛讚這所大學有如「一座宮殿」，並細數其豐沛的師資與設備：「86位教授、講師、助教，30位編外講師、一座擁有5,2000部藏書的圖書館，以及設備優良的實驗室。光是其建築就耗費了405,000英鎊。」威廉斯在引述該代表團的報告之後，以譏諷的筆調寫道：「在此我想提醒各位，依據我們某些自以為是者的看法，這些所在的國家永遠無法與英國競爭，因為它缺乏資本。」[30]

威廉斯不是唯一呼籲英國必須緊急投資教育以免落伍的人，英

國的工程師也對英國國內科技知識的低落提出警告。著名的造船工程師約翰‧史考特‧羅素（John Scott Russell）甚至在1869年著書喚醒他的國人，並在書中說明德國與瑞士製造的鐵路比英國便宜，因為它們的鐵路是由上過科技大學的人製造的。[31]

部分德國與奧地利的科技大學早在這兩國展開真正的工業化之前便已創設，其中位於維也納的帝國皇家理工學院（Kaiserlich-Königliches Polytechnisches Institut）更是廣受讚譽的模範。該理工學院早在1815年便已啟用。而德國的第一所理工學校則於1825年於卡斯魯爾（Karlsruhe）創建，之後德勒斯登、漢諾威（Hannover）、慕尼黑、斯圖加特（Stuttgart）、布倫瑞克（Braunschweig）、達姆施塔特（Darmstadt）等地也都陸續設立學校。[32]到了1855年，蘇黎士聯邦理工學院（Eidgenössische Technische Hochschule Zürich）成立，相較之下時間已經略晚。

其實科技教育並非伴隨著大學而興起，自1850年代起便出現了實科中學（Realschule），顧名思義是教導真實的、即生活技術性事物的學校。這種全新的學校型態自覺地與文理高中（Gymnasium）區隔。文理高中教授的課程以人文學科，如拉丁文與古希臘文等為主。不過，如果認為在熱中科技的德國，此時所有的國民都搶著把子女送進實科中學，那就錯了：將近四分之三的學生依然決定進入文理高中就讀，認為這樣未來可獲得較高聲望。[33]至於科技界與古典教育兩者間的鴻溝有多深，從一則流傳於萊茵蘭的軼聞便可清楚窺知：1867年，當地的企業家被問到是否願意為波昂大學（Universität Bonn）50週年校慶捐款時，14人之中有13人拒絕了，理由是這些企業老闆或他們的兒子都不會上傳統大學。[34]

時至今日，英國的史學家依然不斷在探討，英國為何需要如此

漫長的時間才能改善教育體系。在1870年以前，英國尚未施行義務教育，而科技教育的水準甚至要到1963年才堪與德國一較高下。[35] 理由之一是，英國菁英階層顯然不認為有必要讓他們的市井小民接受更好的教育，因為這時菁英階層已轉而投入新的事業，捨棄他們在科技上的優勢。他們不再強化工業力，寧可經營貿易、航運與海外事業。1914年全球海外直接投資中，大英帝國佔了44%，法國、德國、美國、比利時與荷蘭總合起來佔了剩下的56%。此外，英國商船規模也大於其他歐洲船隊的總合。倫敦是當時的全球金融中心，是產生利潤的城市。[36]

英國的重心移向金融資本主義，而馬克思已經清楚描述了這種轉變，並將十九世紀的英國與曾經強大一時的荷蘭相提並論：「早在十八世紀初……（荷蘭）就已……放棄貿易化與工業強國的地位。從1701到1776年，荷蘭的主要生意之一是出借鉅額資本，特別是借給其強勁的競爭對手英國。類似情況如今則發生在英國與美利堅合眾國。某些今日在美國來歷不明的資本，昨日在英國還是化為資本的兒童血汗。」[37]

馬克思與恩格斯對英國的金融資本主義所知甚深，因為他們自己也屬於投機客，也和一般的資產階級一樣，借助《經濟學人》（The Economist）獲取資訊以挑選投資標的。1895年恩格斯過世時，在法庭所宣布的遺囑中，他遺留的財產高達22,600英鎊，相當於今天的220萬英鎊。另外，他還持有鐵路股票、「南都會石油氣公司」（South Metropolitan Gas Company）與海峽隧道有限公司（Channel Tunnel Corporation Ltd.）的股份。[38]

因此當1986年爭議性極大的英國首相瑪格麗特·柴契爾（Margaret Thatcher）宣布施行「大爆炸」（Big Bang）政策，讓倫

敦銀行家幾乎不受任何控管，這並非史無前例的奇想，而只是堅決承續英國一百多年來在金融資本主義上的傳統罷了。

反之，十九世紀工業的落後國家，也創造出一種至今依然在全球受人模仿的模式：落後的農業國家若想推行經濟現代化，唯一的機會便是肆無忌憚地抄襲模仿。看到今日的中國人仿冒幾可與正版勞力士亂真的山寨貨便氣憤難平，其實是相當不公平的。德國、奧地利與瑞士人也走過同樣的路，差別在於他們偷的是紡織機與火車頭的製造法。但正如德國或奧地利的例子所示，他們不會永遠抄襲，因為抄襲者很快就會變成自行研發者，中國目前也正形成這種大躍進。

中國的成功一點也不令人驚訝，現代資本主義打從一開始就不是西方獨有的經濟型態。現代資本主義雖始於英國，因為那裡勞動力最貴，但資本主義一創造出來，立刻就被其他社會接納並予以轉化。在歐洲以外，日本是第一個自1867年起有系統地創建本國工業的國家。

日本人並非自願開放，其實是在危急之下不得不然。這個中國的鄰國密切關注，中國如何屈從於歐洲列強的征服之下。面對這種威脅，日本人的反應就和昔日普魯士人被拿破崙打敗時一樣：日本明治天皇與身邊一小群技術官僚菁英展開一場「從上而來的革新」，奪取幕府權力、廢除古老的階級制度、施行現代化的財產權、引進國民義務教育，並於1873年建造了第一條鐵路。日本人對待西方工業技術的方式極富創意：當時這些機器還過於昂貴，而為了想在工資低廉的日本獲利，日本人會想辦法將這些西方機器改造並在地化，直到日本企業家能獲取利潤。[39]在短短數十年之間日本便迎頭趕上，1905年當日本打敗俄羅斯這個超級大國時，全世界都視此為象徵性

的關鍵時刻，這意味著資本主義已經降臨東方了。

資本主義以它今日的型態整整發展了一百年。而在第一次世界大戰即將爆發時，資本主義已發展成熟，並展現出至今依然深刻影響我們經濟體系的特質：少數大型康采恩主宰市場，而且勢力遍及全球。而這些企業也相信，國家會持續採取支持性的干預政策。

此後，雖然迭有電視機、洗衣機或電腦等新產品問世，但資本主義的結構再也沒有改變。儘管資本主義這位老伯伯已經一百歲了，卻依然經常遭人誤解，其中尤以三種誤解最為頑強。第一，有人認定資本主義等同於市場經濟。第二，國家只會阻撓所謂自由市場的優點。第三則是，全球化被視為是二十一世紀的全新產物。但以上三種觀點都不正確。

---

**註釋**

1　克里斯多夫‧克拉克（Christopher Clark），2006年，第389頁以下。

2　「解放農奴」是個比較好聽的說法，實際上農民必須出讓土地或繳納高額賠償金，才能免除傜役。此外，公有地也會遭到分割，而且主要分配給地主，因此農村的下層階級在「解放農奴」後，日子反而過得更加困苦，不得不遷往城市。（齊格勒，2009年，第22、23頁）至於農奴制的終結是否有助於普魯士的工業化則各家觀點不一，因為賠償金的支付一直持續到1860年代，當時普魯士早已處於工業榮景之中了。（威勒，1987年b，第53頁）。此外，傳統封建制度在十八世紀便已解體，富農已不再親自服傜役，而是雇用日薪工作者為自己履行義務，因此使役牲畜的義務勞役已經變成某種支付給領主的租金了。（克拉克，2006年，第327、328頁）。

3　十九世紀初，光是在普魯士境內就有 67 種關稅稅則，從科隆（Köln）運往柯尼斯堡（Königsberg）的貨物得經過 80 道關卡。自1818年起，普魯士只在邊界課徵關稅，而巴伐利亞王國或巴登大公國等其他國家也都廢除了國內的關稅。到了1834年，除了奧地利以外，幾乎所有德意志邦聯的邦國都合組德意志關稅同

盟（Deutscher Zollverein）。如今回顧，1871年時德意志帝國（Deutscher Reich）在普魯士的主導下成立，而奧地利並未加入，似乎在那時已可見端倪。但事實上，德意志關稅同盟並未沾染如此濃厚的政治色彩；而就經濟層面來看，也不宜過度放大此關稅政策的意義：德意志關稅同盟成立後，物流雖然變方便了，生產力卻未提升。（韋勒，1987年b，第125頁；克拉克，2006年，第394頁）

4 韋勒，1987年b，第70、71頁。

5 希格里德‧夸克（Sigrid Quack），〈「德意志資本主義」之跨國起源〉（Die transnationalenUrsprünge des "deutschenKapitalismus"），收錄於福爾克爾‧R‧貝格哈恩（Volker R. Berghahn），福爾克爾‧維托斯（Volker Vitols）主編，2006年，第63–85頁，此處引用第69頁。

6 約漢娜‧盧特羅特（Johanna Lutteroth），〈普魯士的剽竊〉（PreußensPlagiate），刊登於《德國金融時報》（Financial Times Deutschland），2012年11月16日。

7 奧斯丁‧奧爾布（Austen Albu），〈導論〉，收錄於厄內斯特‧E‧威廉斯（Ernest E. Williams），1973年，第XIII頁。

8 齊格勒，2009年，第39頁。

9 同前註，第37頁。

10 韋勒，1987年b，第623頁。

11 齊格勒，2009年，第74頁。

12 同前註，第77–78頁。

13 韋勒，1987年b，第622頁。

14 同前註，第97–98頁。

15 霍布斯邦，1997年，第282頁。

16 韋勒，1987年b，第618頁以下。

17 反之，外國資金影響並不大。在1870年之前，德國產業總資本只有4%來自法國投資人，而這些資金在少數工業領域中，佔比最高達15%。此外，比利時與英國投資人也有在普魯士進行投資者，但投資額度我們並不清楚。（韋勒，1995年，第83頁）當時也有人對此相當憂心，例如曾經短暫擔任過普魯士政府官員的科隆民營銀行家古斯塔夫‧梅菲森（Gustav Mevissen）就曾如此警告：「如同眾所周知，萊茵蘭有部分煤礦被法國與英國企業家購買、謀取利潤……我們的經濟最先要關注的，顯然不只是從這些企業獲得收益，也應自己留住這些資產。」（希格里德‧夸克，2006年，第70頁）從這段話可知，對於本國產業可能會廉價出售給外國投資人的憂慮由來已久。到了二十世紀，產油國大亨開始

購買德國不動產與股票時，這種憂慮再度浮現，但無論當時或今日都顯示，這種外國直接投資的行為並沒有問題。

股票經常超額認購，原因不只是「投資緊急狀態」，也是一種投機行為，並且是一種推升新發行的股票其股價的常見手法。參見羅塔爾‧嘎爾（Lothar Gall），〈德意志銀行：自創立至第一次世界大戰 1870–1914〉（Die Deutsche Bank von ihrer Gründung bis zum Ersten Weltkrieg 1870–1914），第12頁，收錄於羅塔爾‧嘎爾，吉羅德‧D‧費爾德曼（Die Deutsche Bank von ihrer Gründung bis zum Ersten Weltkrieg 1870–1914），第12頁，收錄於羅塔爾‧嘎爾、吉羅德‧D‧費爾德曼（Gerald D. Feldman）、哈羅德‧詹姆斯（Harold James）等著，1995年，第1–135頁。

18 克拉克，2006年，第505頁；齊格勒，2009年，第59頁以下。

19 貝塞麥煉鋼法在德國並非隨處可採用，因為這種方法必須使用不含磷的鐵料。1876–77年間，英國人席德尼‧湯瑪斯（Sidney thomas）發明一種也能使用含磷鐵料的煉鋼法，1879年5月此法首度在英國使用，同年九月德國也已開始使用，技術移轉的速度愈來愈快。

20 齊格勒，2009年，第75–76頁。

21 同前註，第108頁以下。

22 同前註，第124頁；羅塔爾‧嘎爾，〈德意志銀行：自創立至第一次世界大戰 1870–1914年〉，收錄於嘎爾等著，1995年，第35頁。

23 當時德意志銀行由吉奧爾格‧西門子（Georg Siemens）領軍，而吉奧爾格的父親與曾經借錢給西門子兄弟的跨國集團作為創業資金的人為堂表兄弟。

24 此為1910年的數據，參見上書，第34頁以下。

25 這種不同公司之間的密切合作無法完全杜絕價格戰，但大多很快就能找到讓各方都能獲利的新結果並和平落幕。比如1890年代初，拉特諾（AEG）與維爾納‧馮‧西門子（Werner von Siemens）一度展開割喉戰，但1903年時又共同創立了德律風根公司（Telefunken-Gesellschaft）。

26 威廉斯，1973年，第8頁。

27 同前註，第37頁。

28 同前註。第41–42頁。

29 同前註，第151–152頁。

30 同前註，第152–153頁。

31 羅素的著作《為英國人提供有系統的科技教育》（*Systematic Technical Education*

*for English People*）書名便已透露其內容。另請參考奧斯丁・奧爾布，〈導論〉，收錄於威廉斯，1973年，第XXV頁。

32 韋勒，1987年b，第503頁。

33 霍布斯邦，1994年，第174頁。

34 霍布斯邦，1997年，第59頁。

35 奧爾布，〈導論〉，收錄於威廉斯，1973年，第XXIV頁。反之，1848年時普魯士接受教育的孩童已達約82%，與部分蘇格蘭及新英格蘭地區同列全球頂尖地位。（韋勒，1987年b，第479頁）。

36 霍布斯邦，1994年，第51–52頁。

37 馬克思，1988年，第784頁。

38 特里斯坦・杭特（Tristram Hunt），2010年，第268頁。

39 艾倫，2011年，第116頁以下；歐斯特漢梅，2009年，第947頁以下。

第五章

# 第二篇
# 對資本主義的三種誤解

# 第六章
# 資本主義不是市場經濟

　　許多人憑直覺認為資本主義並不等同於市場經濟。在問卷調查中，有48％的德國人認為資本主義「已經落伍」，而認為市場經濟已經落伍者則只有24％。其次，人們往往對市場經濟的評價相當正面，認為市場經濟與進步、自由、成長、責任感等有強大連結。反之，資本主義則與不平等、剝削與貪婪等有較多聯想。[1]

　　市場經濟聽起來相當溫馨，這個名詞會令人懷想蘋果還是單顆販售，而人們也與鄰人交換最新訊息的親切的農民市集。然而，這種市場經濟實際上並不存在，我們生活在與這種市場經濟截然不同的資本主義中——而市場經濟與資本主義一直受到混淆，也導致許多政策上的錯誤決定。

　　只要回顧歷史，我們便會發現，現代資本主義顯然不只是一個個市場的加總。早在2,500年前，古希臘羅馬便已出現市場。今日探訪雅典的旅客，可以在當地的衛城下方參觀挖掘出來的「阿哥拉」（Agora，希臘語，意為「市集」）。這座古代的中央市集廣場有著眾多的商店街。不過，市場並非古希臘所獨有，而是幾乎存在於所有的文化之中。阿拉伯人有「Souk」，土耳其與波斯人有「Basar」，

而印度人與中國人也在市集上交換物品，但這些市場都沒有形成現代資本主義。

市場經濟的新自由主義理論家當然也很清楚，市場古已有之，但他們認為市場有別於市場經濟。根據通行的定義，在市場經濟下，一切物品才首度有其價格，無論是土地、勞力或產品都能自由買賣。

價格無所不在的力量，確實是一項不過三百年的歷史創舉。在中世紀封建時代下，貴族無法擅自出售他們土地，因為他們的土地是國王授予他們的「封地」。而農奴則不得擅自遷往都市，以找尋報酬較佳的工作，因為他們屬於他們的地主所有。中世紀時市場極多，從今日名為「穀市」、「鵝市」、「布市」、「魚市」、「草料市」、「木市」等街道名稱便可見一斑。但這些市集僅佔整體經濟的一小部分，其他的生產主要依循封建制度。

反觀今日，幾乎沒有任何東西沒有價格，而且有價格的事物其範圍還持續擴大。在此僅舉一事為例：從前照護工作是婦女們無償的家庭任務，如今則自成一種行業，並根據提供的服務收取費用。比如「晨昏漱洗」要價12.37歐元，而「協助用點心」則只需4.58歐元等。[2]

但光是價格還無法形成自由市場，關鍵在於競爭。依據相關理論，在供需不受其他因素干擾時，二者交鋒自然能形成公道的價格。因此，每一位真正的市場經濟支持者都熱愛競爭，且往往以競爭作為自己社會政策的基礎。曾任德國經濟部長、德國總理的基督教民主聯盟（Christlich Demokratische Union Deutschlands，簡稱基民盟 CDU）成員路德維希・艾哈德（Ludwig Erhard）便是箇中的典型人物。在他的著作《全民富裕》（*Wohlstand für alle*）中，幾乎沒有一頁不盛讚競爭能帶來的社會福祉。在此我僅引用他的幾段話為例：

「競爭是達成並確保富裕的最有效手段。」[3]「透過競爭將可——真真切切地——*使社會全體享受到進步與利潤*。」[4]「全民富裕」與「*以競爭實現富裕*」二者密不可分。[5] 斜體字的部分是艾哈德書中原有的設計，他對自己那些一再重複的話顯然沒有信心，因此借助字體變化，以確保讀者能接收到他為競爭所傳播的福音。

為了保護競爭，艾哈德於1958年甚至特別設立了聯邦企業聯合管理局（Bundeskartellamt）。但閱讀該局新聞公告的人，印象往往是受抨擊的大多是那些比較不重要的企業，主要是冰淇淋、甜食與水泥等相關產業，大型康采恩幾乎完全不在其列。 這種打小蒼蠅的作法大概是為了避免聯邦企業聯合管理局太過丟臉吧，畢竟那裡可是有320個人在工作呢！令人不解的是，保時捷（Porsche）與皮耶（Piëch）兩大家族如今統治著奧迪（Audie）、賓利（Bentley）、布加迪（Bugatti）、杜卡迪（Ducati）、藍寶堅尼（Lamborghini）、曼恩（MAN）、保時捷（Porsche）、斯堪尼亞（Scania）、斯柯達（Skoda）、福斯（VW）與福斯商旅（VW Nutzfahrzeuge）等知名汽車公司，這又該如何與競爭的理念契合？

儘管世上依然存在少數幾家獨立的汽車集團，但它們對於確保全球競爭，效果極為有限，絕大多數的公司早就進行多元合作關係，例如福斯與戴姆勒、鈴木合作；戴姆勒（Daimler）另外還與雷諾—日產（Renault-Nissan）及福特攜手；BMW與豐田、寶獅（Peugeot）；而歐寶同樣也與寶獅合作。汽車工業正在複製十九世紀時鋼鐵工業的現象：唯有大型康采恩才能籌募鉅額的投資費用，從而取得市場龍頭地位，這一點與我們對傳統競爭的理解已經完全脫鉤了。

就連路德維希‧艾哈德本人對這種集中化的趨勢也無法視而不見，他有點拐彎抹角地表示他的不滿：「現代科技的發展再次促成

某種程度的壟斷趨勢,這一點對競爭條件的平等無疑處處帶來負面影響。」[6]但這種認知並沒有形成任何具體作為,艾哈德依然無意思考,既然這些龍頭產業一律出現他所不樂見的「壟斷趨勢」,那麼他所倡導的「市場經濟」究竟還剩下什麼?

這種「壟斷趨勢」不只表現在康采恩彼此合併、合作的橫向發展,更顯示在其縱深上,套句術語便是「垂直整合」。大集團試圖掌控從原料到銷售的所有環節,但不一定一切都自行生產,「外包」也是常見的手段。但那些看似獨立的供應商會受到嚴格控管,並且必須以集團利益為上。垂直型整合同樣也早在十九世紀便已開始,因為大型企業想要盡可能避免生產環節受到市場影響。

諾貝爾經濟學獎得主司馬賀(Herbert Simon)曾經思考,如果有個對地球一無所知的火星人,他會如何描述我們的經濟:「他是否會以為地球人活在市場經濟中?大約不會。他的結論應該會是,地球人從事某種組織經濟,絕大多數的經濟活動都是在公司內部合作執行,而非經由公司間的市場關係。」[7]一百多年來,大型康采恩成功鞏固它們的市場,德國DAX指數(Deutscher Aktienindex,簡稱DAX)中的公司幾乎全都興起於第一次世界大戰前,唯一真正的例外是創建於1972年的軟體大廠思愛普(SAP)。這些重要的股份公司值得我們注意的悠久歷史顯示,它們的規模之大,幾乎無人能夠抗衡。無論是鋼鐵、汽車、化學或醫藥,在很大的程度上這些市場都是封閉的,後起之秀想要突破簡直比登天還難。[8]

聯邦德國的經濟有多集中,光是從《統計年鑑》(*Statistisches Jahrbuch*)中一個數字便可見一斑:「2009年,佔比不到1%的大型企業,創造了將近65%的營收。」[9]在其他西方國家,情況也同樣如此。

但這種高度集中化的現象卻從未撼動新自由派的思想領袖，他們依然頌揚自由競爭的學說毫不倦怠，並推崇自由競爭是政治自由的基礎，其中影響最大者當推諾貝爾獎得主米爾頓‧傅利曼（Milton Friedman），他為自己的一部作品取了個簡潔有力的書名《資本主義與自由》（*Capitalism and Freedom*），而可想而知，這本書採用的二分法相當簡單：市場即自由，沒有市場的地方便是國家獨裁；或者如同傅利曼本人所做的歸納：「基本上，使數百萬人的經濟活動彼此協調的只有兩種，其一是由中央主導，採行強制性措施者，也就是軍隊與極權國家所使用的技術。第二種是自由調控，也就是個體之間彼此合作，就如我們在每個市集廣場所見到的那樣。」[10]

　　那個販售蘋果與馬鈴薯，受人喜愛的市集廣場在這裡再度出現了。但如果想藉此闡釋所謂的自由競爭，這幅景象卻用錯了。正如每一個歐盟國民所知，農業是受到高度補貼的。德國農民每年大約會獲得60億歐元，這筆錢大多充當對農地的直接補貼，平均一公頃保證有330歐元的收入。[11]而這種措施與自由市場經濟的差距就如同大象與螞蟻。

　　歐洲農業補貼政策自然受到嚴厲的抨擊，例如大型農場為何優先受惠，這點就頗令人不解。此外，環保組織也不滿此舉最大的受惠者是破壞環境最烈的單一農作。但是從這些討論中我們可以看出，即使是批評者，其目的往往也不在取消補助，而只是希望改變分配的方法。

　　自由市場很快就摧毀眾多的農民，因為豐收時價格崩跌，歉收時價格雖然較高，但先前田地遭冰雹、大雨或寒害破壞的農民卻依然無法受惠。如果國家沒有給予最低收入的保證，脆弱的農業將會因為風險過高，致使許多農民必須立刻另謀其他生計。[12]

這並非什麼全新觀點，十八世紀時，每逢收成過剩，價格可能遭到破壞時，英國便發給出口獎金以協助農民，鼓勵農民繼續耕作田地。如此，才能避免在收成不佳時立刻引發饑荒。[13]

由此看來，所謂的市場經濟只是一種奇特的現象：農民接受國家補助，以便能在市場上求存；大型康采恩則利用兼併、合作或垂直整合等方法以杜絕競爭。這使我們不免想到一個狂熱的市場經濟擁護者從未思考過的問題：真正的市場果真存在嗎？是的，確實存在。但它往往只存在於經濟政策尚未特別關注的小範圍裡，那些必須在無情的競爭中捍衛自己的小型業者。無論是手工業者、美髮師、餐飲業者、建築師、小型店家或是清潔公司的老闆等，他們都必須在競爭中求存。如果提供的食物味道不佳，下回顧客就會光顧其他餐廳。

就數字來看，這種小公司甚至還相當多。根據聯邦統計局的資料顯示，德國員工數在十人以下的公司有350多萬家，[14]但這些迷你公司只創造出一小部分的產值。市場是供這些小公司嬉遊的草地，經濟則掌控在少數康采恩手中，它們控制了絕大部分的營收。這也可以看出另一個現象，亦即這些在極大程度上無需競爭超大型企業能夠妥善規劃自己的利潤。

前德意志銀行總裁約瑟夫·阿克曼（Josef Ackermann）曾經講過一句名言：他期待的投資報酬率為25％。此話一出自然引發眾怒，因為銀行要求這麼高的利潤實在太過分了。然而在一片譁然之中，大家卻忽視了與阿克曼這句話同樣耐人尋味的是，這個投資報酬率是他事前就估算出來的，這一點與自由競爭的理論，以及由此而來對企業風險的迷思等自相矛盾的。在純市場經濟中，雖然每家公司都試圖成為業界最傑出者以追求最高利潤——但它們是否真是最傑

出的，卻無法由它們自行決定，必須藉由競爭與市場情況。但阿克曼顯然並不活在自由市場經濟的世界中，因為他能提出獲利要求，彷彿這些要求具有法律效力，而能未卜先知的投資報酬率只存在計畫經濟中。

阿克曼的話揭示了一項虔誠的市場經濟支持者頑強漠視的事實：現代資本主義是一種計畫經濟——儘管它與社會主義的計畫經濟絲毫不像。至於這究竟是由某政府部會或是由民營公司所做的估算，兩者自然大有區別，但二者都需要計畫，都必須做好計畫，因為風險——以及隨之而來的利潤——如果無法事先估算，就沒有人想要投資。[15]

未受控制的競爭具有毀滅性，因此從一開始就會遭到排除。而想達成這個目的，不僅是透過各康采恩的經濟力，另一個至少同樣重要又平淡無奇的事實則是：人類是社交動物，「最上面的一萬人」彼此熟識、來往且相互聯姻。

新古典派經濟學的創始人亞當·史密斯就曾對於隨時隨地有人在密謀交易而大感憤慨：「同行者只要聚在一起——即使是在慶典或消遣娛樂的場合上——談論的話題到最後往往是對社會大眾的計謀或提高價格的策略。」[16]

十九世紀時人們發明了股份公司的型態，從此出現了一種連結社會網絡的新工具：人們只需共同坐在監事會上，讓盡少數的人獲得盡可能多的席次即可。1908 年時，柏林貿易股份公司（Berliner Handels-Gesellschaft）中的銀行家卡爾·福裕斯滕貝格（Carl Fürstenberg）擁有 44 席次，德勒斯登銀行的歐伊根·古特曼（Eugen Gutmann）則同時擁有 35 席。[17] 如今這種過分的現象已不復見，但許多經理人依然同時擔任數家公司的監事；就連向來不熱中社會批判

的《商業報》都曾批評這是「監事壟斷」（Kartell der Kontrolleure）[18]。

在此舉幾個例子：曾擔任過安聯（Allianz）集團財務長的保羅‧阿喜萊特納（Paul Achleitner）如今擔任德意志銀行的監事會主席，同時也是戴姆勒、發電廠RWE股份公司、漢高公司（Henkel）與拜耳股份公司（Bayer AG）等企業的監事。而他的妻子安—克莉絲汀（Ann-Kristin Achleitner）則為麥德龍集團（Metro AG）、林德股份公司（LindeAG）與慕尼黑再保險公司（Munich Re）等企業的監事。此外，多年來擔任漢高公司總裁的李寧雅（Ulrich Lehner）則為能源公司「Eon」、漢高、保時捷、德國電信（Deutsche Telekom AG）、諾華製藥集團（Novatis）與歐特家博士（Dr. August Oetker KG）等企業的監事，三月間他還被選任為蒂森克虜伯股份公司（Thyssen Krupp AG）的監事會主席，但為此他想放棄在別處的三個席位。至於李寧雅的前一任格哈德‧克羅默（Gerhard Cromme），則同時也是蒂森克虜伯與西門子的監事會主席。此外，曾經擔任過拜耳公司董事長的曼弗雷德‧施耐德（Manfred Schneider）不久前還是拜耳、林德與RWE等企業的監事會主席。安聯總裁米夏埃爾‧迪克曼（Michael Diekmann）另外還擔任巴斯夫（BASFSE）、林德與西門子的監事；而擔任Eon執行長多年的沃爾夫‧伯諾泰特（Wulf Bernotat）則同時也參與安聯、德國電信、貝塔斯曼（Bertelsmann）、麥德龍等企業的事務。

這些由相同男士不斷環繞監事會所形成的旋轉木馬，正好刻劃出某種深層的社會現象：幾乎所有的頂尖經理人都隸屬於相同的社會團體與人數稀少的上流階層。社會學者米夏埃爾‧哈特曼（Michael Hartmann）曾經調查過，百大德國企業的董事長、總經理出身如何，結果這些頂尖經理人之中，有85人出身富裕的市民階層，這個階層

只佔全體國民的3.5%。[19]奧地利情況也類似,五大康采恩中有四個是由出身上層階級的經理人管理的。[20]而在瑞士特別引人注意的是,公司管理人大多畢業於聖加倫大學(Universität St. Gallen)或蘇黎士聯邦理工學院(Eidgenössische Technische Hochschule Zürich)。[21]

當然,並非所有菁英階層的子女都能成為高收入的頂尖經理人,因為擔任董事長也必須交出績效。但反過來看,認為最優秀的人必然能向上攀升,這種想法也並不符實情。中產階級乃至勞工階層出身的求職者機會極少,畢竟關鍵因素不在能力,而是出身;這一點根本違反了市場經濟所樂意相信的「績效社會」(Leistungsgesellschaft)原則。

經理人的共同出身不只交織成廣泛的網絡,同時也形成同質性的思維,這對新觀念的形成有害而無益。在面對行為表現與我們相同的人時,我們覺得最有安全感,而在遴選領導人才時,依循的也是這種模式。上層階級在招募經理人時並非刻意挑選社會階層相同者,而是直覺地做出這種選擇,因為特別是在壓力情況下,知道團隊夥伴的想法與自己類似、偏好與自己相同,總是令人特別放心。而一些微妙的符碼往往凸顯出彼此相同的出身與經驗世界,例如喜歡哪種名酒、服飾風格如何、在哪裡度假、曾經就讀的大學;還有,彼此有哪些共同的熟人等等。法國社會學者皮耶・布赫迪厄(Pierre Bourdieu)稱此為慣習(Habitus),而慣習是一種極具價值的「社交資本」(soziales Kapital)。為了擁有上流社會的交往型態,並且被他們視為同類,花在這些事情上的金錢上絕對值得。

這些菁英將自己與「下面」的人區隔的作法自然令其他國民感到忿忿不平。這也難怪。但撇開這種道德上的憤慨不談,「績效社會」與「市場經濟」同樣幾乎不存在。這點對經濟面的影響極鉅:

個人並未受到鼓勵，在毫不設限的競爭中追求最具創意的構想。上層階級反而設立一個藩籬，只讓他們認為是同類的人進入。而所謂同類，指的是行為舉止能配合他們，並遵守群體規定者。

從位於波士頓的哈佛商學院（Harvard Business School，簡稱HBS）便可看出，培養人脈在真實世界中是如何運作的。該學院堪稱全球未來經理人的搖籃，然而我們在那裡看到的不是競爭，而是哈佛商學院大力宣揚該學院是個龐大的人脈金礦，能利用其網絡協助所有畢業生獲得職位。在他們的網路首頁上宣傳的內容之一便是：「哈佛商學院的畢業生屬於全球167個國家78,000多名校友之一。無論在何處工作，我們的校友都終其一生彼此聯繫……無論您想了解如何管理、想創立公司或擔任公益組織的領導人——身為哈佛商學院的校友您隨時都能向經驗豐富的頂尖經理人請益，從而使您的計畫獲得他們的支持。」[22]至於這些人脈有多珍貴，該網頁更直接引用數據加以說明：「65％到85％的職位是仰賴關係而來的，因此求職時，建立人際網絡應該佔您投資時間的80％左右。」[23]

哈佛本身似乎沒有意識到，這種積極的人脈經營究竟顯示出何種矛盾。哈佛商學院只培養最優秀的人才，但這些畢業生如果真是最優秀的，就不需要如此費心培養人脈了。看來這些號稱是績效人的績效，似乎還不足以在所謂頂尖的人力自由市場上謀取一份主管職。而這種未經深思的矛盾也導致出荒謬的作為，在該學院的主頁上附有兩件書信範例，其中詳盡規定其校友如何撰寫有利其本人職涯的電子郵件。這些範例了無新意至極，而且依樣畫葫蘆即可，無意中暴露了，哈佛認為它未來的領導人無能到連親筆寫封像樣的信都辦不到。[24]

不過，建立人脈這一招倒挺管用的：曾經就讀哈佛商學院的人，

保證能謀得一份職位，而且第一年平均年薪便高達14萬美元──這一點自然也是哈佛的宣傳重點。[25] 不僅如此，許多人甚至能擔任高階職位：全球前500大企業的管理階層，有20%是哈佛畢業生。[26]

其他名校一如哈佛商學院，同樣致力於促進職涯發展的終身人脈，因此名校校友彼此守護，避免在爭取頂尖職位時面臨真正的競爭，因為在面對優秀的對手時，他們可能會落敗。這種安全取向雖然是人性特質，卻沒有反映在哈佛的教學內容上。一方面哈佛校友極力避免競爭；另一方面，「市場經濟」裡的「競爭」這個議題依然是哈佛商學院的研究重點。

這種最頂端的密切人際網絡，不只阻礙企業在選拔頂尖經理人時找出真正最傑出的人才，也破壞了企業彼此間的競爭。因為企業管理者的人際網絡彼此如果相互依賴，或者這些管理者彼此甚至交情良好，那麼企業間又該如何相互競爭呢？從小或者最晚在大學時代就彼此認識的人，自然會為對方著想。傅利曼曾經以一句話扼要地道出這種心理事實：「不涉及個人的關係，是自由市場的基本核心。」[27] 可惜這位諾貝爾獎得主卻忽略了，在真實生活中情況恰好相反：由於沒有不涉及個人的關係，因此自由市場也不存在。

儘管「市場經濟」是虛構出來的，所謂的「市場」卻持續增長。無論什麼都被說成是市場。在一般的流行說法中有所謂的勞動市場、金融市場、醫療保健市場、運輸市場、能源市場、教育市場、房屋市場等等，甚至連婚姻市場都有。這些說法背後其實蘊藏著一個根本誤解，認為一切事物都能為私人擁有，而且都有價格。

這種將「市場」弄得無所不在的現象，將「市場」這個概念化約為有買家與賣家。但我們如果仔細傾聽自由市場經濟理論先驅者的說法，那麼自由市場經濟並非如此陳腐乏味。這些先驅人物之所

以不斷強調「自由」一詞自有其原因，因為供應者與需求者都應該能選擇是否購買或銷售某一商品，而光是這種雙向的自由就能創造出公平的價格。因此唯有在沒有任何逼迫的情況下，市場經濟方可確實運作；一旦出現逼迫，就會導致單方的價格獨斷。

而其直接後果則是，「勞動市場」不可能是能自行形成公平薪資的真正市場，因為在沒有保護之下，受雇者為了生存，不得不將自己的勞動力以最低價求售。正如亞當·史密斯有遠見的觀察，在雇主與受雇者之間存在一種權力落差。早在1776年，史密斯便直言：「在衝突中，企業主能（比工人）堅持更久。一般而言，即使沒有工人，地主、農場經營者、工廠主或商人也能靠他們累積起來的儲備活上個一、兩年；但許多工人如果沒了工作，卻連養活自己一星期都沒辦法，其中少數人也許撐得過一個月，但幾乎沒有人能撐過一年的。長期來看，勞工之於企業主或許就和企業主之於勞工同樣重要，但這種依賴關係並不是那麼直接的。」[28]

新自由主義者總愛奉亞當·史密斯為新自由主義的鼻祖，但上面那段話顯示，史密斯不同於傅利曼等人，他從未漠視社會現實。在他看來，「市場」並非自由浮動的飛碟，而總是著根於政治與經濟的權力狀態中。

因此一直要到1871年，能與雇主組成的聯合會平起平坐，進行協商的工會獲准成立後，「勞動市場」才能真正運作。而工會獲得的成功很快就浮現，因為十九世紀末時，實質薪資有了明顯的增長。德國人已經很習慣將工會當做薪資自主權的一部分，因為國家並未干預薪資談判。然而事實上，工會與自主權二者關係不大，關鍵在於禁止勞工之間進行價格戰的聯盟。現在企業員工不再能隨意以傾銷價出售他們的勞力，為了破除資方的優勢，這種強制措施確實有

其必要。就此看來，這是一種矛盾，因為工薪階級彼此間的競爭必須受到限制，「自由的」勞動市場才可能存在。或者如歷史學者歐斯特漢梅所言：「就實質意義而言，自由勞動來自社會福利國家針對毫無限制的合約自由所設定的限制。」[29]

儘管這種十九世紀時的學說在今日依然適用，人們卻對它逐漸漠視。工會失去會員與影響力，這一點又助長政策掏空對職工的最低保護，而德國社會民主黨（Sozialdemokratische Partei Deutschlands, SPD）與綠黨（Bündnis 90/ Die Grünen）所制定的「哈茨法案」強制長期失業者必須接受任何薪資，但另一方面法律又沒有規定最低薪資下限，從此受雇者成了可受脅迫的，結果不僅下層階級人士，就連中產階級都必須承受薪資停滯的後果。在2000年與2010年間，德國實質薪資整體下滑約4.2％；[30] 而同一時期，德國經濟卻成長了14％。[31] 企業界其實有能力輕鬆提高員工薪資，但沒有任何人逼迫他們這麼做，因為認為保護受雇者的法令是多餘的，只會擾亂「勞動市場」的觀念到處都佔上風。

對所謂公平的勞動市場的新信仰，與一種被稱為「自我優化」的整體社會趨勢，二者是最佳拍檔。有愈來愈多人試圖將自己的身體與大腦盡可能優化成好賣的商品，以便在競爭中贏過其他的身體與大腦。這種現象在每一家大型書店中都可見到：書架上充斥著各種勵志書籍，而這些書都宣稱能讓它們的讀者變得更聰明、更有錢、更積極上進或是變得更美。這種自我優化的慾望是工業化的產物。近年來人們把自己當成了在多重工序中，盡可能高效生產的機器產品。[32]

早在1920年代便已出現最先探討如何自我優化的書籍，但想讓自己更強壯、更健康、更具有抗壓力，光靠書還不夠，還需要採取

具體的行動。因此三十年前興起了一股健身熱潮，如今有七百多萬名德國人利用各種健身器材鍛鍊，而這些人的平均年齡超過四十歲，每年創造的營業額高達四十億歐元。不過，和其他國家相較，德國還是小巫見大巫：德國只有8.5%的國民勤上健身房，荷蘭、西班牙或瑞典卻高達14%。由此看來，德國健身產業大有理由樂觀認定德國人民將迎頭趕上，推升健身熱潮將繼續延燒好幾年。[33]

在健身中心我們會注意到，它們就像是要吐出盡可能完美軀體的小型工廠，裡面遍布著鍛鍊健身者的各種器械，還有控管儀器：各種電子螢幕顯示相關的量測值，比如消耗了多少卡路里、跑了幾公里與減少幾公斤等。當然，並非每一位健身的人都志在將體格鍛鍊成最佳狀態，許多人只要能減緩背痛就很滿意了，他們更像在進行修復，而非優化。[34]儘管如此，健身中心往往布置得像廠房，而其營運者也視自己為某種「產業」，並且組成「德國健美及康體產業公會」（Deutscher Industrieverband für Fitness und Gesundheit）。

由此觀之，生產製造、市場與競爭等的世界已經延伸到了休閒時光了。主觀而言，上健身房甚至是理性的行為，因為「美」深受推崇，而美國經濟學者丹尼爾‧漢默許（Daniel Hamermesh）發現，俊男美女一生的收入平均高於相貌中等者90,000美元。[35]不過，美貌不一定與智力或效率成正比，但這種與生產力幾乎不相干的特質卻享有優勢。不過這一點再度顯示，我們並非活在一個遵循理性市場法則的世界裡。

如果我們宣稱外貌主導一切，這樣可就過度誇大了，因為接受高等教育同樣也受人推崇。根據德國聯邦政府的統計，接受過大學教育的德國男子，一生中賺到的錢比未接受大學教育者多出30萬歐元；接受高等教育的女子則較一般員工多出20萬歐元。[36]如果教育

無法為個人牟利，或許願意花功夫優化智力的人就會明顯減少吧。

然而，人們願意接受個人競爭，並不表示就集體來看這項投資也值得。從整體社會的表現，我們觀察到了一種怪現象：從來沒有哪個時代的企業員工像今日的教育水準如此高，但現在的員工平均實質薪資卻下降了。就個人而言，他們或許覺得接受教育是值得的，因為他們賺的錢多於他人。只是這種相對差距卻不代表薪資絕對水平有所提升。不過許多人並未察覺這種集體損失，因為他們只是自豪地注意到自己的個人成就，覺得自己已經鍛鍊好要迎接戰鬥與競爭，卻沒有發現，權力分配並不均等，而是偏向雇主一方，故自我優化往往代表自我高估。

勞動市場是個奇特的結構：唯有集體協商，受雇者才能為自己的績效求取公平的價格；而個人的契約自由必須受到限制，如此供需遊戲方能運作。不過，至少在努力之下，勞動「市場」還是能夠建立，其他許多商品則連這種機會都沒有。

其中一個極為顯著的例子是醫療保健。儘管近年來「醫療保健市場」這個概念相當流行，但這個市場其實無法存在。第一個難題在於：健康是無價的。對所有病人而言，他自己的生命是最高財富，因此他是可以勒索的。假使沒有社會監控，協商權便掌握在醫師與藥廠手中，難怪所有西方國家對醫療人員與醫藥都設有診療費與醫藥費的規定。此外，醫療保健保障也出現和鐵路設施相同的問題：對私人公司而言，在人口稀少的偏鄉地區並不值得開設醫院，因此國家必須干預，以確保這種基礎建設能夠普及。

最重要的是，純粹市場這種觀念會受到我們的倫理觀制衡：在德國，人人的生命都有權獲得救治，這是一種基本共識。窮人雖然負擔不起醫療費，也應能獲得癌症治療，因為這關涉到社會互助——

這一點恰好與市場型態的競爭相反。就這一點來看，政治人物老是試圖強調不同醫療保險公司間的「競爭」，這種作法著實荒謬，因為這些保險公司大同小異，它們對投保人提供的保障也和支付給醫師與藥廠的費用一樣，都有一定的規定。但這種種規定並非瘋狂的官僚設下的陰謀詭計，而是醫療保健其任務必然的結果。

在2013年第一季，德國還有134家公立醫療保險公司，這大大膨脹了無謂的管理費用，因為一家公立醫療保險公司就足夠了，公立退休保險公司也只有一家。不過，上述情況儘管還不盡如人意，但終究有了一定的進步：1970年時公立醫療保險公司曾高達1,815家，可見這個實際上不存在的市場也緩步出現了「市場調節」。

特別難以理解的是，除了這些公立醫療保險公司，另外還有43家民營醫療保險機構，這些公司的投保人以公務員與自營業者居多。理論上，這些民營醫療保險公司的存在也是為了「競爭」，但實際上這些民營公司照顧到的卻是身分地位相近的投保人，而且其唯一目的是在使投保人的利益獲得最大化。民營醫療保險公司只接受同質的保戶，可省下救助貧窮投保人的費用，於是這些貧苦人士的醫療保障，只能仰賴由同樣加入公立醫療保險的中產受薪階級支付。由此可見，民營醫療保險公司與「市場」無關，它們照顧的只是一小撮人的私心。

儘管民營醫療保險公司只接受「好風險」，其投保人甚至還比較吃虧。最近一項研究顯示，民營醫療險保的病患得到的治療往往較公立醫保的差，[37]因為他們繳納的高額保險金不只用於支付醫藥費，還得提供保險公司的利潤與其業務佣金，因此這些研究者稱民營醫療保險是一種「市場失靈」（Marktversagen）。但對照眾多的批評譴責，這種說法還是太委婉，而且這個說法等於宣稱「醫療市場」

確實存在。

　　而未來，民營醫療保險甚至會陷入更大的困境，因為民營醫療保險採取的是資本積累模式（Kapitaldeckung），將保戶的部分保費儲存起來。目前民營醫療保險業者已累積1,690億歐元，[38]這筆錢必須投入「金融市場」，但唯一的問題是：就連這些「金融市場」也非真正的市場，而是依據其自我規則來運作的。因為金錢並非一般的商品，不像汽車必須辛苦製造，而是能自由創造出來的。其後果我們在第四篇會有更詳盡的解釋，在此謹先扼要說明：如今金融資產氾濫，利息銳減，對民營醫療保險業者而言，這意味著他們必須提高保費，才能支付治療費用。從民營醫療保險公司我們可以觀察到一個有趣的案例，就是藉由將保費投資於同樣也非真正市場的金融市場，從而模擬出醫療保健市場。

　　同樣有問題的，還有像「李斯特退休年金」之類的民營退休保險。這些保險同樣利用資本積累模式營運，並且倚賴將金融市場當成真正市場的假象而活，難怪隨之而來的是全面性的失望。如今李斯特退休年金的保戶之間盛傳著，他們不僅拿不到真正的養老金，甚至連打平通膨產生的差額都不夠。唯一賺到錢的是那些利用這種無能的產品收取數十億歐元佣金的保險業者。這一點再次顯示，無論是為了安養老年或對抗疾病，「保障」這種財產，最好都由公立保險公司負責，因為社會互助不只是一種道德信條，往往也是經濟效率最高的。

　　另外還有許多市場也不是用真正市場的方式在運作，其中之一便是房屋市場。房市同樣存在房客與房東權力分配不平等的問題。人總是需要地方居住，這使他們成了可勒索的對象，窮人更是如此。因此國家不得不再次出手干預，而其手段則是價格管制、社會宅與

住屋補助。

對於其他情況也相同的商品，立刻放棄競爭、從而放棄其「市場」，是最便宜的作法；而這個原理適用於鐵道或輸電系統等各種基礎建設案。為了創造競爭而建設一個以上的網絡，不僅毫無意義也更昂貴。但如果只有一個網絡，再加上私人企業如果沒有受到監控，就會形成經濟學者所稱的「自然壟斷」。此時如果沒有任何管制，私人企業就會大加利用，因此需要國家再度出手干預——要不是讓這些網絡由國家自行營運，就是由國家單位控管，決定誰能使用這些基礎建設，以及價格如何等。[39]

市場經濟讓人想起吉姆‧克諾普夫（Jim Knopf）故事中的假巨人凸兒凸兒（Turtur）先生，從遠處看來他顯得極為龐大，但距離愈近，他就變得愈小，到最後更是變得微不足道。倘使我們仔細探究，就會發現想在名為德國的「市場經濟」中找到真正的「市場」，幾乎是不可能的。在此順道一提，認為「市場經濟」不過只是虛構的，這種觀點並不新，連保守派經濟學者熊彼得在相當早時便已發現，推動資本主義的力量並非「市場」，而是科技發展，並稱科技發展為「創造性破壞的永恆風暴」。[40]科技發展主要並非起於企業彼此的競爭，而是因為每一家公司都想獲取更多利潤，因此投資於新產品或新製程，從而——但比較像是「副作用」——打敗競爭對手。鋼鐵工業裡的貝塞麥煉鋼法便是典型例證：這種新冶煉法效能極高，迫使工廠不得不轉型為極大的規模，而跟不上轉變的，要不是挫敗便是遭到收購。每一種新技術都會出現這種週期循環，以晚近的網際網路為例，新技術一旦站穩腳步，便會出現新的寡頭壟斷，例如微軟、蘋果、谷歌、亞馬遜、臉書等，都是我們耳熟能詳的案例。

由此可知，我們並非活在市場經濟中，而是活在一個截至目前

為止還找不到比「資本主義」這個稱號更貼切的體系裡。這是一種介於國家與私人，介於寡頭壟斷式的大型康采恩，與活在競爭不設限的小餐廳等小型商業生態之間的混和型態，而這個體系的驅動力則是「投資金錢，以便之後賺取更多錢」的觀念。如果這種體系不是一種資產只是在紙面上衍生的雪球體系，那麼商品數量便得同時增加。可是真正的資產成長必須仰賴科技的進步。而倒過來看這又意味著：如果沒有科技的進步，資本主義就完蛋了。

當今的經濟型態蓄含著一種解除束縛的動能，這種動能是「市場經濟」這個概念根本無法描述的，因為「市場」強調商品交換、供需平衡，我們很難將「成長」納入這種靜態概念中，難怪許多新自由主義的理論寧可避開成長這個議題不談。反之，「資本主義」這個概念陳述的是以資本創造更多資本，正完美呈現了這種過程。

如果「市場經濟」對我們的體系而言是個錯誤的解釋，何以大家會瘋狂地死抓著這個概念不放？箇中緣由其實相當簡單：錯誤的理論創造出實質的利益，而獲利的則是大企業。這些大企業將「競爭」提升到近乎宗教準則的地位，藉此承攬收益有保障的政府案。而這些政府案之所以有保障，是因為在那裡沒有任何競爭。

其中的關鍵字便是「民營化」，將之前由國家提供的委由私人企業經營，因為據稱私人企業的效率高多了。公立醫療保險、自來水供應或李斯特退休年金等，這些國民的基本生存需求如今都改由大企業接手。這些都保證一定獲利，因為它們的「顧客」別無選擇，必須仰賴這些服務。「自由市場經濟」理論是少數企業及其股東善用的力量強大的政治武器，套句英國社會學者科林・克勞奇（Colin Crouch）的話，便是：「新自由主義政治對企業的助益勝於對市場。」[41]

「自由市場經濟」理論使用相當簡單的宣傳策略，就是將世界分為善與惡。市場經濟是善，因為它號稱保障自由、個人發展、公平價格、龐大的供給——尤其是優越的效能。惡的角色則由國家扮演，國家代表監督管束、官僚主義、無用的平均主義、貪汙與對資源的無效率浪費。對此傅利曼的說法極為傳神，因此在此我們且再度引述他的說法：「基本上，使數百萬人的經濟活動彼此協調的只有兩種，其一是由中央主導，採行強制性措施者，也就是軍隊與極權國家所使用的技術。第二種是自由調控的，也就是個體之間彼此合作，就如我們在每個市集廣場所見到的那樣。」[42]

這種新自由主義的市場觀點力量極為強大，就連此觀點的眾多批評者也抱持同樣的想法，相信「市場經濟」確實存在。他們指責的只是，如今這種「市場邏輯」掌控了全面的生活。比如知名的道德哲學家邁可‧J‧桑德爾（Michael J. Sandel）近期發表的一本書，書名《錢買不到的東西：金錢與正義的攻防》（*What Money Can't Buy: The Moral Limits of Markets*）就帶有濃厚的戰鬥意味。在本書中他控訴：「市場與市場導向的思維入侵到種種之前無關乎市場的價值所規範的生活領域，如家庭生活與個人關係；健康與教育；環保與刑事裁判權；國家安全與國民生活等等。幾乎是在不知不覺間，我們經歷了從市場經濟社會到市場社會的大轉變。這兩者的差別在於：市場經濟是個工具，是管理生產活動的珍貴又有效的工具。反之，市場社會則是個幾乎任何事物都可購買的場域，是一種生活方式，而這種方式使市場價值滲透到各種社會關係，從而影響所有的領域。」[43]

上述這段描述看似在批判，骨子裡卻是一種肯定，因為桑德爾同樣未加考慮便相信，「市場」有效調控了商品生產。他並未察覺，

世上並不存在沒有任何約束的「競爭」，有的只是少數大型康采恩掌控了資本主義經濟。桑德爾接受了市場經濟的神話，因為他已經踏入了新自由主義的陷阱。桑德爾從接受市場經濟這個神話的一刻起，便踏入了新自由主義者的陷阱，而從此刻起，他打的不過只是防禦戰，以求為這個據稱效能卓越的市場設下道德界線。他並未就經濟層面提出理由，只是提出道德勸說。這種作法儘管合理，卻有一大缺點：就連新自由派人士也愛以道德為由，宣稱不平等是合理的，因為效能必須划算，何況大眾也將從這種普遍的福祉受惠。這樣的道德戰很難以獲勝，因為桑德爾已經承認，市場是個「珍貴又有效的工具」。[44]

反對者只是在防禦，因為他們在不察之下便接受了新自由派人士的二分法：一端是私人財產與市場，另一端則是社會與國家，唯一的差別在於，像桑德爾這樣的批判者冀望能拯救社會關係免於市場的無限力量；反之，新自由派人士如傅利曼等則力圖保護市場免受所謂的專制國家控制。

這種市場與國家的二分法其實純屬虛構，不只因為純市場這種型態並不存在，更因為資本主義與國家並不是對立的，二者一直密切合作，因為它們是共生共成的，有現代國家，才可能有現代資本主義。

---

**註釋**

1  蕾娜特·柯歇爾（Renate Köcher），〈對資本主義的不安感〉（Das Unbehagen am Kapitalismus），阿倫巴民主協進會（Institut für Demoskopie Allenbach）的一項調查，見《法蘭克福廣訊報》（*Frankfurter Allgemeine Zeitung*），2012年2月23日。

2 這是石勒蘇益格（Schleswig）某居家照護服務公司的價目表，這份價目表是依據德國《社會法典》（Sozialgesetzbuch）第11篇的規範制定的。

3 艾哈德，2009年，第15頁。直到今日，艾哈德此書依然受左派人士如莎拉‧瓦根克奈希特（Sahra Wagenknecht）等奉為圭臬地引用，彷彿那是一本重要的理論作品。但《全民富裕》甚至非出自艾哈德本人之手，而是由時任《商業報》（Handelsblatt）首都辦公室主任的沃爾弗拉姆‧朗格（Wolfram Langer）代撰的。此外，這本書極為冗長且內容貧乏，其中主要是引述艾哈德在不同的企業家協會所做的演講等選戰演說。這本書的出版時間為1957年，正好在德國聯邦議院（Bundestag）選舉前不久問世，洵屬其來有自。

4 同前註，第16頁。

5 同前註，第17頁。

6 同前註，第200頁。

7 援引張夏準，2011年，第208頁。

8 愛迪達（Adidas）與醫療保健公司費森尤斯（Fresenius）實屬例外，這兩家公司創立儘管已有一段歷史，但直到1950年代才真正崛起。此外，漢莎航空（Lufthansa）、德國郵政（Deutsche Post）、德國電信與福斯汽車等四家昔日的國營企業如今也在德國DAX指數成分股中。

9 德國聯邦統計局，2012年，第501頁。

10 傅利曼，2002年，第36頁。

11 丹尼艾拉‧庫爾（Daniel Kuhr），〈落在田地上的錢雨〉（Goldregen für die Felder），刊登於《南德日報》（Süddeutsche Zeitung），2015年5月25–26日。

12 美國與歐盟相同，同樣提供其農民保障，但是由國家提供災難保險補助。參見赫伯特‧弗龍美（Herbert Formme），〈歉收致富〉（Reich durch Missernte），刊登於《南德日報》，2013年5月3日。

13 丹尼遜、辛普森，〈農業〉（Agriculture），收錄於布勞德伯利、歐洛克，2010年，第156頁。

14 聯邦統計局，2012年，第501頁。

15 美國經濟學者約翰‧肯尼斯‧高伯瑞（John Kenneth Galbraith）已曾指陳過投資決策與可計畫性二者間的關聯（1974年，第32頁以下），而在高伯瑞之前，社會學者卡爾‧波蘭尼（Karl Polanyi）也曾說明，人類無法承受真正市場的不確定性，所有階層於是轉而試圖保護自己，並避免競爭。波蘭尼如此說道：「自我調控的市場這種理想是個烏托邦，這種機制無法久存，而不摧毀社會的人為

與自然先決條件。自我調控的市場將會對人類造成生理損害，並將他們的環境化為荒地。因此，社會定然會採取措施以保護自己免於這種結果。」（波蘭尼，2001年，第3頁）

16 史密斯，2008年，第129頁。這一段以及以下所有採自亞當‧史密斯的引文，皆為作者的翻譯。

17 馬庫斯‧達勒姆（Markus Dahlem），2009年，第303頁，腳註1。

18 迪特‧佛肯布羅克（Dieter Fockenbrock），〈監察人聯盟。許多頂尖監事還戀棧不去〉（Das Kartell der Kontrolleure. Viele Topaufsichtsräte wollen noch nicht gehen），《商業報》，2013年1月21日。博德學院（Board Academy）的一項研究顯示，德國DAX指數的企業，有三分之一的監事至今依然擁有四到十個席位，而另外的三分之一則擁有二至三席。研究截止日為2011年10月31日。參見博德學院「德國企業的監事會」（Aufsichtsräte deutscher Unternehmen），第5–6頁。另外請參見卡斯帕‧布瑟（Caspar Busse），〈監事會：監督，但要確實〉（Aufsichtsräte: Kontrolle, aber richtig），《南德日報》，2013年3月15日。

19 哈特曼，2007年，第144頁。

20 同前註，第145頁。

21 同前註，第123頁。

22 http://www.hbs.edu/mba/the-hbs-difference/Pages/alumni-relationships. aspx

23 http://www.alumni.hbs.edu/careers/networking.html

24 這些信件可見http://www.alumni.hbs.edu/careers/networking. html，屬於「求職工具包」（Job Search Toolkit）的一部分。為了能清楚呈現原文的風格，並供讀者了解及內容如何了無新意，在此我且直接引用原文：「Joe Smith suggested I get in touch with you. I have been wat-ching your company and am excited about the direction that ABC Co. is taking in the market. I am particularly impressed with the results in terms of [metric] that ⋯ has generated. I hope to learn more about your successes and what you see as remaining obstacles to your continued growth. I know you are extremely busy at this time of year, but I hope that you might grant me a few minutes to discuss your work.」第二封信：「Joe Smith suggested I get in touch with you. I have been watching your company and am excited about the direction that ABC Co. is taking in the market. I am particularly impressed with the results in terms of [metric] that ... has generated. After having worked for 10 years in a related field facing a similar challenge, I am very impressed with what you have accomplished in your firm. I read your comments

*Business Week* and I was struck by your insight into ... I would like to discuss this further. I know you are extremely busy at this time of year, but I hope that you might grant me a few minutes to discuss your work.」

25 http://www.hbs.edu/about/statistics/mba.html. 哈佛78,000名校友中，有776名於德國任職（http://www.hbs.edu/recruiting/ printready/statistics-alumni.html）。哈佛商學院的德國校友成立自己的俱樂部與網頁，從網頁中可以看到他們經常聚會、在愛琴海駕駛帆船，或是在奧地利的基茨比厄爾（Kitzbühel）滑雪共度週末。（http://www.hbsgermany.de）

26 德爾夫斯·布勞頓（Delves Broughton），2008年，第2頁。布勞頓原為記者，曾於牛津就讀，並於英國《每日電訊報》屢穫拔擢，卻於2004年辭去其巴黎特派員的職位，前往哈佛商學院就讀兩年。他將這兩年的經歷撰寫成書，下筆儘管帶有英式禮貌，卻遮掩不了布勞頓對哈佛愚蠢的菁英崇拜有多震驚，尤其是他不得不面對那些青春期小夥子的團體儀式時。本書最後以一個問題作結：「社會是否給了由電子表格製作者與Power Point提交者組成，自戀的單一階層享有過多權力了？」（同前註，第283頁）

27 傅利曼，2002年，第149頁。

28 史密斯，2008年，第65–66頁。

29 歐斯特漢梅，2011年，第1008頁。

30 卡爾·布倫克（Karl Brenke），馬庫斯·M·葛拉伯卡（Markus M. Grabka），2011年。

31 德國聯邦統計局，2012年，第321頁。

32 托馬斯·史坦費爾德（Thomas Steinfeld），〈自我優化的先行者〉（Pionier der Selbstoptimierung），《南德日報副刊》（*Süddeutsche Zeitung Magazin*），2012年1月13日。

33 「信貸改革」（Creditreform），〈2011年產業報告：德國健身產業的基本發展暨財務發展〉（Branchenreport 2011: Grundsätzliche und finanzspezifische Entwicklungen der Fitnessbrache in Deutschland，見www.creditreform.de）

34 史蒂凡·萊恩艾克（Stefan Reinecke），〈與阿多諾上健身房〉（Mit Adorno im Fitnessstudio），《日報》（*die tageszeitung*），2013年1月8日

35 引用珍妮·盧伯納（Jeanne Rubner），〈幸福的允諾〉（Die Verheißung vom Glück），《南德日報》，2012年1月14–15日。

36 亞歷山大·哈格呂肯（Alexander Hagelücken），漢娜·威廉（Hannah Wilhelm），

上過四年大學的人，多賺40%。經濟學者盧德格爾‧烏斯曼（Ludger Wößmann）說明收入與教育二者間的關聯。《南德日報》，2013年5月24日。

37 圭多‧波森姆（Guido Bohsem），〈投保公立醫療保險較有利〉（Besser bei den Gesetzlichen）。一項研究顯示，民營醫保的投保人受到的保障缺陷頗多。刊登於《南德日報》2012年6月12日。

38 民營醫療保險同業公會（Verband der privaten Krankenversicherung），數據報告，2011–2012年，第65頁。1,690億歐元中，有240億歐元保留供民營長照險用。

39 「自然壟斷」有可能因科技進展而消除，電話便是其中一個例子。自從行動電話問世後，「固網」依然存在，但已不再獨霸一方了。

40 熊彼得，2008年，第87頁。

41 克勞奇，2011年，第128頁。

42 傅利曼，2002年，第36頁。

43 邁可‧J‧桑德爾，《錢買不到的東西：金錢與正義的攻防》，見Project Syndicate，2012年12月31日（www.project-syndicate.org/）。

44 德國批評者也落入誤將資本主義當作市場經濟的陷阱，比如作家英果‧舒爾策（Ingo Schulze）在一場廣受矚目的演說中，便將據傳是安格拉‧梅克爾（Angela Merkel）說過的話稍加改變。據說，德國總理梅克爾說的是「配合市場的民主」，舒爾策卻要求必須有「配合民主的市場」。（英果‧舒爾策，〈我們的漂亮新衣，反對配合市場的民主——贊成配合民主的市場〉（Unsere schönen neuen Kleider. Gegen die marktkonforme Demokratie – für demokratiekonforme Märkte），發表在德勒斯登的演說，2012年2月26日。www.ingoschulze.com/rede_dresden.html）。由於舒爾策與其他同道依然從「市場」出發，因此保守派人士不難提出回答：他們直接宣稱市場本來就民主且公正：「依據聯邦德國60多年來的教訓，唯有在競爭下進行的市場經濟，才能確保社會福利國家的資源。」（見雅思佩‧馮‧阿滕博孔〔Jasper von Altenbockum〕，〈危機下的歧途〉（Irrweg in der Krise），《法蘭克福廣訊報》，2012年4月15日）。

第六章

第七章
# 資本主義不是國家的對立面

　　新自由主義者的論調予人的印象是，經濟受到國家箝制，必須爭取脫離這種政治獨裁。但從歷史發展來看，這種觀點錯得離譜：在資本主義早期型態出現的地方，當地的早期資本家同時也握有政治力量。

　　中古時期屬於漢薩同盟的城市，如漢堡、呂貝克（Lübeck）、布萊梅（Bremen）等富麗堂皇的市政廳，直到今日，依然顯示當年權高一時的議員們曾經在此開會議事。這些城市新貴自然不是由人民推選出來，而是出身顯赫的鉅商家族，他們將這些獨立的城邦建設成推升遠地貿易與他們私人錢庫的助力。

　　在所有商業大城都能見到這種模式，統治義大利威尼斯（Venedig）、佛羅倫斯（Florenz）與熱那亞（Genua）等諸城邦的也同樣是金錢貴族，其中最著名的當數佛羅倫斯的金融豪門麥第奇（Medici）家族，而該家族成員甚至躋身為托斯卡尼（Toskana）大公。1492年發現美洲之後，貿易重心儘管西移，但在安特衛普（Antwerpen）與後來的阿姆斯特丹（Amsterdam），都是由商人治理他們的城市。「資本主義唯有在它等同於國家，當它就是國家時，

才能獲勝。」法國史學家費爾南‧布勞岱爾（Fernand Braudel）做了
上述的歸納。[1]

這些商貿城市面積儘管不大，卻是區域性，乃至全球性的強權。
無論是威尼斯或熱那亞在地中海區都擁有眾多的殖民地，而阿姆斯
特丹商人於1602年利用國家統治權設立了荷蘭東印度公司後，勢力
更擴展到了印尼；在此，政治力量與經濟利益二者密不可分。

這些大型商貿城市控制了全球貿易直到十七世紀，但它們卻像
是位在封建國家這座浩瀚大海上的資本主義小島。十八世紀時這種
情況有了變化，在歷史上首度有一整個民族國家受資本利益統治，
這個國家便是英國。前此我們已經提到過的1688–89年之際的光榮
革命便是這種變革的象徵。權利法案（The Bill of Rights）保障了議
會多方的權益，削弱了國王的權力。形式上，英國成了君主立憲制
的國家，但其表決權卻規定，表決者必須擁有相當資產才行。

這是一小群主要由鄉紳，但也由商人組成的菁英。他們主宰了
英國議會，並極力讓英國政治為他們的經濟利益服務。而他們之所
以推選適合他們的國王，也非偶然。1688年英國人民推翻了信奉天
主教的國王詹姆斯二世（James II），擁立奧蘭治－拿騷（Oranien-
Nassau）的威廉三世（Wilhelm III），威廉三世同時也是荷蘭的行政
長官。

但如果我們因此以為，在此之前英國商人深受君主所苦，這種
說法也不正確。最晚從十六世紀起，推動經濟向來便是英國國王的
宗旨，正如亞當‧史密斯於1776年所見證的：「自從伊莉莎白女王
治國起，英國法令便極力照顧商業與手工業的利益，而實際上，歐
洲包括荷蘭在內，沒有任何一個國家的法律如此重視工業。」[2]

英國的例子很快便成為楷模，其他歐洲君主也了解，想在歐

洲的長期戰爭中立於不敗之地，他們就不得不推動經濟。軍隊勞民傷財，唯有繁榮的經濟才足以應付，因此自十七世紀起所謂的重商主義風行全歐。重商主義儘管並未形成完足的理論綱領，卻促使幾乎所有歐洲國家的君主積極創建手工作坊，並推動本國出口貿易。在此，國家與經濟再度密切合作：歐洲君主大多有市民階層的策士指導他們商貿生活如何進行，其中最令人津津樂道的是俄國沙皇彼得大帝（Peter der Große），他甚至於 1697 年化名前往荷蘭，在贊丹（Zaandam）的造船廠工作，以深入了解這個商貿富國的經濟。

　　這段簡短的歷史陳述顯示，資本主義並非誕生於與國家的對抗，而是向來享有國家支持的。然而到了十九世紀，現代資本主義伴隨著工業化興起時，國家的角色有了根本性改變。重商主義在大規模不景氣的經濟中努力創造成長，但隨著工業化的進展，卻出現了反向的問題：如今雖然有了成長，但科技的急速發展卻帶來了意想不到的社會後果，必須仰賴國家解決。[3]

　　為了有利資本主義的開展，必須使人民接受更好的教育、創立大學、資助研究等，而呈爆炸性擴張的都市必須妥善規劃與管理，道路與鐵路有待鋪設，而諸如新藥等可能具有危險的產品需要控管，工廠安全需要監控，環境危害也須避免。凡此等等，一夕之間都等待著國家去解決。

　　此外，假使沒有國家參與，最重要的科技發展就滯礙難行。在此僅舉一例：德意志應用電學愛迪生學會（即後來的通用電氣公司）之所以願意投入電力事業，是因為柏林市是個可靠的客戶，並且於1884年與該公司簽定特許契約。

　　但最主要的是，國家必須設法讓人民承受得了科技變革。「全民富裕」雖然動聽，但生產力持續提升也是一種折磨：原有的知識

落伍，昔日有保障的工作消失，而在爭取最佳工作的競爭中也非人人都能獲勝。社會學者卡爾・奧托・洪德里希（Karl Otto Hondrich）對進步的辯證法做了極佳的描述：「競爭產生不平等，即使每個人的績效都提升了，也必定會有一些人失敗。這個人的成功是他人的失敗，績效的提高——或早或晚，在此或在彼——會導致績效不良，而這種績效不良的必然性，便是競爭社會的根本矛盾，是個無可脫逃的進步陷阱……在競爭中，個人績效的提升都建立在從群體預支的績效上，社會必須承認並接受績效不良的後果！」[4]而其結果則是眾所皆知的：所有西方國家都實施國營的失業保險與社會救濟，以便至少能為資本主義最嚴重的痛處加上避震器。

國家愈形重要，而這一點也反應在所謂的國家支出比率，也就是公共支出在年經濟產值上的佔比上。此時國家支出比率極速攀升，在德意志帝國時期佔比還只有5％至7％，到了威瑪共和國（Weimarer Republik）便高達15％至20％，而在2011年時，德國的國家支出比率更高達45.3％。[5]

乍看之下，這似乎表示國家支出持續向上攀升，但實際上國家支出比率幾乎四十年沒有太大的變動。1975年時，德國的國家支出比率便已高達48.8％，而此後甚至還得負擔兩德統一的費用。由此看來，認為名為國家的莫洛赫神（Moloch）會將資本主義的稚嫩幼苗嚼得粉碎，這種擔憂絲毫沒有根據。

最重要的是，新自由主義的基本假設認為國家必須盡可能不干預經濟，如此經濟才可能成長，這是錯誤的。儘管奧地利的國家支出比率高達50.5％，但在過去數年，奧地利的經濟成長卻強過德國。在2001至2010年間，奧地利的平均經濟年成長率為1.6％，德國卻只有0.9％。至於瑞士則似乎是個反面例證，瑞士的平均成長率為

1.7%，但其國家支出比率卻只有34.5%。[6]

　　不過，如果只是比較絕對經濟成長率卻會令人產生誤解，因為我們還不知道這些生產力要分配到多少人身上——而上述三個國家在這一點上有著值得我們注意的差別。德國國民數目略減，約為8,020萬人，瑞士在過去十年來則多出了80萬人，人口約800萬，大約增加了10%。同一時間在奧地利則有40萬人移入，全國人口增加了5%，總共約840萬人。人口越多代表消費越多，如果必須供應更多外來移民的生活，經濟自然就會成長。

　　且讓我們更精確計算：瑞士自2000年以來的累計經濟成長約為21%，而同一時期人口約增加逾10%，因此其中一半屬於「橫向成長」[7]，亦即人均經濟成長率只有一半，約為0.85%。這個數字與德國的平均經濟成長率相去不遠，德國在人口略減的情況下來到0.9%。儘管奧地利的國家支出比率在這三國中最高，但奧地利的人均經濟成長也最高。

　　此外，瑞士人是如何將他們的國家支出比率壓到令人訝異的34.5%，也頗令人好奇，畢竟幾乎其他西歐國家都在45%到55%之間。這個問題的答案便是「私有化」。瑞士的醫療保險與部分退休保險是由私人企業辦理的，因此不在國家支出比率之列。就一名瑞士企業員工看來，這不過是一種戲法，因為他還是不得不繳交保險費。瑞士企業家協會（Schweizer Unternehmerverband）曾經計算過，如果將民營社會保險考慮在內，瑞士的國家支出比率應如何：結果甚至遠高於德國。[8]

　　過去幾年來，全歐洲都盯緊了國家支出比率，並且盡可能將數據壓低，這幾乎已經成了新自由主義者的全民運動，但他們的成功不過是借助了統計的戲法。所有西方國家，無論是由社會民主黨或

保守黨執政，其「國家支出比率」都差不多。這種結果一點也不令人意外：國家必須是資本主義非常關鍵的一部分，否則資本主義便會崩潰。

如果國家沒有出手援助、調節，「金融市場」根本就不會存在。光就最早的銀行史來看，這一點便已極為明顯。銀行之所以在十四世紀時興起於義大利，目的不在接受私人存款，而是為了管理公共債務。[9]在義大利商人眼中，這種密切合作是必然之理：國家是由他們治理的，對他們而言國家與私人反正沒有差別。

就連股份公司原本也非純粹的私人經濟型企業。全球最早的股份公司之一便是之前我們已經提到過的，創立於1602年的荷蘭東印度公司，而這家公司的獲利，是因為國家保障它與亞洲遠地貿易的獨佔權。此外，儘管證券交易所向來被視為是自由市場的化身，但起初它也與私人經濟沒有多大關連：1611年在阿姆斯特丹出現了全球第一家證券交易所，而這家交易所最初的目的只是提高「流動性」，也就是促進與國家密切相關的證券之交易量。這家交易所處理的主要是公債與荷蘭東印度公司的股票。[10]十七世紀倫敦開設今日的證券交易所時，也出現了這種現象：英國東印度公司的股票與英格蘭銀行的債券，這兩種證券再度變得炙手可熱。[11]二者都是國家支持的獨佔型公司。

此後各金融市場的發展差異儘管極大，但直到今日，如果少了政府債券的標的，許多投資人就不知該如何是好。正如德國聯邦證券所示，公債的交易金額是天文數字。2011年德國流通的聯邦公債價值約一兆一千億歐元，但聯邦公債在全球的交易額卻高達六兆歐元，這表示在一年內每筆公債至少被買賣了五次以上。[12]

更受人們喜愛的是外幣交易，其全球交易量至少達四兆歐元——

單日交易量。這種超大型賭場對經濟並沒有實質助益，但大家卻樂於遺忘貨幣「本身」並不具任何價值。錢之所以具有購買力，是因為有國家監控。每個國家的央行都訂有利率水平以免貨幣供應爆量。然而，利息不過是一種價格——借貸的價格；而借貸依然是金融市場的核心生意，因此號稱自由的金融市場，其實是由國家決定其價格的市場。如果有個火星人來到地球上，他們大概會以為金融市場幾乎是種社會主義吧。

而這個火星人的想法並非毫無根據，因為大銀行與基金享有獨一無二的優惠：每當它們瀕臨破產危機，國家幾乎都會出手相救。因為一家重要的銀行破產不只會導致金融市場崩潰，實體經濟也將受到衝擊（第四篇會詳加說明），因此國家不得不干預以免經濟崩盤。對投資銀行而言，這種隱藏版的國家保證，代表的是莫大的利益，因為它們活在一個可說是社會主義與資本主義的怪誕混合體之中：損失由社會分擔，利潤由私人享受。

沒有任何其他經濟領域比金融業更倚賴國家了。就此看來，金融業裝扮成與國家毫無瓜葛的模樣，實在是種高明的行銷手段。自1980年代初起放鬆對金融業的管制，主要的伎倆在於指控國家的調控是扼殺「金融市場」與經濟自由發展的拘束衣。昔日的英國首相柴契爾在「大爆炸」後首度的重要演說中，便將新自由主義的世界觀濃縮成一個句子：「消失的是那些阻礙成功的控制。」[13]

而「成功」一詞正意味著，將「失敗」完全排除在外；這種態度根本遠離現實。資本主義是種善變的體系，很容易造成週期性危機。這些危機大多只是尋常的經濟衰退，但也可能導致由金融投資者的羊群行為引發的大蕭條（詳細說明見第四篇）。等到成長停滯，國家就再次被請出來，這時候連新自由主義的企業家都非常樂於接

受政府協助。最新的例子便是於2009年制定，旨在協助汽車業度過金融危機的「汽車報廢補貼」（Abwrackprämie），這項補貼總共花掉德國納稅人50億歐元。

　　除了這類直接補助，許多公司還間接受惠：儘管支持市場經濟的人士批評國家支出比率過高，但在危機時期穩定經濟的卻也正是這些公共支出；因為這樣，退休金才能照發，失業者才得以接受補助，而醫療保險公司提供的保障也不會縮水。這種「自動穩定機制」保障了最低所得基準，而此舉又帶來了消費、營收及工作機會。德國經濟如果只由私人企業構成，那麼每逢危機，經濟就會大幅萎縮。十九世紀還沒有社會保險，國家也未進行干預時，就是一個駭人的例證：歷經1873年的經濟恐慌後，德國鐵路產業的工人有40％遭到解雇；這在今日簡直無法想像。

　　在資本主義中，國家是無所不在的；因為假使沒有國家持續不斷的干預，就不會出現有效的資本主義。這種關連大家有目共睹，因此市場自由主義論者何以頑固地漠視這一點，就成了一個耐人尋味的問題。答案之一或許是：必須仰賴國家，這樣的想法令人不舒服。而必須時時與上百萬名同胞協調，沒有可供你逃避的經濟小島，也太辛苦了。反之，市場這個概念則提供了無窮無盡的慰藉：那裡只有個人，可以全力追求一己的成就，不必時時顧慮到廣大的整體；那裡每個人都是打造自己幸福的鐵匠，只為自己與家人承擔責任。這種童話太美好了，美好得令人捨不得放棄。

　　此外，享有特權者如果能自詡為締造成就的高手，不必質疑自己財富背後的社會條件，這種自我價值感可是令人非常受用的。

　　今日我們如果重看柴契爾當年的錄影帶，就會對她的表現如此生硬呆板而感到訝異。她的演說給人的感覺，就好像是將講稿內容

硬背起來一般。儘管如此，她仍然創造出某種吸引力，因為這位英國首相能將自由市場與自由的個人描述得如此完美。比如她在1986年賤價出售公共自來水廠、鐵道與發電廠時，便以下面這段話辯解：「我們政治人物都有夢想，而我的夢想則是將權力與責任歸還給人民，期使人們及其家人能再度擁有獨立的感覺。上個世紀的偉大革新在於使愈來愈多國民成為選民；而我們這個時代的偉大革新則是，讓愈來愈多國民成為所有者。人民資本主義是信仰之戰：一場解放許多人並使他們有能力參與大不列顛經濟生活的運動……人們需要鼓勵，他們需要責任，他們需要自由與尊嚴，而自由與尊嚴源自他們擁有自己的財產……我們的政治其優點在於，它奠基於我們人民健全的直覺——一種對財產、節儉、誠實工作與公平酬勞的直覺。」[14]

人人都樂於活在正當取得財產的世界中，可惜這不過只是一則美麗的童話，實際上只有極少數的金融投資者攫取到壟斷型利潤；而與此同時，英國鐵道與自來水廠卻日漸敗壞。

國家不僅因為它據說行使過多權力、箝制了人民的自由而受人質疑，也因為這些事情的反面而遭受抨擊。民族國家被視為是軟弱沒有權力，是一種歷史遺跡，在全球化的時代顯得不合時宜。在許多人民眼中，國家既古板保守又老派，當商品與（主要是）金融資本在全球自由流通時，國家卻無所作為。

「全球化」一詞出現在1990年代，[15]因此許多人認為這種現象就和這個名詞同樣年輕。這是個錯誤的想法，全球化已頗具歷史，歷史甚至還相當久遠。由此可知：如果國家失去影響力或者薪資降低，錯並不在全球化。

## 註釋

1　布勞岱爾，2011年，第60頁。

2　史密斯，2008年，第270頁。

3　韋勒，1987年b，第611頁。

4　洪德里希，2001年，第68頁以下。

5　齊格勒，2009年，第112頁。德國聯邦財政部（Bundesministerium für Finanzen），〈國家支出比率之演變〉（Entwicklung der Staatsquote），2012年8月23日。

6　Eurostat，實質GDP成長（Real GDP Growth），2001–2010年（epp.eurostat.ec.europa.eu）。

7　尼可・呂提（Nicole Rütti），〈瑞士這個小經濟奇蹟被高估了，人口移入推升了成長〉（Das kleine Wirtschaftswunder Schweizwirdüberschätzt. Einwanderungtreibt das Wachstum），《新蘇黎士報》（Neue ZürcherZeitung），2012年10月31日。

8　瑞士全國工商總會（Economiesuisse），〈瑞士的財政配額：表象會騙人〉（Fiskalquote der Schweiz: Der Schein trügt），2011年2月21日。

9　艾娜特・阿迪瑪特（AnatAdmati）、馬丁・海威格（Martin Hellwig），2013年，第201頁。

10　布勞岱爾，1982年，第100–101頁。

11　同前註，第106頁。

12　德國聯邦財務代理公司（Deutsche Finanzagentur），二級市場（www.deutsche-finanzagentur.de）。

13　瑪格麗特・柴契爾，在倫敦市長宴會上的演說（Speech at Lord Mayor's Banquet），1986年11月10日。

14　同前註。

15　歐斯特漢梅，尼爾斯・P・彼得森（Niels P. Petersson），2004年，第7頁。1990年代前，「全球化」一詞僅在學術性出版品中才使用。

# 第八章
# 全球化並不新

　　早在古希臘羅馬時代，人類便已遊歷全世界。馬其頓國王亞歷山大大帝（Alexander der Große）曾經在西元前326年抵達印度，羅馬人也見過中國絲綢。後來維京人發現了格陵蘭與北美洲；蒙古人在1241年攻克匈牙利；1280年左右，波里尼西亞人成為最先前往紐西蘭的人。

　　就連德國人也不時在農地上發現令人意想不到的古文物。比如在興建A20號高速公路時，於安克拉姆（Anklam）附近發現白銀珍寶，其中包括自七世紀至九世紀時的阿拉伯幣。這種貨幣是在北非、巴格達與伊朗鑄造的，其中一枚銀幣甚至遠自阿富汗的馬扎里沙里夫（Masar-i-Sharif），[1]可見得波羅的海一帶的斯拉夫人在中世紀初便已展開遠地貿易，甚至與亞洲有了間接的接觸。

　　這種貿易持續擴展，中世紀中期有將近200座隸屬漢薩同盟的城市仰賴俄國與北波羅的海國家、英國與荷蘭之間的貿易而享受優渥的生活，木料、蠟、皮草、黑麥、小麥等自東向西輸運，鹽、布料與葡萄酒則走相反方向。這種密切的商貿關係甚至影響到語言，今日的瑞典語有將近一半的外來語與前綴源於低地德語，因為昔日

有許多德國商人在瑞典的港口安家落戶。

中世紀時歐洲各地的往來之密切，從藝術史也可看出端倪。無論是羅馬式、哥德式、文藝復興或巴洛克，每種藝術風格都會傳遍歐洲，最新的時尚到處受到複製或予以變化。新的構想與觀點情況也類似：自十六世紀起，宗教改革與天主教會的反宗教改革勢力，兩者都深深影響到了所有歐洲國家。

而疾病的歷史同樣也記錄了這些密切接觸。1330年中亞出現鼠疫，之後不到20年，鼠疫便傳遍歐洲，殲滅了三分之一的人口。[2]

由此看來，如果將全球化解釋為全球性的交流，那麼全球化古已有之，只不過「全球化」這個概念往往比較狹隘，而且純粹指涉經濟層面。這時它的意思是，貿易彼此交織成網，以至於在不同國家，價格出現了平行發展，而這種現象首度出現在十六世紀，當時倫敦的穀類如果變貴，波羅的海諸國的小麥價格也會隨之上揚。[3]

對現代歐洲人而言，這種價格的平行發展並不令人驚訝，因為他們早已習慣他們的玩具來自中國。但經濟上的全球化卻仰賴技術上的傑出成就：當船隻有能力從事遠洋航行時，貿易才可能遍及全球。然而要到十五世紀時，歐洲才發展出三桅「全帆裝船」（Vollschiff）。[4]

最先在各地價格走勢一致的是穀物，這點並非偶然，因為穀物是基本食物，每次歉收都會帶來饑荒，使人們不得不從其他國家進口小麥或黑麥。然而，即使在生產過剩的國家，如波蘭等庫存量相當少，其出口的穀物數量也就稀少了。法國歷史學者費爾南‧布勞岱爾認為，遠地貿易甚至佔穀物消費量的1%不到。[5]但這個小小的百分比就足夠讓穀物在歐洲各地的價格相互影響了。

不只貨物與穀類貿易全球化，金融流動也早已國際化，其觸角

甚至延伸到偏遠地區。例如1751年時，義大利利佛諾（Livorno）的商人就擔心遠在聖彼得堡（Sankt Petersburg）眾多公司倒閉的情況。這位商人在一封信中寫道：「不同城市大量出現的倒閉潮，嚴重損害了這裡的貿易，聖彼得堡的『里克與普雷斯寇特』（Leake & Prescott）破產的消息更再次重創貿易，估計帶來500,000盧布的損失。」[6]

十九世紀時經濟上的全球化興盛，而其基礎主要建立在兩項科技革命：蒸汽船與電報。1851年英吉利海峽鋪設了第一條海底電纜，1866年，歐洲與美國電訊相通，歐洲與美國訊息傳輸的速度提高了約一萬倍，[7]這種因為一項科技發明而大大提高通訊速度的現象，史無前例。從此各種訊息以實時的速度飛快傳播到世界各地，而銀行與投資人更充分利用這一點。1913年倫敦的股票經紀人只消等候不到一分鐘的時間，就能與他們在紐約的夥伴交換行情並且下單。[8]

蒸汽船的航行與蘇伊士運河的興建同樣具有革命性意義：在十九世紀，英國與印度之間的運輸成本爆跌98%，實在令人難以置信。怪不得在1850年至1913年間，全球貿易量成長了十倍。[9]

不只商品在各地流通，人們也開始移動，數以百萬計的歐洲人為了追求更美好的生活，移民北美洲與南美洲。另一些人則憑藉雄厚的財力，能夠為了一圓好奇心，把旅行當成休閒活動。1879年時，前往瑞士的觀光客就將近100萬人，其中20萬為美國人。[10]不久便出現了向這些外國人士介紹風土人情的出版品。馬克·吐溫（Mark Twain）曾寫過一部有趣的小說，介紹他自己在德國、瑞士與義大利的旅遊經驗。在這部小說中，他向他的美國讀者說明，理察·華格納（Richard Wagner）的《羅恩格林》（Lohengrin）委實過於喧囂吵雜，「那些隆隆、砰砰、呼嘯與霹啪聲實在太吵了，這些聲響造成的劇

烈無比的疼痛，將永存於我的記憶之中——緊緊伴隨著我的牙醫為我治療牙齒時的記憶。」[11]

當時人也意識到，他們正活在一個全球化的時代。比如馬克思、恩格斯在《共產主義宣言》最後便以「全世界無產者，聯合起來！」這段簡潔的話作結。光是這句簡短的口號顯示，對這兩位社會主義者而言，德國已不再是主角了。後來他們更以「國際性的」字眼描述他們的工人運動：「大工業建立了……世界市場」，因為當時資本也是在全球運作的。而早在1848年，他們兩人便在共產主義宣言中寫道：「不斷擴大產品銷路的需要，驅使資產階級奔走於世界各地。它必須到處落戶，到處開發，到處建立聯繫。」對於以德國為尊的想法，馬克思與恩格斯則譏諷道：「資產階級開拓了世界市場，使一切國家的生產和消費都成為世界性。但今反動派大為惋惜的是，資產階級挖掉了工業腳下的民族基礎。」

因此，社會主義者如果準備在全球行動，就必須搭資本的順風車。然而，社會主義者並非唯一在國際面向上思考的人。十九世紀的另一大政治主張——自由主義，也是一種全球化烏托邦，只不過它的重點在於宣揚完全不設限的自由貿易。[12]

現代的全球化已經擁有近160年的歷史，為何現在還被當成是全新的？其中答案是大家有目共睹的：全球化不是一種線性發展，其第一階段在1914年隨著第一次世界大戰爆發而突然終止。戰爭爆發前一週，許多企業家還意想不到最後果真會演變成軍事抗爭。他們深知世界經濟彼此緊密相連，戰爭對經濟會造成何種重大的傷害。因此當各國外交人員已經彼此恫嚇時，股市依然平靜，直到7月27日，維也納交易所才因投資人過度緊張而必須關閉；7月30日，其他歐陸國家的股市也跟進，7月31日，則連倫敦與紐約的交易所都

不再進行交易了。[13]而僅僅一天後，8月1日，投資人料想不到的戰爭便爆發了。

第一次世界大戰意味著經濟上的重大轉折，因為伴隨這次戰爭的，是一連串不斷癱瘓全球交易的事件。自1929年起出現了世界經濟危機，接踵而至的是第二次世界大戰，而在第二次世界大戰即將結束時則出現了不再參與國際貿易的社會主義聯盟。直到1970年代，世界經濟交流才又回復到1913年時的緊密程度。[14]經過如此漫長的休止，在1989年社會主義陣營解散，而與此同時中國也大力推動出口時，全球化彷彿是種全新的現象。歷經將近80年之後，全世界又再度共同進行資本主義式的貿易。

過去20年來，全球貿易大爆量，如今四分之一以上的商品與服務都屬跨國性的交易，而全球交易量每年成長9%，速度是全球經濟產值成長的兩倍。而處理如此龐大貿易量的是77,000家左右的跨國企業及其超過750,000家的境外分公司。即使是電動刮鬍刀這麼簡單的產品，其製程最多也可橫跨十個國家。[15]

這種現象引發恐懼，因為如此一來，國家似乎變得可有可無，而且聽任跨國康采恩擺佈。與「全球化」同時出現的詞彙是「投資地競爭」（Standortwettbewerb），這個概念背後的主張是，國家必須提供盡可能低廉的薪資，才能將跨國康采恩續留在國內生產。這種恐懼更受到企業經理人有目的性地搧風點火，有一段據說出自富豪汽車（Volvo）總裁之口的話，經常受人引用：「瑞典需要『富豪』，但『富豪』不需要瑞典。」[16]

這其實是一種迷思。資本既非無國籍，也不是沒有固定據點，漫遊世界各地的。跨國企業頂多只有部分生產外移，其研發與管理依然留在本國，而其總裁、董事長幾乎也全來自原生文化圈。[17]只要

看看德國DAX指數成分股上的康采恩，就知道這些企業幾乎全由德國人或奧地利人領導。

此外，認為企業家沒有國家觀念的這種迷思由來已久。每當有新的國家想打進工業國的圈子，這些「老」工業國便擔心自己可能會失去部分財富。今天歐洲人懼怕中國人的競爭，而一百年前的英國人則擔心德國人可能會危害到他們，兩者都是相同的模式。英國人對其德國競爭者的描述，如今也非常適合於中國人：「德國人即將征服工業界。那些會使最勇敢、最熱情的人都喪失勇氣的困難，擋住了他們的去路；但這些困難不但無法使他們放棄，反而使他們加倍努力……缺少資本嗎？那麼簡約的生活與節儉便能為他們提供資本……市場上已經充斥著其他國家的產品嗎？那麼他們就極盡所能把價格壓得比競爭對手更低。他們無法以相同的成本製造品質相等的產品嗎？那麼他們就製造據稱幾可亂真的仿冒品。他們沾沾自喜，絲毫不怕偽造。」[18]

無論是當時對德國人的恐懼，或者今日對中國人的恐懼，都是沒有根據的。每當有新的製造者加入時──儘管開頭時他們比我們更便宜──世界也會變得更加富有、繁榮。1989年柏林圍牆倒塌便是箇中的測試案例：一時之間社會主義陣營突然以競爭者之姿崛起，能夠以更低廉的成本生產與西方相同的產品。而德國人當然不會放過到東邊廉價購物的機會。德國自波蘭進口的貨物迅速飆升，到2012年時已達335億歐元。但這並不意味著德國經濟的末路，德國人反而因為奧得河東邊新興的財富而受惠，因為德國對波蘭的出口成長更加快速，高達422億歐元。[19]

富裕國家主要與其他富裕國家通商，因為唯有在富裕的地方才會產生需求。這並不是什麼新知識，早在1776年亞當‧史密斯就已

經說過了。當時英國人民擔心他們在歐陸的競爭對手會變得過度強大，對此史密斯自有見解：「想透過外貿致富的國家，最能達成願望的條件便是，它的鄰國都富裕、勤奮且擅於經商。一個四方都被居無定所又貧窮的野蠻人環伺的大國，靠著耕種自己的土地並推動國內貿易，無疑也能致富，卻無法透過出口賺錢。」[20]

透過數字，我們更能看出史密斯的見解有多正確。十九世紀時，歐洲與美國之間的貿易佔全球貿易量的80%，[21]直到今日依舊如此。儘管其他國家如中國、南韓或台灣已經大幅趕上，北美、歐洲加上日本，依然佔全球整體生產量的四分之三。[22]唯有富國互通貿易，全球化才可能出現。

過去150年來並沒有發生多少結構性的變化，但每次只要出現科技上的新變革，就有人認為這將永遠改變全球市場的遊戲規則。此時人們也抱持網路可以革新全球經濟的迷思，這些人經常以印度大城班加羅爾（Bangalore）為例，說明少數歐洲公司將它們的財務部門或軟體開發外移到當地。儘管網際網路令人讚嘆，而電報的發明之影響也同樣深遠，[23]但這兩項科技雖加快了訊息傳輸速度，但訊息的寄送與收受者卻沒有改變，依然是富國的居民。這些網絡變得更加緊密，但它們的結構卻沒有多大變化。

除了網際網路之外，還有第二種迷思也經常被用來宣告全球化時代的來臨：有史以來，全球金融市場首度彼此互聯。若說從此數十億美元轉眼間在全球被人追逐，一點也不為過，因為光是全球每日的外幣交易，金額就超過四兆美元。但跨境金融交易並非全新的發展，早在十九世紀，英國人每年在國外投資的金額就高達英國經濟產值的5%至7%。[24]

可見全球化不是新現象，新的現象是全球化被新自由主義者為

理由地濫用，用來壓低薪資、降低企業稅，並解除對金融市場的管制。但這些並非必然措施，而是始自 1980 年代的政治決策，而這些決策若不恰當，還是可以修正的。

經常有人懷疑，在全球化時代是否還能推動政策。隱藏在這種懷疑背後的，是認為企業一旦進行國際性運作，民族國家的權力就會受到剝奪，但這種觀念同樣是錯誤的。民族國家並非全球化的反面，而是伴隨著全球化共同形成的，同時也是全球化的先決條件。德國歷史便為此提供了深具啟發性的例證：德意志帝國創建於 1871 年，正是在那時期，德國躋身為全球性的出口國。

反過來說，只有強大的民族國家才能在全球化中佔有一席之地。那些與國際往來最密切的國家，也是國家支出比率最高的國家。[25] 無論是奧地利、德國、瑞典或荷蘭，這些出口實力雄厚的國家，同時擁有建構良好的管理與社會福利制度。

因此，認為全球化必然意味著全球無政府狀態，認為跨國性康采恩與銀行能恣意而為，是一種誤解。國家政治仍擁有極強大的力量，只不過過去 30 年來，它過度捨棄了自己的權力。

這種對「金融市場」與康采恩的屈從不僅令人惋惜，甚至非常危險。資本主義必須接受政治控管才能繁榮興盛，可惜多數國民與政治人物都缺乏這種自我意識，反而無助地聽信新自由主義的宣傳，因為他們不了解銀行和銀行商品——金錢，是如何運作的。

---

**註釋**

1　漢斯・侯茲海德（Hans Holzhaider），〈來自摩洛哥的斯拉夫銀，足夠買四頭公牛和一名奴隸的錢幣：梅克倫堡—前波莫瑞出土的文物宣告阿拉伯與波羅的海地區的早期貿易〉（Slawisches Silber aus Marokko. Genug Münzen für vier Ochsen und einen Sklaven: Ein Fund in Mecklenburg-Vorpommernkündigt vom frühen Handel zwischen Arabien und dem Ostseeraum），《南德日報》，2011年8月24日。

2　歐斯特漢梅、彼得森，2004年，第32頁。

3　艾坡比，2010年，第72頁。

4　艾倫，2011年，第17頁。

5　布勞岱爾，1985年a，第127頁以下。

6　布勞岱爾，1985年b，第75頁

7　歐斯特漢梅、彼得森，2004年，第55頁。1858年大西洋電纜由於技術問題過大而功虧一簣：「在此之前，從未製造過超過4,000公里長的電纜線。這條電纜線捲起來重達4,000公噸，卻沒有船隻載得了這樣的重量；而對最深達五公里的海底，當時人幾乎還一無所知，沒有人知道，電力在那裡要如何運作。」克里斯提安・霍爾拓夫（Christian Holtorf），2013年，第9頁。

8　哈拉德・舒曼（Harald Schumann），克莉絲提安娜・葛雷芙（Christiane Grefe），2008年，第11頁。

9　歐斯特漢梅，2011年，第1033頁以下。

10　霍布斯邦，1994年，第14頁。

11　馬克・吐溫，1997年，第48頁。

12　歐斯特漢梅、彼得森，2004年，第55頁。

13　尼爾・弗格森（Niall Ferguson），2009年，第299頁。

14　歐斯特漢梅、彼得森，2004年，第109頁。

15　舒曼、葛雷芙，2008年，第21頁。

16　摘自塔妮雅・馬提尼（Tania Martini）、史蒂凡・萊恩艾克，〈對市場而言，民主非常安逸」（FürMärkteistDemokratiekomfortabel〉，與科林・克勞奇訪談，《日報》，2012年6月23日。

17　張夏準，2011年，第74頁以下。

18　威廉斯，1973年，第156–157頁。

19　德國聯邦統計局，2013年。

20　史密斯，2008年，第308頁。

21　歐斯特漢梅，2011年，第1033頁。

22　舒曼、葛雷芙，2008年，第46頁。

23　張夏準，2011年，第37頁。

24　歐斯特漢梅、彼得森，2004年，第66頁。

25　同前註，第110頁。

第八章

# 第三篇
# 資本對金錢

第九章
# 貨幣是謎，而且不等於資本

　　貨幣是什麼？貨幣如何運作？我們該如何拯救貨幣？乍聽之下，這些問題似乎十分簡單，卻很難回答。著名的經濟學者約瑟夫·熊彼得曾耗時數年撰寫一部關於貨幣的書，最後未出版，因為這個議題委實過於複雜了。[1]

　　然而，乍看之下這個問題又顯得如此簡單：人人都在使用貨幣，但如果沒有付出十分錢以上的歐元，恐怕連一個小麵包都買不到。此外，貨幣的歷史幾乎和人類的歷史同樣古老。無論是貝殼、牛或黃金，人類一旦在某個地方定居下來，就會創造一種度量單位，以便用數字來記錄社會或經濟上的債務。

　　儘管貨幣如此平淡無奇，歷史又如此悠久，貨幣卻一直是個謎。這一點從世上沒有任何明確的定義可以說明錢是什麼，便可見一斑。而「貨幣供應量」是由各國的中央銀行自行制定的，至於什麼才算是貨幣，並沒有全球一致的明確共識。每一部影印機、每一輛汽車都理所當然要經過全球標準化，但貨幣卻非如此。

　　貨幣如此詭異、善變，是因為它屬於一種社會建構。貨幣就是被大家接受為貨幣的東西，而任何物品都可能是貨幣。比如維吉尼

亞這個美國盛產菸草的州，居民就想過可以用菸草付款，而這個辦法也施行了近200年之久。[2]

人類從何時開始使用貨幣，到目前為止我們還不清楚。可確定的是，最初的證據來自4,000多年前的美索不達米亞，當時的計量單位是銀謝克爾（Silberschekel），這種銀謝克爾還沒有製成硬幣流通，必須秤重，一謝克爾大約相當於8.5公克的銀。[3]

儘管巴比倫人與亞述人沒有硬幣，但他們已熟諳複利的算法，流傳於世的上千份貸款契約記載了各種不同的目的，有些是為了支付與小亞細亞（Anatolien）進行遠地貿易的費用，有些則是利用小農在青黃不接時必須借穀物、以便在養家活口的困境下趁火打劫。這些貸款契約與借據都是人類最古老的文獻記錄，其目的不在創作文學作品，而是為了記錄商業約定。

亞述人已經有了今日看來非常現代的構想：以借據作為支付工具。商人不想癡等貸款到期，而是交出手上的借據以清償自己的債務。[4]儘管型態不同，但打從一開始，人類就知道如何運用我們今日同樣在使用的信用貨幣了。

因此，硬幣並非金錢的最初型態，而是在相當晚，可能在西元前七世紀時才誕生的發明。希臘史學家希羅多德曾經記載一處著名的地點：「我們所知最早以金、銀鑄造錢幣的人類是呂底亞人（Lydier）。」[5]呂底亞人屬於雅利安人（indogermanisches Volk），雅利安人生活在小亞細亞，最著名的君主當屬克羅伊斯（Krösus）。他以餽贈奢華的禮物給德爾斐（Delphi）、米利都（Milet）、以弗所（Ehpesus）等地的占卜者而令其希臘鄰居大感驚異，「富如羅伊斯」這句話更流傳至今。[6]

早在古希臘羅馬時期，人們就在探討一個時至今日依然困擾著

投資人的問題：金幣與銀幣是否因為是由貴金屬所製，因此本身便具有價值？或者這些錢幣的價值主要是由其作為支付工具，以及簡化不同物品相互交換的社會功能而來？

希臘哲人亞里斯多德認為答案很明顯：金錢的價值來自一種社會約定，而此種約定之功能在於使不同物品可以相互比較。他說道：「因此，所有用來交易的，最後都必須能夠相互比較，金錢便是為了這個目的而出現的。於是在某種程度上，金錢成了一種中介，任何物品都能以金錢度量，包括太多、太少，或者多少鞋與一座房屋或多少食物等值……金錢是擔任與「需求」相替換的替代品，在彼此協議的基礎上而創造的。而金錢之所以名為「金錢」（希臘文：nomisma），是因為其本質並非自然而來，是因為人們規定它為「有效的」（nomos），至於是否要對它加以改變或廢除，則取決於我們。」[7]

由此可知，錢本身並非因為它是由金或銀製成的而具有「固有」價值，錢的價值來自社會約定。因為我們需要錢，所以錢才出現。這種認知聽起來或許並無特別之處，但亞里斯多德在2,500多年前的這番言論，顯然比許多今日談論金錢的文化學者睿智多了。[8]

亞里斯多德對金錢功能的描述極為正確，這點從小亞細亞出土的古代硬幣便可清楚理解。歷史學者發現，儘管這些硬幣有著相同的圖案，顯示其價值相同，但其中的黃金含量差異卻極大。因此，重要的不是黃金，而是硬幣本身的價值，代表它們是由國家控管流通的合法支付工具。重要的不是硬幣的材料，而是由統治者決定錢不得任意增加，由此而具有購買力。[9]

但錢幣如果沒有固有的價值，為何要以貴金屬製造？中世紀的哲人尼克爾‧奧里斯姆（Nikolaus von Oresme）已經在探討這個合情

合理的問題，而他的答案也相當務實：黃金與白銀稀有且方便運輸。[10]

接著只剩下一個問題：黃金與白銀在歐洲不僅稀有，而且許多地方根本沒有。自古希臘羅馬時起，這些受人垂涎的硬幣便流向東方，從此一去不復返。正如之前我們所說，印度或中國人認為西歐的產品品質低劣，根本看不上眼，他們只願意以絲綢或瓷器換取白銀。類似的問題也出現在與俄國或黎凡特（Levante）的貿易上，這些地區也只願意以動物皮毛或調味料交換白銀。

在沒有金錢的地方，人們就得創造發明。這個基本原則或許適用於所有的文化，包括西歐人。中世紀時，他們也採行美索不達米亞人有過的構想，將借貸作為金錢使用，只不過這次他們是以期票支付。

期票的構想相當簡單：出售貨物的賣家准許買家延遲付款，期限通常是三個月，相當於短期借貸，並且以期票作為憑據。期票由賣家出具，買家聲明允諾付款。在期票到期前，這紙單據可作為支付工具轉給他人。此種辦法自然不會一直保持這種簡易型態，歷經數百年的演變，期票業務逐漸進化。很快地就有商人發現，即使沒有基本交易，他們也能開期票。於是他們不再以貨物進行交易，而是直接創造信貸，從而創造金錢。

期票並非歐洲人的發明，而是由阿拉伯人開創的，其意味著某種神奇的金錢增生術。當時西歐錢幣與期票的使用佔比為一比十五，[11]此外期票還可以付款、還債，於是幾乎無需使用任何錢幣便能償債。這種金融交易大都在市集上進行，最後則以「支付週」（Zahlwoche）作結。自十三世紀起，遠地貿易商便聚集在法國香檳省（Champagne），當地終年舉辦市集，並且如流浪馬戲團般輪流在

四個地區舉行。其交易金額往往高達100,000金埃居（Ecu），即「正牌的」錢幣，用以償付價值數百萬的期票。後來人們發現，在集市以外的地方進行這種金融交易更加便利，於是首先在布魯日（Brügge），接著在安特衛普；自十七世紀起，金融交易則在阿姆斯特丹進行。這些城市陸續發展為歐洲最重要的金融重鎮，幾乎所有的期票都是從這些地點兌現的。[12]

期票雖使錢增生，但錢幣的狀況卻依然混亂無比。一部1606年荷蘭的議會紀錄記載了荷蘭流通的341種銀幣與505種金幣。[13]為了整頓這種亂象，1609年荷蘭人在阿姆斯特丹設立了「交易銀行」（Wisselbank），這是歐洲現代銀行的前身。該銀行接受各種不同錢幣，查驗其貴金屬含量，將存款換算為銀行荷蘭盾（Bankgulden）登記在帳戶上。從此開始了無現金的金錢往來，因為從現在起，每位銀行客戶都能利用銀行，將自己的錢從一個戶頭匯到另一個戶頭，完全無需動用儲存的錢幣。這種起初只供銀行計量用的銀行荷蘭盾，最後躍升為十七世紀歐洲最重要的參考貨幣。不過，「交易銀行」還不是我們今日所了解的銀行，因為它不得從事放款業務。[14]

現代貨幣體系要到1694年英國人創立英格蘭銀行（Bank of England）後才出現。一開始，這個機構只是為了金援眾多英國對法戰爭中的某次戰役，該構想既簡單又令人讚嘆：倫敦商賈募集了120萬英鎊作為這家新銀行的基本資金，並將這筆錢借給英國國王，英國議會則有義務保留固定稅收以支付利息，而英格蘭銀行則根據此承諾來發行鈔票借貸給商人。這種作法為英格蘭銀行帶來的好處是：它從120萬英鎊的基本資金轉手中獲利兩次；一次來自國王，一次來自向英格蘭銀行借紙鈔的倫敦商人。[15]

於是，憑著國王答應必要時會償還120萬英鎊借款的假設性承

諾，紙鈔就這麼憑空創造出來了。但老實說，實際上並沒有人在意國王是否會清償借款，大家已經開始利用紙幣來提高貨幣流通量，便利商品交易了。[16]

英格蘭銀行的歷史顯示，紙幣是人民提供給國家的無限期貸款，每張紙幣都代表一項支付承諾——儘管這項承諾永遠不會兌現。就這一點而言，紙幣就類似一種循環不息的國家期票——而期票確實也是紙幣的前身。

但當時人對這種關聯並不了解，表面上當時每張紙幣都會以黃金擔保，而這項擔保也顯示在鈔票上。直到今日，英國的英鎊鈔票還會印上「我承諾在持票人的要求下立即支付金額」（I promise to pay the bearer on demand the sum of）的字樣，在這句話下方印有五、十或二十英鎊的面額。而紙鈔上的女王頭像，則清楚表明承諾付款的人是誰。

時至今日，這項承諾已經成了虛文，不具實質意義，純粹只是一種思古幽情，英鎊紙鈔就只是英鎊紙鈔而已。但在十八世紀時，任何紙幣的持有者都能向英格蘭銀行要求兌換等值金幣，不過這種情況極為少見。正如亞里斯多德已經說過的話，黃金之所以重要並非因為它是黃金，而是因為它是一種支付工具；此話至少同樣適合紙幣。

唯有在危機時期，比如1792至1815年間的反法同盟戰爭（Koalitionskrieg）期間，這種作法才變得危險。基於長年的經驗，英國人深知每次戰爭都會導致通貨膨脹，因此群眾大舉湧入銀行要求將紙幣兌換成黃金；但與此同時，為了支付士兵在歐陸的開銷及資助盟友，黃金需求量激增，英格蘭銀行的黃金儲備於是迅速消減。1797年，情勢迫使當時的英國首相小威廉·皮特（William Pitt the

Younger）不得不做出貨幣史上最大的創舉：中止英鎊的可兌換性，不得再以紙幣兌換黃金。於是英鎊成了純紙幣本位。原先計畫這項管制只持續六週，結果卻持續了24年，直到1821年。此時也發生了一件當時人眼中的奇蹟：儘管英鎊不再以黃金擔保，英鎊仍然持續保有其價值。這點令眾人跌破眼鏡，也是皮特始料未及的。[17]

英國人無意中碰觸到了至今人們依然用來解釋「貨幣雖然只是印製的紙或帳簿，為何仍具有價值」的道理：因為貨幣並非由黃金，而是由國家的經濟產值來擔保的。貨幣的價值取決於，人們可用它購買多少實質產品。

但英國人對他們自己的發現並無把握，因此自1819年起又再度執行黃金準備金制度。但這種「金本位」不過是紙上談兵，因為流通的貨幣量急速攀升。1914年第一次世界大戰前夕，英格蘭銀行的結存款為12億英鎊，但紙幣價值卻只有4,550萬英鎊。[18]

這種貨幣供應大爆量的情況與另一項金融發明──私人信貸銀行──有關。在1750年之前，除了倫敦之外，其他地區的銀行還不到十幾家，但1775年時已達150家，1800年時約400家，到了1815年便高達800家。[19]這些銀行有別於英格蘭銀行，主要從事貸款業務。[20]它們與今日的銀行相同，收受儲蓄存款，再放款。然而如此一來，貨幣供應量便開始擴張，因為每次放款就會有貨幣無中生有。

這種現象從今日一項極為簡單的計算範例便可見一斑：存戶A將1,000歐元存入銀行，這筆款項會登記為其轉帳帳戶上的存款。這筆錢自然不會留著不動，銀行會將存款借給B營建公司，而B則以這筆貸款向C公司購買設備，於是C公司又將收到的1,000歐元存入其商業帳戶。如此經由單次貸款業務，1,000歐元就成了2,000歐元，因為存戶A帳戶上依然有1,000歐元的存款，而C公司同樣也有1,000

歐元的存款。反之亦然：一旦貸款清償，貨幣供應量就縮減。貨幣供應量的擴張就和信貸增加的速度一樣迅速。

而銀行實際上的信用擴張甚至還更簡單，即使沒有存戶也能進行。不需要有人把錢帶到銀行才能提供貸款，銀行放貸只要將這金額記入客戶的帳戶就行，[21] 存款進來是後來進行的事。且讓我們再以上面的情況為例：如果銀行憑空借給 B 營建公司 1,000 歐元，後續的因果關聯並沒有多大改變，B 營建公司依然向 C 公司購買設備，而 C 公司也同樣將獲得的 1,000 歐元存入自家的商業帳戶。

官方的金本位制無法遏止貨幣與金融資產擴張，因為只需有紙幣擔保就夠了。但實際上也幾乎用不到紙幣，因為不同銀行帳戶間的貨幣，無需動用到鈔票，使用支票也能彼此轉帳。[22]

之前德國苦苦追趕英國的工業革命，如今則是追趕其金融的發明——在這方面德國落後英國將近 100 年。德國最先的紙幣出現在慕尼黑，是由成立於 1835 年的巴伐利亞地產抵押暨外幣兌換銀行（Bayerische Hypotheken- und Wechselbank）發行。其後萊比錫銀行（Leipziger Bank）也於 1838 年印行紙鈔，而普魯士銀行（Preußische Bank）則於 1848 年印製自己的紙鈔。這些銀行又稱為紙幣銀行（Zettelbank），因為他們發行紙幣（Zettel）。隨後在德國有更多邦與機構相繼仿效，到了 1871 年德意志帝國創建時，已經有 20 個邦與 33 家銀行印行自己的紙鈔。[23] 直到德意志帝國的創建，改採馬克（Mark），這種亂象才終告結束。這是妥協的結果。在此之前，普魯士使用的貨幣是塔勒，南德主要使用古爾登（Gulden），而最終勝出的則是當時主要在德國北部漢薩同盟的城市通行的馬克。

隨著工業化的進程，德國的貨幣供應量也迅速飆升，1840 年時為 4 億 4,900 萬塔勒，1870 年時已達 15 億 6,900 百萬塔勒。在改用馬

克後，貨幣供應量在1876年為69億馬克，1913年則增為437億馬克。而黃金儲備的增加自然遠不及貨幣供應量迅速，不過這一點影響並不大。在德國一如在英國，錢不過是從一個帳戶轉到另一個帳戶，很少動用到硬幣或紙幣。到了第一次世界大戰前夕，銀行帳戶上所謂的「帳面貨幣」（Buchgeld）已達貨幣供應量的88％，而硬幣與紙鈔則只分佔7％與5％。[24]下列原則無論在英國或德國皆適用：只要有信貸，貨幣供應量便會增加，因此今日的貨幣又稱為信用貨幣（Kreditgeld）。

許多人認為信用貨幣是全新的東西，其性質與「商品貨幣」（Warengeld）迥異，因為商品貨幣是以金、銀、銅、香菸、菸草等物品作為支付工具的。在這些人眼中，錢憑空誕生，卻具有價值，這簡直太可怕了。歌德（Goethe）對此同樣深感不安，他在《浮士德第二部》（*Faust II*）中將這種現象描述為煉金術的魔法，讓浮士德與梅菲斯特（Mephisto）發明紙幣，而這種紙幣居然成了真正的財富，因為它確實帶動經濟成長。拜這種新的「紙」幣所賜，浮士德與梅菲斯特才能雇人將潮間帶圈圍起來，使滄海一夜之間成了肥沃的良田。[25]

歌德於1832年過世，在他有生之年還見證了工業化的初始階段。伴隨著工業化興起，紙幣也同時出現，難怪他會認為二者不只存在時間上的關聯，而且新興的紙幣帶動新的成長是必然的結果。然而，在這種觀念背後其實蘊含著兩種誤解。

第一種誤解：信用貨幣並不新，它一直存在。如美索不達米亞古老的文獻所示，當地人已經將借據作為支付工具。諾貝爾獎得主及貨幣主義領袖人物米爾頓・傅利曼指出，商品貨幣具有一項大缺點：「就社會整體立場而言，商品貨幣的根本錯誤在於，必須先有

自然資源才能使貨幣存量增生……因此一直存在著朝混合型體系發展的傾向，將信用元素如紙幣、存款或政府債券等作為輔助。」[26]人們不希望自己只能純靠好運才能擁有金礦、銀礦，因此他們大大發揮創意，早在西元前許多年就發明了信用貨幣。從貸款變為支付工具，改變的不過是貨幣的型態而已。從開始的可轉讓借據變成期票，最後則變成紙幣與今日的轉帳帳戶。

既然信用貨幣歷史久遠，那麼信用貨幣就不會是1760年起經濟成長的原因。這第二種誤解不只歌德才有：時至今日依舊有人認為，可能是某種金融領域的「創新」帶來了這種蓬勃發展。[27]荒謬的是，「金融產業界」追求利潤者與反對利息的佔領行動者同樣相信這種假設，都認為貨幣是推升實質經濟的力量，只是二者對此的評價不同：銀行要求更多投資收益，因為據說是投資收益推動了成長；反之，利息的批判者則希望改變金錢體系，以廢除「強制經濟成長」（更詳細的說明請見第十一章）。儘管這兩個陣營意見有諸多分歧，但他們都一致認為信用貨幣擁有經濟魔力。[28]

這種觀點儘管錯誤，卻只是失之毫釐，否則就不會延續這麼久。貨幣確實能帶動經濟，但僅在某種極特殊的情況下：貨幣必須資助資本。貨幣與資本，乍聽之下似乎是同義詞，但貨幣並不等同於資本。

貨幣必須用於生產性投資以製造商品，才會成為資本。如果貨幣只是被古羅馬時代的元老們積聚起來享受奢華的生活，那麼貨幣就不是資本。法國史學者費爾南・布勞岱爾對此有簡明的解釋：「一棟房子是資本，儲存起來的小麥是資本，一艘船，一條街道是資本，但這些資本財必須參與持續更新的生產過程，才配得上資本這個稱呼：一份寶藏若未經使用，其中的錢幣就如同一座未經利用的樹林，

不算是資本。」[29]

　　資本性投資自古已存在，早在西元前2000多年，亞述商人便組成駱駝商隊前往小亞細亞。根據文獻記載，他們以錫與布料交換金與銀，獲取33%的利潤。[30]

　　法國的葡萄栽培或德國的礦業也早在十六世紀以資本式管理，但在封建制度下或有不同階級的社會中，這些只是零星的個例。在近代之前，能獲利的投資機會少之又少，結果出現了一種古怪現象：許多重要的民生物資短缺，但錢從來不缺，[31]而且一直處於「投資緊急狀態」（Anlagenotstand）。

　　錢多得用不完，卻沒有用來從事生產。直到1760年，在英國才出現了轉機。因為當地工資高昂，因此有史以來首次以機器替代人力，投資生產力。這時信用貨幣才轉而成為資本，從此在全球各地勢如破竹。

　　而很快這種新事實也反映在語言上。「資本」一詞大約在1770年擁有今日的意義，創造該詞彙的是法國經濟學者羅貝爾‧雅克‧度爾哥（Robert Jacques Turgot），[32]不是卡爾‧馬克思，後者不過是採用古典經濟學上的這個概念罷了。

　　且讓我們再回到本章開頭的問題：貨幣為何是謎？還有，各國央行為何無法清楚界定貨幣供應量？然而，貨幣的三種特質使它非常難以理解。

　　第一，無論是黃金、菸草、匯票或轉帳帳戶，任何物品都可以作為貨幣。貨幣向來憑空而生，換句話說，是由社會情境而來的，就連銀幣的價值也只是表面看來因其材料特質、實際上其價值卻是抽象的。因為銀幣的價值不在於它是貴金屬，而是社會賦予它的功能。貨幣是支付工具、度量單位，同時也是一種保值工具。最後這

項功能特別值得我們注意，因為拜貨幣所賜，「現在」才能傳輸到「未來」。

　　而這個特點又衍生使貨幣如此難以理解的第二種現象：貨幣是經過象徵化的時間，提供服務並因此收到錢的人，延遲了他自己的需求，而這些交易的時間間隔通常相當短暫。且以我們熟知的餐館老闆為例：晚上他從客人那裡收到的錢，第二天就會花掉一部分來購買食材。但這種常見的交易關係之所以如此簡單，是因為貨幣具有社會接受的儲值功能，因此能將交易的時間延後。接受貨幣的人便是同意一項信貸——儘管這項信貸期限極短；而他獲得的回報則是財富，也就是他得到的錢。這種適用於個人的道理，同樣也適用於國民經濟：任何信貸都有相應的債權——某人的債務便是另一人的資產。

　　貨幣的時間元素使得貨幣究竟為何物，更加難以定義，因為每一個貨幣同時也是一項金融資產，但並非每項金融資產都可視為貨幣。這點從儲蓄契約可見一斑：如果通知解約期限只有三個月，那麼歐洲央行便視該筆存款為貨幣。儲蓄契約若長於三個月，該筆存款便不再歸類為貨幣，而算是金融資產。這種分法的背後存在著一種觀點，認為多年期的儲蓄契約是不會動用的，這筆存款不存在對實質商品的需求。只是這種以三個月為界，區分貨幣與金融資產的作法，就和世上其他分界同樣武斷。而這種從貨幣到純金融資產的模糊邊界，是各國央行對於貨幣供應量並提出數種定義的原因，同時也說明了為何每個央行其貨幣供應量的組合各不相同。

　　貨幣令人困惑的另一點是，雖然個人可藉由儲存貨幣並延遲自己的需求，以為將來未雨綢繆，但這種方式對整體經濟卻不適用。僅只對個人而言，貨幣才是一種儲值工具，對集體而言卻非如此。

貨幣不會使社會變得富有，因為貨幣只是一種方便交易與生產的中介與社會建構。社會若想致富，就必須把貨幣拿來作為資本。

這又是經常令人困惑的第三個現象：貨幣並不等同於資本。一個社會必須能在今日投資明日的生產，比如興建工廠、教育國民、興修基本建設等，才能為將來預作準備。一個社會的財富在於它所製造的商品與服務，而不在於它所積累的貨幣；只是這點常常遭到混淆。

其他往往看似同樣難以理解的現象，也是從貨幣與資本的差別衍生出來的。例如：債務與利息是怎麼回事、通貨膨脹何時出現、投機泡沫如何膨脹，還有金融危機會導致哪些後果等等。

有個議題倒是可以迅速澄清，那就是黃金。儘管黃金迷不願相信，但黃金確實不是資本也非貨幣。德國人特別不願相信，他們深受信用貨幣的束縛，他們希望靠自己儲存貴金屬以避免通膨與危機。但實情卻是，黃金雖閃亮，卻不一定能保證它的持有者能過著閃亮的日子。

---

**註釋**

1　湯瑪斯・K・麥格羅（Thomas K. McGraw），2009年，第155頁。

2　高伯瑞，1976年，第57頁。維吉尼亞州的菸草貨幣擁有200多年的歷史，甚至比金本位制更悠久。1879年在美國施行金本位制，1971年因為越戰而不得不廢除。

3　羅伯特・孟岱爾（Robert Mundell），2002年，第5頁。

4　馬克・范・德・梅魯普（Marc Van de Mieroop），1997年，第212頁。

5　希羅多德，《歷史》（*Historien*），第1卷，94。從希羅多德的文句中無法推論出，呂底亞人發明這些硬幣是為了當作錢幣使用。他只是說，呂底亞人是最先鑄造金幣與銀幣的人。（孟岱爾，2002年，第21頁）。

6 孟岱爾，2002年，第20頁。

7 亞里斯多德，1969年，1133a，29–31，第133頁以下。

8 例如有種頑固的想法，認為金錢變得越來越抽象，正如這段話：「先是錢幣，再來是紙幣，後來則是電腦裡的一個比特（Bit）在管理銀行帳戶。」然而，這種說法卻誤解了亞里斯多德早已知道的道理：金錢一直是抽象的，金錢就和我們用以比較不同長度的理想尺同樣抽象。認為金錢越來越抽象的錯誤觀點可見於克莉絲提娜・馮・布勞恩（Christina von Braun），2012年，第10與18頁。對此書的精闢批判可參考托馬斯・史坦費爾德，〈撲滿的起源〉（Die Entstehung des Sparschweins），《南德日報》，2012年12月8日。

9 孟岱爾，2002年，第28頁。

10 引用亞瑟・艾利・門羅（Arthur Eli Monroe），2006年，第82頁以下。奧里斯姆已經從金錢的社會功能推論出政治訴求：金錢屬於人民集體所有，並非單獨屬於王公貴族，因為金錢滿足某種集體任務（第87頁），因此王公貴族也無權為了致富而任意改變錢幣的貴金屬含量（第91頁），竊取臣民的財富。

11 布勞岱爾，1985年b，第244頁。

12 布勞岱爾，1982年，第90頁以下。

13 高伯瑞，1976年，第25頁。

14 金德伯格，1993年，第48頁以下。

15 高伯瑞，1976年，第41頁。

16 嚴格說來，發明紙幣的並非英國人。基於實務面的理由，瑞典中央銀行於1661年首度嘗試使用紙幣，因為瑞典幾乎不產貴金屬，但擁有豐富的銅礦，因此主要以銅幣付款，只是銅幣極重，不適合大筆金額，為了避免運輸不便，瑞典中央銀行於是發行以銅擔保的紙幣。（金德伯格，1993年，第52–53頁）

17 布勞岱爾，1985年b，第364頁。

18 弗格森，2009年，第57頁。傅利曼估計十九世紀的黃金只佔流通的貨幣供應量的20%。（2002年，第66頁）

19 黎・克萊格（Lee Craig），康塞普西翁・加西亞—伊格雷西亞斯（Concepción Garcia-Iglesias），〈商業循環〉（Business Cycles），收錄於布勞德伯利，歐洛克，2010年，第122–146頁，此處見第135頁。

20 當時的私人銀行雖然也能發行紙幣，因為英國一直要到1844年才實施國家貨幣壟斷，但實際上這對銀行而言幾乎無利可圖，許多英國人依然只願接受英格蘭銀行所發行的紙幣，他們認為這種紙幣特別可靠。由是很早就形成一種直到今

日仍然適用的分工模式：中央銀行負責發行硬幣與紙幣，私人銀行負責信貸業務。

21 讓我們且就技術面加以說明：銀行放款給某客戶，並且將金額記入該客戶帳戶上，銀行只需擴張其資產負債表。在資產項下，銀行現在多出一筆債權（給客戶的貸款），在負債項下，則銀行多出一筆新債務（客戶帳戶上的新入款）。

22 高伯瑞，1976年，第43頁以下。

23 金德伯格，1993年，第119–120頁。早在十八世紀時，德國便曾嘗試使用紙幣，但這些「紙」幣最後都失去價值，只好收回。參見貝恩德‧斯普林格（Bernd Sprenger），1991年，第150頁以下。

24 斯普林格，1991年，第179–180頁及第201–202頁。此外亦可參考韋勒，1995年，第98–99頁。

25 梅菲斯特的紙鈔造成一場惡性通貨膨脹，但更重要的是歌德對紙鈔可成為真正財富，因而是一種有效的「煉金術」的這種想法。這種深具原創性的浮士德詮釋可見於漢斯‧克里斯多福‧賓斯旺格（Hans Christoph Binswanger），2011年，第73頁以下。

26 傅利曼，2002年，第64–65頁。

27 某些貨幣史學者如尼爾‧弗格森甚至還散播這種誤解，他在《貨幣崛起》（*The Ascent of Money*）一書中寫道：「錢是多數進步的根源……貨幣的誕生是人類進步的要素。」（2009年，第4頁）

28 在紙幣之外，歌德認為經濟繁榮還可歸功於兩種原因：一是復興羅馬私法的法國的《民法典》（*Code Napoléon*），一是蒸汽機帶動對新能源的使用。（賓斯旺格，2011年，第86–87頁）但這種觀點同樣有個問題，那就是這兩種因素若如此重要，那麼經濟成長為何未更早出現？因為羅馬法早在古羅馬時代便已存在，但當時的經濟卻處於停滯狀態。蒸汽機道理也相同：西元一世紀時亞歷山大城的希羅便發現了這項原理，但單憑這一點並未帶來任何經濟效益。

29 布勞岱爾，第2011年，第48頁。

30 范‧德‧梅魯普，1977年，第199頁。

31 布勞岱爾，第1982年，第248頁。

32 同前註，第232頁。

第十章

# 黃金？多謝，免了

古希臘人已經發現，黃金的價值相當虛幻，因此才有關於蠢國王米達斯（Midas）的故事。有一天米達斯許願，希望自己碰觸過的物品都能變成黃金。然而數日後他卻發現自己即將餓死，因為他想送進嘴裡的食物全都變成了黃金，可惜黃金不能吃。

2,500年後，許多德國人卻相信自己比古希臘人聰明。由於擔心會再次爆發金融危機，為了拯救自己的財產，因此他們改買金條。就連《電視電影》（TV Spielfilm）等雜誌上也刊登了德國郵政銀行（Postbank）宣傳「黃金儲蓄」的廣告，宣稱此舉能獲得「迷人的黃金紅利」，[1]許多小存戶開始「跟瘋」。

於是德國人拚命儲存黃金，2010年德國人擁有的黃金數量高達7,500公噸，其中大約一半是飾金，另一半則是金幣、金條等所謂的投資性黃金，合計起來這些黃金在當時市值約2,360億歐元：此外還有價值將近430億歐元的貴金屬基金。[2]

沒有任何一個國家的人像德國人如此瘋黃金的，光是2012年德國人便買進110公噸、價值將近六十億歐元的黃金。比德國人更瘋黃金的只有印度人與中國人，這兩國人民分別購買了864與817公噸

的黃金。歐洲其他國家的反應相對淡定，法國人只買了三公噸，而英國人則購買了21公噸的黃金。[3]

德國人這種特殊行徑有其歷史淵源，因為德國人至今依然沒有走出1923與1948年，他們的祖父母與曾祖父母經歷過的陰影。即使過了幾個世代，德國人仍無法克服金融資產大失血的創傷。83%的德國黃金買家在調查中表示，他們是因為擔心貨幣貶值才轉而擁抱貴金屬。[4]反觀法國人與英國人則幾乎不畏懼通膨，並且對這種「德國恐懼」（German Angst）深感不解。

德國人投入黃金的懷抱，這種作法或許並不理性，但在他們眼中，這卻是一樁好生意。「市場分析家」總愛宣稱，貴金屬短缺，而且短缺的情況會更加嚴重，因為黃金已經出現原油可能也會發生的現象：黃金開採已經超過頂點，「黃金頂峰」（Peak Gold）大約落在2001年。此後開採黃金的費用急遽上升，因此，很快地黃金迷不得不接受一盎司黃金飆漲到至少2,500美元的事實，因為這個價格才值得開採。[5]

黃金迷思一如其他錯誤的結論，奠基於一項相當正確的觀察：貴金屬數量確實極度短缺。在整個人類歷史中所開採的黃金，不過才將近163,000公噸。如果將全球現有的黃金壓縮成一個方塊，其邊長不過略長於二十公尺。[6]因此，史高治‧麥克老鴨（Scrooge McDuck）烙印在我們腦海裡的畫面是錯的：黃金數量如此稀少，所以他不可能坐在一座金山上。

黃金稀有，但這不必然表示什麼；珊瑚礁也極稀有，最後依然慘遭破壞。由此看來，顯然不是每一個缺稀性都如同黃金信徒所認為的：黃金必然能轉換成在金錢上的價值。

就市場邏輯而言，在一定的需求之下，稀有的供給會推升價格。

既然如此，就必須有相信黃金對自己相當重要的買家。然而，黃金的工業需求下降，[7]現在連婚戒往往也以其他材質打造。若不是印度、中國、土耳其與阿拉伯國家仍以金飾為地位象徵，黃金市場早就崩潰了。

　　若不是許多國家的央行將全球將近五分之一的黃金堆藏在自家地窖內，恐怕連穆斯林與亞洲的黃金消費者也無法讓黃金價格維持穩定。光是美國就貯藏了8,134公噸的黃金，名列第二的德國聯邦銀行（Deutsche Bundesbank）藏有3,391公噸。[8]雖然這些黃金儲備擁有鉅額的紙面價值，但實際上卻是非賣品。只要有一家央行開始拋售黃金儲備，黃金市場就會崩潰，金價也會崩跌，因此二十家歐洲央行彼此簽署有「央行售金協議」（Goldabkommen），規定一年內所有協議國最多只能出售400公噸的黃金。

　　諷刺的是，德國人因為擔心通膨，也不信任央行的貨幣政策，因此購買黃金。但支撐金價，並確認黃金本身具有價值，能夠在金融危機時解救他們的黃金迷思者，也正是這些央行。

　　不過度推崇黃金的人很快就會發現，再沒有比黃金更高的風險了。黃金無法帶來利息或紅利，任何一本存摺，獲利都比黃金更高。這句話雖然老掉牙，卻大有道理。

　　尤其重要的是，黃金牌價震盪極大，往往令投資者頭暈目眩。即使是2012年的最高價位也比不上1980年的最高紀錄，當時一盎司的黃金，價格幾乎相當於今日的2,000美元。然而，此後金價不但沒有上漲，反而在兩年內腰斬，接下來二十幾年一路震盪，直到2002年後金價才又開始上揚。認為黃金能保護我們免受通膨所苦，這種想法是非常荒謬的。如果有投資人在1980年買進黃金並且持有至2005年，他的固定資產大約會損失一半。

第十章

黃金很容易就變成完美的泡沫。恐慌的投資人相信金價會上漲多久，金價就上漲多久。因為黃金幾乎不具實質用途，絕大部分都被人擺在地窖裡不動，而這種現象又會導致一種奇特的循環，正如美國投資巨星華倫‧巴菲特（Warren Buffett）所說：「人們將它從某處挖出地面，熔成金條後再藏進保險箱裡。」[9]

　　遺憾的是，這種毫無意義的作法並非毫無後果，其實會汙染環境、剝奪人們的財富。幾乎每座金礦都會遺留氰化物、汞與重金屬等有毒廢棄物，而許多這類的有毒廢棄物都破壞了天然保護區或將當地原住民驅離。黃金外表看似亮麗，實則不然。

---

**註釋**

1　《電視電影》，2012年12月3日。

2　柏林史太白大學（Steinbeis-Hochschule Berlin）金融服務研究中心（Research Center for Financial Services），〈德國私人持有的黃金，德國黃金持有與私人投資行為之分析〉（Goldbesetz der Privatpersonen in Deutschland. Analyse des Goldbeditzes und des Anlageverhaltens von Privatpersonen in Deutschland，2010年11月），第2頁。當時德國的總資產約為十兆歐元，其中黃金佔約3.9%。

3　世界黃金協會（World Gold Council），〈黃金需求趨勢，2012年全年〉（Gold Demand Trends，Full Year 2012，2013年2月），www.gold.org

4　柏林史太白大學，金融服務研究中心，〈德國私人黃金持有之動機與來源〉（Motive und Herkunft des Goldbesitzes derPrivatpersonen in Deutschland，2011年10月），第1頁。

5　利澤‧希爾（Liezel Hill），〈亞姆黃金公司認為『黃金頂峰』價格上看美金2,500元〉（Iamgold Sees „Peak Gold" Forging $ 2500），見bloomberg.com，2013年1月17日。這種大膽臆測自然對加拿大金礦公司亞姆黃金公司有利，因為該公司在加拿大與馬里（Mali）都擁有金礦。

6　布莉姬特‧賴森貝格（Brigitte Reisenberger）、托馬斯‧賽菲特（Thomas Seifert），2011年，第8頁。

7 2012年牙科用金、電子業與其他工業產品的黃金需求量僅428公噸，相當於每年黃金交易量的10%。

8 世界黃金協會，表1，第14頁。

9 引用布莉姬特‧賴森貝格、托馬斯‧賽菲特，2011年，第9頁。

# 第十一章
# 債務與利息？歡迎之至

德文「Schuld」（字義有債務、債款、罪責、罪孽等）這個字具有雙重含意，既可用於道德，也可用於經濟領域。「Schuld」可能表示必須贖罪，也可能只表示必須償還一筆錢。「Schuld」會令人想到負債入獄、遭受奴役或是不自由，任何概念都比不上「Schuld」來得含糊而難以捉摸，難怪許多人對我們整體經濟體系建立在信用基礎上、以信用貨幣付款深感不安。

早在《舊約聖經》便已出現「Schuld」的雙重含意，要求信徒基於道德責任，以每七年為一「豁免年」（Erlassjahr，又譯為「禧年」），此時信徒應放棄他們的債權。「豁免的定例是這樣的：凡債主要把所借給鄰舍的都豁免了；不可向鄰舍和弟兄追討，因為耶和華的豁免年已經宣告了。」（〈申命記〉第15章第1-2節）

然而，古希伯來人當時便面臨了兩難的局面，現代經濟學德語稱之為「道德風險」（moralisches Risiko）：放款人可以明確推算何時再逢豁免年，而越接近這第七年，放款人借款的意願就越低。因此聖經裡也發出警告：「你要謹慎，不可心裡起惡念，說：『第七年的豁免年快到了』，你便惡眼看你窮乏的弟兄，什麼都不給他。」

（〈申命記〉第15章第9節）

在這裡我們可以看到，聖經並未反對放款，只是特別要求在窮人有難時，富人應出借金錢或穀糧給窮人。聖經的觀點認為，應受譴責的並非借貸的行為，當信徒如果一心想拿回自己的錢，就會出現道德問題。

這種聖經的道德評價看似古怪，卻是有實務經驗的依據：古希臘羅馬人在債務人無法償還債務時，往往會將債務人沒入為奴。為了償還債務，債務人必須自身或以家屬充當奴隸，若遭逢荒年，便可能出現幾乎所有的窮人都喪失自由的情況。為了生存，他們必須向富人借糧，但往後數年他們可能無法清償，更加付不起利息，因為他們擁有的土地不夠，無法種出額外的收穫。為了避免絕大多數的人民最終淪為奴隸，因而採行豁免年的作法。《聖經》也安慰富人，宣稱這種作法是筆不錯的生意：「你弟兄中，若有一個希伯來男人或希伯來女人賣給你，服事你六年，到第七年就要任他自由出去……你任他自由的時候，不可以為難事，因他服事你六年，比雇工的工錢多了一倍。」（〈申命記〉第15章第12-18節）

因為無法償還借款而充當奴隸，不只是希伯來人的問題，西元前十八世紀美索不達米亞人也不乏免除窮人債務的作法；[1] 西元前594年，梭倫（Solon）也曾在雅典大行豁免。

清償債務通常極不容易，至少同樣棘手的是還得支付利息，因此《舊約聖經》中嚴禁收取利息。〈申命記〉中記載：「你借給你弟兄的，或是錢財或是糧食，無論什麼可生利之物，都不可取利。借給外邦人可以取利，只是借給你弟兄不可取利。」（〈申命記〉第23章第21-22節）這種對本邦與外邦人的差別待遇到了基督教便遭廢除，認為凡是基督徒都不得收取利息，因為所有人類都是他們

的弟兄。

　　當《聖經》關心窮人的困境時，亞里斯多德探討的則是利息所衍生的哲學問題：金錢如何能產生金錢？動物的繁衍方式相當清楚，因為牠們會繁殖後代，如果今年有頭母羊懷孕，那麼明年至少會多出一頭小羔羊。但亞里斯多德在《政治學》（Politik）一書中寫道：「由金錢獲得收益，而非由金錢的用途獲利，這種高利貸應受憎恨。因為金錢乃為交易而發明，但利息卻使錢滾出更多錢，這便是金錢之名的由來：被生育者同時也是生育者，而利息（tokos，希臘文，意為後代）則使錢生出錢。這種金錢獲利的方式最為違反自然。」[2]

　　到了十三世紀，托馬斯·阿奎那（Thomas von Aquin）更深入說明其理由，他認為利息「出賣了時間」，但時間非屬個人，只能歸屬上帝所有。[3]因此，凡利息皆為暴利（usura）與罪孽。

　　但貸款利息並非錢滾錢的唯一例子商人單靠做生意就能獲利，這種現象也同樣不合理。因為交易的原則是交易的物品價值必須相當，既然交易物是等價品，為何會有利潤？這個問題的答案只有一個：商人很可能欺騙了他們的同胞，因此一般人特別不信任商人。阿奎那認為做生意「當受譴責，因為它滿足了永無止境的貪婪之心。」[4]

　　但理論歸理論，理論往往對實務無可奈何。中世紀時禁止利息與利潤的作法效用顯然不大，因為商人總能施展各種手段來隱藏其利潤。其次還有教會無法置之不理的，必須允許獲利的經濟理由，其中之一便是商人的損失風險與辛勞應該獲得補償。此外，教會也認為向外國購進貨物也有益於大眾福祉。例如十三世紀的告解書中便記載：「若非商人將某地豐沛的物資運往物資不足的地區，許多國家將面臨莫大的危難。因此商人的工作獲得報償是理所當然的。」[5]

儘管如此，大家依舊不免對利息有疑慮，認為利息一定有不可告人之密，而這種疑慮也一再獲得證實。因為每當遭逢荒年與戰亂，經濟情勢嚴峻時，高利貸的利率便飆高到不合理的地步：有些年息甚至高達百分百。這種借貸往往不是以貨幣，而是以實物償還，直到十八世紀時，德國舉國上下還在對抗「穀糧高利貸」。[6]

　　這場與利息和利潤的抗爭，反映出人均收入停滯不前的古代農業基本的問題：必須利用商業夥伴的困境與無知，才有可能獲取利潤。利息與利潤必須以實物支付，因此唯有在他人有損失時，另一方才可能獲利。這是一種零和博奕（Null-Summen-Spiel），強者利用弱者的損失而贏。就此而言，早期基督教神學家將利潤和利息一同與剝削畫上等號並非謬誤。

　　然而，自從經濟開始成長後，這種我贏你輸的必然局面不復存在。資本主義大大改變了債務、利息與利潤的性質，如今借貸的主要目的不再是度過危機，而是為了提高生產效率。利息與利潤也不再以實物，而是藉由經濟成長來支付，於是零和博弈轉而成了「雙贏」的局面。

　　更棒的是，沒有債務，經濟便無法成長；當新的貸款持續加入時，資本主義方能運作。瑞士經濟學者漢斯‧克里斯多福‧賓斯旺格（Ökonom Hans Christoph）對這種資本的內在邏輯有極為簡潔的闡釋：當企業預期能獲利時，企業才會投資。而利潤是收入與支出的差額。就整體經濟而言，必須所有企業的收入高於所有企業的支出。但其先決條件是必須有錢從外面進來——以無中生有的貸款形式。[7]這種錢的增殖並不會導致通膨，因為與此同時，透過新的投資，商品數量也會增加，於是經濟成長、資本與利潤便能維持平衡。

　　這並不表示危機不會出現（詳細說明請見第四篇），但此處探

討的是資本主義的正常運作。針對這一點，資本主義批判者往往有錯誤的解釋。例如佔領華爾街運動的思想領袖大衛‧格雷伯（David Graeber）所撰寫的《債的歷史：從文明的初始到全球負債時代》（*Debt: The First 5,000 Years*）一書標題所示，作者將當今資本主義的信貸等同於美索不達米亞的「役身折酬」或古羅馬的充當奴隸償債。在格雷伯眼中，5,000年來的債務史不過是壓迫與剝削的歷史。

除非我們漠視過去250年來實體經濟的根本性變革，否則這種一面倒的論點是站不住腳的。格雷伯並未發覺，在資本主義下，債務是成長的傳動彈簧，並且會帶來新的財富。同樣地，他也很少論及需要信貸金援的科技進展與生產力的提高。格雷伯的觀念還停留在古代的美索不達米亞地區，並且想仿效《聖經》施行「豁免年」，而這是他唯一的政治訴求。[8]

但如此一來，格雷伯便將自己與華爾街佔領活動帶上政治的死路。因為無論何種運動，只要提出的訴求無法實現，其結果便是自尋死路。豁免年之所以不可行，是因為如此一來不僅債務一筆勾銷，與此相應的金融資產也會一併消失。以下的說法聽起來或許了無新意，但事實就是如此：如此一來，自動提款機裡便沒有鈔票，而戶頭存款也會歸零；經濟將立即崩潰，而在一片混亂中遭受損失的不只是「富人」，窮人也將失去工作與薪水。格雷伯將會危害到他信誓旦旦要守護的人。

格雷伯錯誤的分析癱瘓了華爾街佔領活動，這點著實令人遺憾。因為資本主義確實存在著頑強的剝削，有待人們去抗爭。但這些剝削不再是由「役身折酬」制度而來，而是源於薪資或教育機會的不平等。可惜格雷伯並沒有探討這些議題。

格雷伯聚焦於債務，而反對資本主義的人士有另一派儘管不反

對信貸，卻想廢除利息制。利息這種恐怖的演算法很簡單：「假設利率為1％，透過利息與複利，資產倍增需要的時間為72年；利率為3％則為24年；利率為6％為12年；利率為24％則只需3年。」[9]

反利息的思想領袖之一的瑪格麗特・甘乃迪（Margrit Kennedy）認為，這種利息螺旋會引發「病態性的強制經濟成長」：「銀行要求的利息，是我們的經濟之中最重要的代價、金錢的代價。這種代價為我們所認為『符合經濟利益』的事物設下最低門檻。這就是為什麼經濟別無選擇，經濟必須追求指數型成長。要不是至少能賺到貸款利息，並且能獲利，恐怕沒有企業能投資新計畫，並且長期存活下來。」[10]

這段話聽起來或許相當具有說服力，實則不然。正如歷史所示，美索不達米亞人已經知道運用複利，但他們的經濟依然停滯，連帶著資產也沒有增加。

其次，現實層面也顯示，光靠利息並無法帶來經濟成長。假如反對利息的人有理，那麼景氣低迷時問題就很容易解決：央行只需提高利率便可形成「強制經濟成長」，促使經濟復甦。然而結果卻正好相反。每逢經濟蕭條時，利率便調降到幾近於零，以便為經濟注入活水。由此看來，利息顯然會阻撓經濟成長。[11]

反對利息者其邏輯同樣不合理。令人不解的是，為何只有利息受到抨擊，企業的利潤卻安然無事？因為利潤同樣也能呈指數型成長。瑪格麗特・甘迺迪對利息的算法同樣適用於利潤的計算：年獲利6％，其資產同樣在12年後可增為兩倍。

然而，甘乃迪認為利潤是善，利息卻是惡的，對此她的解釋是：一般的利潤最後會出現「自然的飽和極限」，因為想獲利就得工作。「反之，利息卻是一種沒有實質成果、能任意提升的收入。利息含

在所有的價格之中，形成從下往上的再分配，從中受惠的是擁有資產的少數人，他們頂多佔全國人口的10%。就此而言，我們的金融體系持續使現金流從勤奮者流向富人。」[12]

如果我們同樣借鏡歷史，就能看出這種分析是錯的。利息自古有之，但許久以來，聯邦德國貧富不均的情況並未因此變得嚴重，要到2000年起中產階級萎縮，貧富差距才加速擴大。[13]可見富人受惠於其他機制，例如調降最高稅率或廢除遺產稅等，而非受惠於利息。遺憾的是，許多佔領行動的積極份子並沒有研擬具體政策，反而寧可創新金融體系。這點非常可惜，因為人們亟需他們的批判能力。

反對利息者誤信金錢謬論，認為光是金錢本身便有力量改變世界。在這點看法上，他們與他們的死對頭投資銀行倒是出奇地接近。後者同樣宣稱他們那些不可靠的「金融產品」能創造真正的財富，因而樂於以「金融產業」自居，並索取高額費用。

其實金錢自身並不具有任何力量。今日的資本主義之所以誕生，是因為自1760年起，英國出現以機器系統性取代人類勞動力的想法，於是金錢轉而成了資本。這種大突破與複利無關，倒是反過來改變了債務的性質。此後信貸便資助了經濟成長，但並非獨立造成經濟成長。

從另一個現象，我們也可以看出金錢如何不具有力量：資本主義型經濟並不會導致經濟上最大的危險，反倒容易造成通貨緊縮，使物價變低。德國人向來堅信貨幣貶值是世界上最大的危險，這實在是德國人最大的悲劇，因為這種謬誤使德國人無法在經濟危機中做出正確的反應——這才是誘發德國人最害怕的資產損失的原因。

## 註釋

1. 范‧德‧梅魯普，1997年，第206頁。美索不達米亞人區分給窮人的借貸與一般商業信貸，後者的債務不予豁免。
2. 亞里斯多德，2006年，1258 a，40。
3. 雅克‧勒高夫（Jacques Le Goff），1993年，第71–72頁。
4. 同前註，第69頁。
5. 同前註，第79頁。
6. 布勞岱爾，1982年，第258頁及1985年a，第125頁。
7. 賓斯旺格，2006年，第367頁。關於為何沒有「憑空而生」的信貸，就不可能出現經濟成長，同樣精闢的解釋可另參海納‧弗拉斯貝克（Heiner Flassbeck），芙麗德莉可‧史皮克（Friederike Spiecker），2011年，第478–479頁。
8. 格雷伯，2011年，第390頁。明確說來，格雷伯想廢除的只是國際信貸與消費性貸款。
9. 甘迺迪，2012年，第20頁。
10. 同前註，第22頁。
11. 另可參考顏思‧貝爾格（Jens Berger），〈對利息批判之批判〉（Kritik an der Zinskritik），沉思網（Nachdenkseiten），2011年8月23日；其對〈對利息批判之批判〉一文之回應，沉思網，2011年9月7日。
12. 伍麗克‧赫爾曼（Ulrike Herrmann）、烏塔‧舍伯（Ute Scheub），〈此舉將導致強制經濟成長〉（Das führt zu Wachstumszwang），與瑪格麗特‧甘乃迪訪談，《日報》，2012年9月1日。
13. 楊‧戈貝爾等人，2010年。

# 第十二章
# 美哉通膨：貨幣為何必須貶值？

　　恐懼也是有排行榜的，在德國人恐懼的事物當中，通貨膨脹獨佔第一位。63%的受訪者表示他們擔心生活費用會提高，至於個人的或生存的憂慮則遠在通膨之後：只有50%的德國人認為自己將來可能需要老人照護，而只有46%的受訪者擔心自己可能罹患重症。[1]

　　大家都知道，恐懼是一種主觀的感受，與事實沒有多大關聯。而德國人對通貨膨脹的恐懼情況也類似。其實我們沒有必要懼怕通膨：2012年通膨率為相當溫和的2%，但德國民眾並未被這些最新數據所打動。每次調查德國人的恐懼時，對通膨的憂慮依然一再登上排行榜榜首。過去20年來，對貨幣貶值的憂慮有13次登上排行榜第一名。

　　看來德國人顯然對於他們的祖父母與曾祖父母經歷過兩次通貨膨脹與貨幣改革這件事，遲遲無法釋懷。在1923與1948年，德國人喪失了所有的金融資產，從此大多數的德國民眾便認為自己有可能再次慘遭貨幣貶值之苦。但他們卻忽略了一項淺白的道理：上述兩次通膨都起因於德國在世界大戰中戰敗。這兩次戰爭都是靠印鈔機提供經費，而且商品供應量銳減，但此時此刻我們活在太平時代。

太平時代不太可能出現通膨，即使想製造通膨也很難。反之，在資本主義經濟之下，倒是比較容易出現通膨的反面——通貨緊縮、物價下跌。這種通縮傾向主要與科技進步有關，科技進展使產品變得更優良也更便宜。國際貨幣基金組織（International Monetary Fund，簡稱IMF）首席經濟學家奧利維爾‧布蘭查德（Olivier Blanchard）曾經以電腦為例如此計算：「美國商務部（United States Department of Commerce）估計，自1981年以來，新電腦的效能每年提升18%……2007年一部普通的個人電腦效能約為1981年的74倍。然而，電腦不僅效能增強，還變得更便宜了。電腦價格每年大約下降10%……換言之，2007年時用來購買電腦的一美元，買到的效能比1981年的一美元多了613倍。」[2]

這種通縮傾向不是從電腦出現以後才開始的，早在十九世紀就出現了。當時利用汽船運貨省下的運輸費有時可達98%，與此同時生產力的效能也大為提升。因此從肥皂到鋼管，所有的物品都變得更便宜了。

因此，十九世紀是唯一漫長的通縮世紀，中間只偶爾出現短暫而小幅度的通膨，而這幾次短暫的物價上揚都出現在經濟繁榮時。這種因果關係也適用於今日：在正常情況下，物價只會在景氣大好時明顯上揚。只要工廠的產能還未完全利用，企業就寧可打折扣戰，而非提高售價嚇跑顧客。

顧客大都樂見價格調降，但通縮其實相當危險，因為價格降低很快就意味著利潤下降。如此一來，許多企業面臨利潤下滑，也就沒有投資的理由，於是經濟便停滯不前。

十九世紀時正好能觀察到這種惡性循環。想了解通縮後果的人，絕對不能錯過1873到1896年，這段價格的結構性壓力伴隨著經濟危

機出現的時期。在這段「經濟大恐慌」或「長期通貨緊縮」的時期，價格與利潤大幅下降，以至於當時的人感到自己身陷永久性危機之中。客觀來看，當時的經濟甚至偶爾成長，只是當時的人並未感受到。他們主要的感覺是利潤持續下滑，許多公司掙扎求存。不只價格，連薪資也下跌，其中鋼鐵與礦業的薪資甚至砍半。[3]大批工人遭到解雇，而農村裡也看不到任何前景。為了擺脫這種慘狀，在1880至1893年間有180萬名德國人離鄉背井，前往美國。[4]

通縮有多危險，從其政治後果可見一斑。在此我們僅大略說明：1873至1896年漫長的通縮期間，民族主義、軍國主義與反猶太種族主義烈焰高漲，並展開全球殖民地競賽，這些後果最後更造成兩次世界大戰與對猶太人的大屠殺。

通縮的苦果幾乎難以抑遏，因此危機四伏。即使現代的央行也束手無策，因為利息不可能降到零以下。即使貸款免息，看似免費，依然過於昂貴。如果物價持續下跌，企業預期未來營收將下滑，那麼無論利息多低，都可能無法償還貸款。其結果是企業老闆放棄投資，而這種作法又會扼殺經濟發展。對於那些已經接受貸款的公司而言，情況更是雪上加霜：商品價格下跌，債務卻依然居高不下，貸款也就更難以清償了。

為了防止這種困境，歐洲央行將其通膨目標定在2%，而非零。為了在面臨經濟危機時擁有彈性空間，歐洲央行接受溫和的貨幣貶值。因為企業家若預期物價將上漲，拜通膨所賜，就能輕鬆償還貸款，那麼借錢就有誘因了。

由此可知，為了調控資本主義體系，溫和的通膨是不可或缺的。問題是，該如何形成溫和通膨？乍聽之下，這個問題似乎非常奇怪，因為許多人憑著直覺會相信集合論，認為央行只需「印」錢，提高

貨幣供應量，物價便會上漲。可惜實際上並沒有這麼簡單。

中央銀行製造的貨幣只佔流通貨幣的一小部分，而問題便是從這裡開始的。不同於我們一般的理解，央行其實幾乎不「印」錢。國家發行的硬幣與鈔票大約只佔流通貨幣的20%，其餘約80%大都在轉帳帳戶與活期存款帳戶上。但這些帳面貨幣並非由國家發行，而是銀行發放貸款後將款項記入客戶存款帳下而產生的（參見第九章）。[5]

景氣良好、消費信心佳時，銀行樂於放款，貨幣供應量便會增加，但這並不表示通膨也會同時出現。假使企業主將貸款投資於生產，那麼商品數量也會同時增加，於是商品與貨幣得以維持平衡。只有在工廠所有的產能滿載、勞工充分就業時，才會發生經濟「過熱」的現象。此時薪資明顯上揚，而這又會推升物價。不過，這種情況一般不會持續太久。因為企業為了追求高利潤而擴充產能，導致產能再次過剩、部分商品滯銷，於是開始了下一波的經濟衰退。

偏偏在經濟危機時，銀行比較不願意提供貸款。因為擔心客戶無力償債，因此會盡可能抽銀根，以減少未償貸款，貨幣供應量便會自然萎縮，於是發生通縮的機率反而大於有益於拯救經濟危機的通膨。

因此，銀行採取的「順勢」作法，在經濟繁榮時發放許多貸款，於是貨幣供應量增加；景氣向下時抽銀根，於是貨幣供應量縮減。換言之，資本主義容易導致金融危機，而非導致嚴重的通膨。

乍聽之下，這種論點或許令人難以置信，因為我們經常聽到一種算法：1950年一公升牛奶要價36芬尼，如今在超市售價約歐元60分，大約是1950年的3.33倍；這如果不是通膨，那什麼才叫通膨？

實情是：這是貨幣貶值所導致的。許多其他產品價格漲幅更甚

於牛奶。在1950與2012年之間，西德的物價約上漲4.4倍，[6]與瑞士的情況相當，當地同期物價也貴了約4.8倍。[7]奧地利的情況更嚴重，那裡同期物價上漲了將近十倍。[8]

在這點上，奧地利人的壓力和美國人相當，因為美國同期物價也上漲約9.5倍。[9]不過，在德國人或瑞士人過度同情奧地利人之前，我們要特別聲明，奧地利人並沒有變得比較窮，因為奧地利的名目工資也同樣飆升，這表示奧地利人的實質購買力也同步上揚。

就這點來看，貨幣貶值並非壞事，而貨幣貶值也不是肇因於央行大舉印錢。通膨是必要的，也是二十世紀發展出來的社會福利國家的良性後果，其中失業保險更使薪資在面臨經濟危機時，不會像十九世紀時那樣崩跌。而且，由於國民依然擁有所需的收入，足以購買商品，因此在不景氣時，物價依然相當平穩。社會福利國家是一種制動器，能保護薪資與物價不致跌到谷底，而此舉又能穩定經濟狀況。不過，這種良性效應卻也導致物價從此只有一種走向：微幅上漲。

如果再次回顧十九世紀的社會，我們或許比較能了解社會福利國家與通貨膨脹兩者之間的關聯。對所有懼怕通膨的德國人而言，自1815到1914年這段期間，乍看可能是理想世界，因為這段時期物價根本沒有上漲，而是隨著經濟繁榮或萎縮而上下波動，在長期的通縮之中偶爾出現短暫的通膨，整體而言物價平穩。

有不少人以當時實施金本位制來解釋這種現象，但正如我們在第九章所探討的，在當時黃金保證金並無法約束貨幣的供應量，貨幣供應量依然如脫韁野馬般擴張或緊縮，而其原因一如今日，是因為信用貨幣擴張所致。

更重要的其實是其他因素：當時國家還不了解必須中斷通縮，

因為它將對經濟造成致命的傷害。1873年經濟危機中，德意志帝國皇帝威廉一世（Wilhelm I）及其首相俾斯麥（Bismarck）眼睜睜看著工人薪資腰斬，失業率上揚卻毫無作為，結果物價也隨之下跌，平均跌落約38％。[10]

幸虧薪資腰斬這種事情在今天幾乎不太可能發生。但若沒有經常出現通縮，通膨便會成為社會常態。因為如此一來，景氣繁榮時物價普遍上揚的走勢沒有受到調控，加上大眾習慣了物價持續向上，工會在提出薪資要求時及企業在制定價格時，也會將這點考慮在內，於是更促成了社會對通膨的預期心理。然而，這種溫和的貨幣貶值不僅不壞，甚至是我們所樂見的。正如我們所討論過的，相當程度的通膨是不可或缺的，如此一來，央行在經濟危機時的利率政策才能發揮效果。再者，只要薪資走向跟上物價，大家也不會有任何損失：現在一顆蛋是否比五十年前貴上四倍，也無所謂了。

由此看來，德國人對通膨的恐懼實在過度誇張，這種心態只能從歷史層面加以解釋。德國人不想再經歷資產被毀滅的痛苦，但這種現象又會帶出一個看似平凡無奇的問題：資產究竟是什麼？我們愈深入探討，這個概念就愈難以掌握。

資產具有奇怪的特質，在真實世界沒有太大的變動下，資產的價值卻會變動，其中一個典型的例子便是股票市場：2012年5月德國DAX指數來到6,200點，2013年5月來到8,500點，上漲了37％，但我們大家都還記得，那一年間德國經濟並沒有成長37％。股價似乎在一個與經濟脫鉤的「虛擬實境」發展。

更奇特的是，若某種股票價格在一年內上漲了37％，大家普遍能接受這是一種「增值」。但我們對麵包的看法卻不同，如果麵包售價突然漲了37％，不再是一歐元，而成了1.37歐元，這時就叫做

「通貨膨脹」。

這種大幅度的「增值」不只出現在股價上，其他金融資產也同樣向上飆升。1980年，全球金融資產還約略與全球經濟產值相當，兩者為1.2：1，2007年二者的比例則為4.4：1。[11]

乍看之下，資產增加了，世界似乎變得「更富有了」。但這種金融價值暴漲的現象卻很不健康，因為每種資產其真正價值的測量方式，是以它每年能獲利多少而定的，但收益必須由持續性的經濟產值提供。如果金融資產持續上漲，而每年的國民總收入沒有隨著成長，那麼總有一天會崩潰。

過去30年來一顆巨大的投機泡沫膨脹了，創造出在真實世界裡缺乏根基的人工資產，但大多數的德國人卻看不到這一點。他們不了解真正的通膨其實體現在金融資產中，反而懼怕麵包等一般消費品的通膨——儘管這種通膨實際上並未出現。

然而，「價值」要如何與真實世界完全脫鉤而增漲？想了解資產通膨如何發生，就必須先了解投機是如何運作的。那是個錢滾錢的世界，在那個世界裡，錢幾乎永遠不會成為具有生產力的資本。

---

**註釋**

1　R+V保險股份公司（R+V Versicherung AG），〈德國人的恐懼〉（Die Ängste der Deutschen），2012年9月6日新聞稿。

2　布蘭查德，2009年，第49頁。

3　韋勒，1995年，第559–560頁。

4　同前註，第544頁。

5　在此我們提出其技術性作法：央行「印」製所謂的中央銀行貨幣，這種貨幣除了現金，還包括各銀行繳交給央行保管的存款準備金。這些留在央行的存款準備金不同於現金，並不會用在實體經濟活動上，其目的只在於調控金融機構間

的貨幣交易，但央行卻能藉由制定中央銀行貨幣的利率，透過中央銀行貨幣間接影響實質經濟的貨幣供應量。利率調高，銀行發放貸款與貨幣擴張就會變得較昂貴。對此有極佳的解釋可參考馬克·席里茲（Mark Schieritz），2013年，第27頁以下。

6　有興趣的人可自己計算不同時期的通貨膨脹率；請利用德國聯邦統計局的網路計算幫手：www.destatis.de/wsk

7　瑞士聯邦統計局（Statistik Schweiz），〈瑞士消費者物價指數〉（Landesindex der Konsumentenpreise），瑞士消費者物價指數 — 通膨計算服務（LiK-Teurungsrechner），www.portal-stat.admin.ch/lik_rechner/d/lik_rechner.htm

8　奧地利工商總會（Wirtschaftskammer Österreich），〈通膨變化〉（Inflationsentwicklung，2013年更新版）wko.at/statistik/Extranet/Langzeit/lang-infl ation.pdf. 若想自行計算請參考：www.statistik.at/Indexrechner

9　inflationdata.com/Inflation/Inflation_Calculators/Cumulative_Infla tion_Calculator.aspx

10　韋勒，1995年，第554頁。

11　張夏準，2011年，第237頁。

# 第十三章
# 錢滾錢：人類一向懂得如何投機

　　米利都的泰勒斯（Thales von Milet）是古希臘著名的哲人，卻遭同胞鄙夷唾棄。早在古希臘羅馬時期便存在一種偏見，認為哲學家遠離現實，只會做白日夢。但有一天泰勒斯受夠了，根據亞里斯多德的說法：「有人譏諷他貧窮，說哲學家一無是處。但他運用天文學知識預知來年橄欖將會大豐收，由於沒有人出價高過他，於是他在冬季以他僅有的一點錢，以極低價租賃米利都與希俄斯（Chios）的榨油機。當時機真的來臨時，突然且同時需要許多榨油機，這時他愛以多少錢出租就出價多少，最後賺了一大筆錢。他證明了哲學家只要想致富就能輕鬆辦到，只不過哲學家並不看重金錢。」[1]

　　泰勒斯生於西元前六世紀，看來當時利用農產品投機已相當普遍。但今日卻有許多人相信，投資人利用農穫、不動產或貨幣等投機獲利是一項全新的發明。這種看法是錯的，從書面文獻可以推論，人類一直以未來做賭注。

　　巴比倫人早已運用非常接近今日「期貨」概念的金融構想，因為他們的基本問題顯而易見：農民也追求可預測性，可惜收穫如何無法預知，即使看似即將大豐收，最後一刻的旱災或久雨不停都可

能摧毀農田；若破例風調雨順，收穫則可能奇佳。天候的變化使農民無法預知收成後的穀價，乾旱時穀價飆漲，豐年時則價格滑落。為了對抗這種無法把握的命運，巴比倫人已想出一種對策：農民們事先以固定價格將收穫賣給批發商，[2]以避免損失；但收穫後市場價格倘若大幅高於事先議定的價格，就代表農民錯失了大筆利潤。至於批發商自然預估價格會高於出價，但他們同樣追求保障，因此也會事先將部分收穫以議定價格再加價後出售，結果形成大家共同將未來轉移到現在的循環。

就像是旋轉木馬，把未來轉移到現在，成為可以規劃的——在今天我們稱這種布局為「期貨」（Future），使用表示「未來」的英文字。期貨屬於一種衍生工具（Derivat），「Derivat」意指由某一基本交易衍生（拉丁文為：derivare）出來的契約、合同。美索不達米亞人的基本交易是糧食買賣，這種糧食買賣便是事先議定價格的「期貨」的基礎。

時至今日，這種衍生性交易最後必須交割，依然是期貨的特色。[3]但交易者若只想謀利，比如押寶糧食價格，而不想從事糧食生意，這種履約責任就太不合宜了。因此早在古希臘羅馬時期，人們已發明一種期貨的變體，也就是「期權」（Option），但這個名詞是後來才出現的。在期權交易中，期權持有者可自由決定是否要行使取得的權利。泰勒斯便是一個極佳的例子，他的目標不在從哲學家成為榨油業者，他只是預期橄欖會豐收，想提高榨油機租金，從中獲利而已。

但如同我們在中世紀所看到的，投機標的並不限於農產品或衍生工具。佛羅倫斯人在十三世紀時已經想到先購買市中心區具有增值潛力的地皮，等地價上漲後在那些土地上蓋房。[4]貨幣同樣也是投

機標的。1399年有名義大利人從布魯日寄了一封倉促寫就的信給位於托斯卡尼普拉托（Prato）的總部：「熱那亞的錢幣似乎多到淹腳目，請您別將我們的錢寄往熱那亞，除非您能得到極好的價格。請將我們的錢送往威尼斯或佛羅倫斯，或是寄來布魯日或巴黎、蒙佩利爾或其他您認為最合適的地方。」[5]

　　遠地貿易也是對所有參與者都划算的龐大投機事業，法國史學家布勞岱爾便如此計算：「胡椒在印度產地一公斤值一、兩公克白銀，到了亞歷山大城能帶來10到14公克白銀，在威尼斯為14到18公克，到了歐洲國家則可賣到20到30公克白銀。」[6]

　　在當時，貨幣與胡椒的投機事業盛行利用不同市場間的價差套利的手法。時至今日，這種方法依然深受青睞，並且佔金融交易額相當大的比重。例如運用電腦進行的高頻交易，說穿了就是一種利用價差進行的套利交易。只不過現在的差異是以千分比計算，而這種電子商務可在千分之一秒內完成。

　　利用價差是一種相當可靠的生意，另一種風險就大多了，但獲利也更高，其手法是以未來的價格變動為賭注。如同泰勒斯的例子所示，這種高風險賭法自古有之，到了十七世紀股票發明後，又興起一種做大生意的新手法。

　　之前我們已經討論過，為了治理、剝削亞洲，荷蘭人在1602年創立了東印度公司。該公司的股票一上市，立刻成了當紅的交易媒介。1611年阿姆斯特丹交易所（Amsterdamer Börse）成立，不久該交易所也准許有價證券的交易。

　　東印度公司原本想禁止用自家公司的股票進行投機行為，因為這樣只會對公司的生意造成混亂，因此發行「記名股票」（Namensaktie），將股票持有人的姓名登記在名冊內。如果有人出

售一張股票，便需刪除原有姓名，登錄新持有者的姓名。這種繁瑣的作法原意在遏阻投機，結果卻適得其反。大家乾脆進行無需用到股票的股票交易，荷蘭人稱這種奇特的方式為「風中交易」（Windhandel），因為這種交易是從虛假的帳目而來。

絕大多數的荷蘭人都不解，這種「風中交易」是怎麼回事。為了向當時的人解釋其緣由，1688年約瑟夫·德·拉·維加（Joseph de la Vega）寫了史上第一本證券交易指南，並為這本書取了極貼切的標題：「亂中亂」（*Verwirrung der Verwirrungen*）。[7]表面看來這本書的內容如今已顯落伍，主要是一名哲學家、一名商人及一名股友之間道德訓誡性的對話。但其內容談的卻是如何買賣期權、內線交易與一般證券交易的心理，仍不失其現實性與新意。

書中描述的是一次熱絡的衍生性商品交易。由於記名股票太缺乏彈性，大家於是投資期權。投資人繳交一筆保證金，保障期限到期，例如三個月後，再以特定價格買進或賣出某支股票的權利。屆時只需付清這時候的股價差額，無需動到股票本身。這種簡易的期權模式自然可再分化為不同形式，藉由德·拉·維加所說的「賣權與買權」（Rück- und Vorprämien），在期權到期前確保不受新的或最新的價格波動而遭受損失。[8]為了方便手續迅速進行，當時已有事先印好的衍生性交易文件，只需填寫幾處資料即可。

德·拉·維加也描述了至今依然可見的現象：投資人大舉湧向交易所，因為除了那裡，他們不知道自己的錢還能如何投資。政府公債雖穩妥，但認購者極眾，利息只有3%。「因此，即使是最富有的人都不得不購買股票。」德·拉·維加下了這樣的結論。[9]這再次驗證了錢從來不缺。

股票交易與利用衍生性商品的「風中交易」，通常發生在某種

真空地帶。因為從亞洲傳來新消息，以便估計遠地貿易的真正利潤，往往需時數日或數月。但即使缺乏真實世界的最新資訊，每天依然熱絡地進行虛擬價值的交易，結果導致價格大幅波動：單日內的損失或獲利可達30%。[10]

整個歐陸都向荷蘭人看齊，倫敦更迅速變成全球投機中心。對此，當時人的反應與今日相同，同樣報以懷疑的眼光。1689年，英國國會議員喬治‧懷特（George White）便不滿地說：「這種名為證券交易商的古怪昆蟲」，他們任意操縱股票行情向下或向上，以犧牲他人而致富。而股票經紀人就像聖經時期在埃及肥沃田地上狼吞虎嚥的「蝗蟲」。[11]曾經擔任德國社會民主黨（Sozialdemokratische Partei Deutschlands，簡稱SPD）主席的法蘭茲‧明特費林（Franz Müntefering）絕非第一位將金融投資者與大群蝗蟲相提並論的人，這種譬喻至少已有三百年的歷史。

不久之後有了反制對策。1734年英國首相禁止衍生性商品的交易，但成效不彰。各種名稱不同的新型有價證券紛紛出現，遊戲依然持續。[12]當時便可觀察到，投資人猶如一群野獸，總是朝同一個方向跑，而且往往過度樂觀。亞當‧史密斯當時已開始探究投機者奇特的激情，並於1776年以嘲諷的語氣寫道：「獲利機會向來被高估，我們可從彩券的大成功得出此結論……因為再沒有比這種數學知識更正確的：購買的彩票越多就越可能輸錢，而購買某種彩券所有彩票的人，鐵定會輸。」[13]

這種投機熱在當時過度膨脹，一些旁觀者則對這些現象很感興趣，其中一種熱潮便是1634至1637年發生在荷蘭的「鬱金香熱」（Tulpenschwindel）。鬱金香在當時還是剛從土耳其進口的新品種的植物，經過兩年的狂熱炒作後，一顆球莖價格已超過4,600荷蘭盾，

相當於當時四十頭肥牛的價錢。[14] 這種狂熱來得快，去得也快：有一天開始有投資人發現，一顆鬱金香球莖不過只是一顆鬱金香球莖，泡沫於是破滅。

如今回顧，鬱金香泡沫不過只是一則怪譚。雖然鬱金香熱毀了某些投資人，但對國民經濟並沒有造成重大危害，因此在荷蘭普遍被人遺忘。[15] 就這點而言，「鬱金香熱」顯然與每次都會造成巨大的代價的現代金融危機不同。那麼，其中的差異究竟在哪裡？

純就投機的技術層面，並無法解釋現今的金融危機何以嚴峻得多。套利交易與衍生性商品已經存在數千年。貨幣並未改變真實，而是倒反過來，但自1760年來，經濟擴張使投機事業產生了革命性的變化。實質的經濟成長激發了虛擬的想像力。

只要經濟幾乎或絲毫沒有成長，證券交易就會是一種零和賽局，此贏彼輸。此時金融衍生商品的交易雖極為巧妙，但並沒有增加可分配的價值，只是重新配置現存資產。鬱金香泡沫化期間，贏家就與輸家同樣多，因此在國民經濟層面上並沒有帶來重大損害。

但在全球經濟成長時，遊戲規則改變了。由於經濟擴張使盈利增加，資產也隨之增加，實質的價值揚升與純粹的投機不再有明顯區別，兩者的界線是流動的。當某位企業家投資新機器時，在某種程度上他也是在投機，他期待未來能有更多利潤，但這種預期的利潤並不保證能實現。投資決策事後也可能證明是錯的，可能和預期的不同，產能可能突然過剩，善變的顧客也可能琵琶別抱。

更危險的是，信貸的角色不同了。正如我們在第十一章所提到的，唯有當債務同時增加時，才可能出現實質成長，但這種機制會促使純粹的投機透過借款進行。對個人投機者而言，利用借款賭一場投資非常有利可圖，如此他便能靠著少數的自有資金賺進高額利

潤。

　　且讓我們提出一種假設性算法：A投資人相信B股票能「增值」
37％，一年後其價值可從100歐元變成137歐元。於是他便貸款
100,000歐元，買進1000張股票。如果他買的股票價格上漲，一年後
他無需動用到自己的一分一毫就能獲利37,000歐元，這種夢幻般的
回報不只是區區幾個百分比。而這種利用貸款提高自己利潤的操作
方式，專業術語叫做「槓桿操作」（hebeln，英語：leverage）。

　　只要其他投資人同樣以貸款買進股票時，這種利用借款進行投
機的方式可說是零風險。投資人共同抬高行情，形成一顆巨大的信
貸泡沫，大家卻沒有發現那是顆泡沫，因為大家都看到表面上自己
的資產增值了。因為投機者自欺欺人地認為，其資產的官方價值越
來越高，他們就會變得更「富有」。此時貨幣又被錯認為資本。投
資人堆起一座純粹由貨幣構成的金字塔，但卻以為購買股票或不動
產是在投資生產性事業。股票行情上漲，但實際上連一件商品都沒
有生產。而當大家發現這種真正的經濟產值與虛擬的金融資產兩者
間的歧異時，就會導致大崩潰，使資產價格崩跌。於是，每隔一段
時間便會出現撼動現代資本主義的危機。

---

**註釋**

1　亞里斯多德，2006年，1258b28–1259a16。

2　范・德・梅魯普，1997年，第209頁。

3　實際操作上，期貨交易並沒有以實物進行交割，因為這樣太費事。比如以期貨
　　賣出小麥的人，不會將小麥運給他的契約夥伴。由於期貨交易是透過證券交易
　　所進行的，對方可能住在極遙遠的地方。實際的作法是在這種衍生性交易即將
　　到期時「平倉」，賣家現在透過期貨交易買進他之前透過期貨賣出的等量小麥，

因此這純粹是一種金融交易，小麥實物則在當地以當天的價格出售。結果是，小麥賣家的期貨交易可能獲利也可能虧損，端視小麥價格在第一次期貨操作與平倉時的變化。但這種盈虧可能對小麥賣家沒有影響，因為他正好與小麥價格反向操作，小麥價格上揚，他第一次的操作價值較小，則賣家從出售小麥所獲得的利潤更多。反之，如果小麥價格下跌，則他在賣出小麥時會賠錢，但他第一次操作的期貨價值卻會增漲，最後小麥商得到的小麥價格，正好就是他利用期貨交易所要的價格。有關期貨交易的簡明解釋可參考舒曼，2011年，第18頁以下。

4 布勞岱爾，1982年，第49頁。

5 布勞岱爾，1985年b，第101頁。

6 布勞岱爾，1982年，第405頁。

7 維加，1994年。儘管德‧拉‧維加有資格宣稱他寫了史上第一本證券交易書，但1642與1687年時已曾發行過介紹股票投機的傳單了。（第101頁，附註1）

8 同前註，第50–51頁。

9 同前註，第78頁。

10 安德烈‧科斯托蘭尼（André Kostolany）所撰寫的緒論，收錄於維加，1994年，第16頁。晚近的研究試圖探討，有價證券的行情受證券交易本身的影響有多大——它與「基本面」脫鉤的程度如何。而十八世紀時顯示，只有25%到50%的行情變動源於船隻帶來的新訊息，50%到75%的行情變動純粹源自之前的行情變化。參見：彼得‧庫迪斯（Peter Koudijs），2012年。

11 布勞岱爾，1982年，第108–109頁。

12 同前註，第107–108頁。

13 史密斯，2008年，第104頁。

14 查爾斯‧麥凱（Charles Mackay），1995年，第77頁。

15 在關於荷蘭史的綜觀性論述中未見論及「鬱金香熱」者。參見赫爾曼‧貝里恩（Herman Beliën），莫妮克‧范‧霍格斯特拉滕（Monique van Hoogstraten）。鬱金香熱的時代並未留下關於鬱金香球莖真正價格的可靠數據，以及是否真的有這些金錢交易。有可能這些衍生性商品交易在泡沫破裂後根本沒有實際執行，那麼這些就只是純粹的虛假帳目，比較像是一種全民遊戲，而非真正的泡沫。

第四篇
資本的危機

第十四章
# 危機後就是危機前：
# 現代資本主義如何不斷陷入困境

經濟危機令人畏懼又惱人，沒有人想要。但這種想法並不全然公平，因為景氣放緩是由景氣繁榮而生。經濟危機證明了一個社會的富裕，因為唯有在富裕的地方才會出現不景氣。

1760年前的舊世界不曾體驗過現代意義下的經濟危機。相反地，當時的人對於自然束手無策，必須忍受饑荒與赤貧。《舊約聖經》中對這種經驗已有記載，在約瑟（Joseph）的故事中便曾描述埃及在七個豐年後遭逢七個荒年的情景。

在古希臘羅馬與中世紀時，即使是豐年，大多數人也僅能勉強度日。1500年，一名典型歐洲人的典型消費如下：他一年吃掉180公斤的麵包，喝掉180公升的啤酒。當時啤酒所含的酒精較少，堪稱是「液體麵包」。此外，再加上26公斤的肉、5公斤的奶油與乳酪和52顆蛋，而這些食品已經用掉當時整體收入的80%了。收入的5%用在取暖，10%用來購買蠟燭與燈油，剩下來的一點錢則花在肥皂與布料上。[1]

當時並非人人都能溫飽，80%以上的人口從事農業，收穫僅勉

強過得去。自古希臘羅馬時代以來，這點並沒有多大的變化，早在古羅馬時期就有80%的人口在田地裡辛勤耕作。

最後一次肆虐全歐的饑荒爆發於1846到1847年。惡劣的天候摧毀部分糧種，同時馬鈴薯青枯病四處蔓延，尤其以愛爾蘭的災情最為嚴重，成為十九世紀時人口唯一銳減的國家。1841年愛爾蘭人口約820萬，1901年銳減為450萬，至少有100萬人死於飢餓，其餘則遷移到美洲與英格蘭。[2]

此後，除非爆發戰爭，否則西歐糧食不再匱乏，唯一的例外是芬蘭。1867年芬蘭爆發最後一次饑荒，160萬居民中約有10萬人因作物歉收而死。[3]然而，資本主義不僅戰勝饑荒，甚至生產過剩，出現奶油多如山，牛奶深似海的景象。

此時，取而代之的是經濟危機與金融危機等新型態的危機，這兩種危機往往同時出現，但二者並不相同。我們先說明關於經濟危機的古典論述：馬克思與恩格斯發現，每隔一段時間經濟便會衰退，這顯然成了資本主義的本質。[4]在1848年兩人所發表的《共產主義宣言》中描述了這種奇特新現象的「週期性迴圈」（periodische Wiederkehr）：「商業危機期間，總是不僅有很大一部分製成的產品被毀滅掉，而且有很大一部分已經造成的生產力被毀滅掉。在危機期間，發生一種在過去所有時代看來都好像是荒唐現象的社會瘟疫，即生產過剩的瘟疫。」

馬克思與恩格斯指陳其中的重大關聯：古希臘羅馬時期與中世紀不可能出現生產過剩的現象，因為當時物資嚴重匱乏，無論糧食或衣物，任何一種新出商品立刻能找到消費者。現代經濟危機只有在多數社會大眾夠富裕，能捨棄消費時才可能出現。而商品因為找不到顧客而滯銷，這正是構成經濟危機的原因。這種商品銷售不出

去的現象，只有在食衣住等生活基本需求獲得滿足後才可能發生。

十九世紀還存在赤貧的現象，這正是馬克思與恩格斯所嚴厲譴責的。但與此同時，也有越來越多人能選擇是否要消費。這種從匱乏到過剩的變化，帶來一種從前的社會無法想像的現象：廣告。只要衣食一日不足，人們就不需特地吹噓，因為商品自己可以找到其買家。但只要出現資本主義式的生產過剩，顧客就是國王，必須給予他們禮遇。1854年恩斯特‧利特法斯（Ernst Litfaß）首度在柏林設置廣告柱，而1855年，第一家辦理報紙廣告的「仲介公司」也首度問世。

生產過剩經常導致銷售危機，人們於是開始思考，其中是否存在某種規律性。法國醫師克萊門特‧朱格拉（Clément Juglar）早在1860年便提出一種論點，認為危機會以七至十一年的週期出現，而一些後來的經濟學者如熊彼得等，則將此說予以變化、補充。時至今日，現代經濟仍然在成長與衰退間擺動，這的確是不爭的事實。看來資本主義似乎無法只呈直線式成長或持續維持在高檔，而總是在危機與繁榮之間動盪。

造成這種擺盪的原因，或許是因為人類是社會性動物，傾向於群體行為。當經濟繁榮時大家都看好景氣，這激勵了企業家投資並雇用更多的員工，於是薪資提高、價格上漲、銷售攀升、利潤上揚，世界看起來棒透了。但總有一天樂觀會轉為恐懼，開始有企業家擔心未來自家商品可能會銷售不掉，於是他們不再投資，轉而把錢留下來。結果經濟開始衰退，而衰退更強化了衰退，公司商品銷售不佳，於是開始裁員。這種現象又會反映到所有的消費者身上，連沒有遭到裁員的人也受到影響。於是，大家開始撙節度日，為艱苦的未來做準備，並奉行「沒有人知道將來會怎樣」的信條。

內需萎縮，更多的企業破產，更多的員工遭裁員，螺旋持續進行，而且愈來愈急速向下。但即使無人干預，總有一天危機也會結束。十九世紀便清楚體現了這種循環，因為當時的政府還不了解該如何控制危機，只是靜觀其變。有時他們必須等上十幾年，但有朝一日，景氣會因為足夠的企業願意從事新投資而再度好轉。

經濟危機很少單獨出現，大都會伴隨著一場引發大災難的金融危機。銀行通常承受得了一般性的經濟衰退，但是在經濟大好時，銀行往往不只提供真正的投資資金，也會放款給純投機事業。

史上首次的全球金融危機發生於 1857 年。自 1850 年來德國股市行情上漲了一倍，而全球有價證券行情也明顯上漲，這顯示出一種直至今日依然常見的模式：每逢一波投機熱潮興起，便會擴散到所有市場；人們不只操作股票，也會貸款購買天然的資源來囤積，等待價格上揚。1857 年 8 月 24 日，美國俄亥俄終生保險與信託公司（Ohio Life Insurance and Trust Company）宣告破產，這顆泡沫也隨之破滅。

危機從這家銀行蔓延到另一家，從這家公司擴散到另一家公司，最後美國破產的企業與信貸機構超過 5,000 家。這些破產公司許多原本體質健全。[5]但金融危機的特徵在於它會影響到所有的人，因為「償付能力」（Solvenz）與「變現力」（Liquidität）再也無法區別。

這兩種概念聽起來專業意味濃厚，但若想了解金融危機的過程，這兩個概念卻至關重要。無償付能力時，客觀來說，便是公司或銀行破產，因為其虧損大到公司資產不足以履行償付義務。變現力危機則是指在整體貨幣體系尚未癱瘓時，公司或銀行能輕鬆履行其償付義務；但遭逢金融危機時，則變現力經常會出現問題。因為大家都不信任自己的生意夥伴，都想保留現有的錢。而與此同時，銀行

顧客則擔心自己的資產不保，因此忙著擠兌，貨幣流通於是崩潰。

　　1857年美國還沒有中央銀行，恐慌失控蔓延，最後擴散到全世界。幾個月後恐慌便衝擊到倫敦，所幸英格蘭銀行做出了專業的反應：印製更多錢貸款給所有面臨窘境的銀行與公司，[6]使恐慌迅速平息。

　　這種作法相當簡單，直到今日央行依然運用這種對策來解除流動性的危機：當貨幣流通停滯時，會有大量貨幣湧入銀行。一旦恐慌平息，原先央行發放的緊急貸款到期，各銀行向央行償還恐慌期間的貸款，於是這些錢又會回歸央行。央行扮演的是「最終貸款人」（lender of last resort）的角色。[7]

　　但這種對流動性的救援，只救得了體質健全的公司和銀行，資產不足清償債務者依然難免破產的命運。這些破產的公司與銀行因投機失算，無法承擔損失，最後不得不進行清算。唯有在央行出手干預，平息投資人的恐慌時，才能區分出「好銀行」與「壞銀行」。萬一所有的投資人都出現恐慌性擠兌，那麼所有的銀行都將面臨崩潰危機。

　　1857年，英國人得到英格蘭銀行的援助，德國漢堡市民卻逃不過這個慘痛經歷。漢堡這座隸屬漢薩同盟的城市在當時已是「通往世界的門戶」，資助德國大部分的對外貿易。漢堡在全球流通的期票金額約為四億馬克，但在恐慌之下，這些期票出現無法兌現的骨牌效應。在國外的商人無法付款，因為他們的客戶與銀行同樣在等待付款，最後這些期票又回到了漢堡。結果數日之間，漢堡歷史悠久的公司全都無償付能力。[8]

　　但此時還有一種解套辦法：城市新貴同時也是漢堡市議員──當時漢堡尚未實施民主制度，是由世家大族治理──想到了一個既

合理又現代的構想，亦即由國家出面協助並提供貨幣，直到恐慌平息。當時漢堡既沒有中央銀行，也沒有轉帳帳戶上的現代帳面貨幣，因此錢是臨時湊出來的。漢堡城邦成立紓困基金，發行1,500萬馬克。其中三分之一由漢堡政府債券、三分之二由外國借來的白銀組成。起初，無論巴黎、倫敦、阿姆斯特丹、哥本哈根、布魯塞爾、柏林、德勒斯登或漢諾威，都沒有人願意向缺錢的漢堡提供白銀援助，只有維也納釋出善意，利用新興的鐵道由「白銀列車」（Silberzug）將重達90,000公斤、價值1,000萬馬克的銀條運往漢堡。數日後，漢堡的恐慌終告平息。[9]

　　對維也納人來說，這項「白銀列車」的救援行動也是一筆好生意，因為他們可收取6%的利息。[10]「白銀列車」如今看來既老派又浪漫，但這只是一種表象，事實上，當時的漢堡人與維也納人反應極為專業，有時甚至比今天的歐洲還要進步。在歐債危機期間，歐洲央行過了好久才發現它必須遏止恐慌對金融市場所造成的衝擊（參見第十八章）。

　　早在十九世紀我們便可看到，資本主義有多麼容易受到衝擊，因為1873又出現了一波全球性的金融危機。這次災難起於維也納，在短短的時間內，當地股票市值蒸發90%以上。此時國家再度出手：奧地利國家銀行（Österreichische Nationalbank）參與一項大型紓困基金以解救陷入險境的銀行。但隨後危機蔓延到紐約時，這次的危機便再也攔阻不了，因為當時紐約投資人對於鐵路公司的債券與股票過於樂觀，而美國的鐵道金主主要為英國人，因此這次的危機也擴散到全歐洲。[11]

　　1873年10月，位於德國柏林的奎斯托普聯合銀行（Quistorpsche Vereinsbank）崩潰，這家銀行如同當時眾多的銀行，也為當時景氣大

爆發的營造業提供資金。時至今日，每座德國大城市都還看得到所謂的創建區（Gründerviertel），提醒人們在德意志帝國創建前後不久，各地城市的發展有多迅速。當時到處都興建了低價的出租公寓，而這些出租屋面臨街道的那一面大都有著單調的石膏花飾，希望能稍微模仿貴族豪宅的氣派。

不動產投機由來已久，絕對不是 2007 年因為次級房貸（subprime mortgage）[11] 而爆發金融危機的美國銀行的新發明。而銀行業務彼此勾連、最後互相拖下水的現象也不新。奎斯托普聯合銀行與 22 家其他銀行業務相互交叉，[12] 導致後續更多銀行的倒閉潮，而影響到整體德國經濟。

1873 年德國的「創建者崩潰」（Gründerskrach）情況特別嚴重，因為之前瀰漫著一股非理性的激情。光是 1871 至 1873 年間就成立了900 多家股份公司，其中 100 多家是新開設的銀行。這些銀行不僅提供資金創造營建榮景，也放款給急速成長的產業。而這些企業中有許多熬不過這次的危機，其餘則遭受鉅額的虧損。在此我們不免要提出一個首次能部分回答的問題：這次危機究竟造成多少金融的損失？

著名的統計學者恩斯特‧恩格爾（Ernst Engel）曾是普魯士王國統計局局長，他著手研究這個問題，並算出 1872 年 444 家股份公司市值約 45 億 3,000 萬馬克，到了 1874 年底，這些公司的股票只值 24 億 4,000 萬馬克，有將近半數的股票資產蒸發掉了。[13]

但如此龐大的數字還不足以描述真正的損失，因為不僅股票行情下跌，整體實質經濟也陷入危機，薪資腰斬，物價下滑約 38%。時至今日，這種模式依然適用：一場金融危機真正的損失並非由銀行導致，而是由實質經濟萎縮、失業、營收惡化所造成的。

每當某顆信貸泡沫破滅時，大家就會尋找罪魁禍首或陰謀者，很快地懷疑便指向有投機者為了致富而蓄意破壞經濟。但這種觀點其實高估了銀行家與投資人的智力。搞陰謀是需要巧妙策劃的，可惜往往愚蠢便可引發金融危機。英國財經記者沃爾特・白芝浩（Walter Bagehot）在1873年時如此描述英國銀行的破產：「真正的犯罪情事極為罕見……疏忽的後果往往比詐騙嚴重得多：信心滿滿的經理人鑄下的錯，要比奸詐經理人的偷竊行為更令人畏懼。粗心的誤判遠比深謀遠慮的詐騙常見多了。勇於冒險又深信不疑的經理人願意承擔的損失，以及他出於善意而帶給自己的銀行的虧損，相較於用盡詭計行騙的經理所能隱瞞的，其大小簡直無法相比。」[14]

　　光是一名充滿信心的經理人，當然無法吹起投機泡沫並導致金融危機。這種狂熱必須蔓延到許許多多的投資人與銀行，才能推升行情。而為了滋養這種集體亢奮，就需要解釋如何使資產增值、具有說服力的「故事」。十九世紀時，鼓舞這種願景的「故事」便是鐵路、鋼鐵工業與城市設計。隨著經濟的全球化，這種狂熱也跟著全球化：金融泡沫在每個國家同時出現，於是危機也蔓延到了世界各地。1873年大蕭條之後，一直到1910年，股票行情才回復到當時的最高水位。[15]

　　1914年第一次世界大戰爆發，也對經濟帶來劃時代的影響。戰前隱約出現的徵兆，在戰後成了不爭的事實：經濟上的超級強權不再是英國與其子民，而是由美國接位，而接下來1929年的重大危機起於華爾街，也是必然的結果。

## 註釋

1　這份1500年的菜單在我們看來粗劣無比，但與其他時期相較，當時人們日子已經過得相當不錯了。1560年起，歐洲大部分的地區根本無肉可吃，每日只能靠麵包維生，因為人口大幅成長，糧穀根本不足。

2　歐斯特漢梅，2011年，第193頁。

3　同前註，第302頁。

4　馬克思與恩格斯並非最先注意到資本主義易生危機者。早在1819年，瑞士經濟學家西蒙‧德‧西斯蒙第（Simonde de Sismondi）便已發現資本主義可能導致生產過剩，生產出來的商品不一定都能銷售得出去。他的觀點直接反對大衛‧李嘉圖與後來的尚－巴蒂斯特‧薩伊。後二者認為每件商品都能找到其買家。懷疑這種論調的還有英國經濟學家托馬斯‧馬爾薩斯（Thomas Malthus），他在1814年寫給李嘉圖的一封信中，便已對商品會自己形成其需求，此一論點表示懷疑。

5　維納‧普倫佩（Werner Plumpe），2010年，第56頁以下。

6　當時金本位制實際上已經失去效力，英格蘭銀行才能發行200萬英鎊的紙鈔。但1797年時金本位制並未完全廢除，英國政府不過是直接允許英格蘭銀行加印錢鈔罷了。儘管這意味著個別紙幣的黃金儲備稍微降低，實際上並沒有人發現這點，因為英國人並未動念要把自己的鈔票換成黃金。

7　「最終貸款人」的概念在1797年首度出現於英國，而一如往常，這個理論也是出現在實務之後。十八世紀中葉時若有必要，英格蘭銀行便會提供流動資金。

8　普倫佩，2010年，第61頁。

9　韋勒，1995年，第95頁。

10　格哈德‧阿倫斯（Gerhard Ahrens），1986年，第85頁以下。

11　普倫佩，2010年，第64頁以下。

12　韋勒，1995年，第100–101頁。

13　同前註，第101頁。

14　沃爾特‧白芝浩，1873年，kindle版，position: 2168。

15　普倫佩，2010年，第69頁。

# 第十五章
# 資本主義的終點看似近了：
# 1929年以來的經濟危機

　　1929年爆發的大型全球經濟危機，是許多理論家至今仍在探討的議題，因為當時資本主義的終點看似已經來臨。儘管後來資本主義依然存活，但那一次的崩潰仍可視為「所有危機之母」，現代經濟有多容易遭到破壞的範例。1929年的教訓對今日的種種論辯影響依然深遠，這點從經濟學者討論時所使用的語言可見一斑：時至今日，經濟學家依舊使用當年發展出來的專業術語來闡釋危機。

　　這一次的全球經濟危機影響極為深遠，不同於以往所有的不景氣，它直接衝擊到政治，並改變了歷史長河的河道。英國史學家艾瑞克・霍布斯邦下面這段話絲毫不誇張：「絕對不會有希特勒，幾乎肯定不會有羅斯福（Roosevelt），而蘇維埃體制也極不可能成為舉足輕重的經濟對手，同時成了全球資本主義外的另一種選項……一言以蔽之，如果不了解這次經濟崩潰的效應，就無法理解二十世紀下半葉的世界。」[1]

　　這次的全球經濟危機並沒有停留在1929年10月24日的「黑色星期四」，[2]此後股票行情與經濟產值屢屢下滑。就今日來看，這點

似乎難以理解，這是之前從未有過的現象。之前所有的危機都只有單一一次的崩潰，隨後景氣便又回復。但這次全球經濟彷彿墜入了無底洞，當1939年第二次世界大戰爆發時，許多國家仍然深陷始於十年前的危機中。這究竟是怎麼回事？

　　儘管這次危機的進程難以理解，但有項成因倒頗為清楚：美國的富豪愈來愈富有，再也不知道錢該怎麼辦了。所有能買的他們都已擁有，他們的消費幾乎已經無法再提升了。富麗堂皇的別墅、奢華的遊艇、昂貴的汽車與成群的傭人，什麼都不缺，於是這些「少數的幸運兒」（Happy Few）便在華爾街進行投機，以累加資產。法國經濟學家伊曼紐爾‧賽斯（Emmanuel Saez）曾經計算過，1927年美國人最富有的十分之一，其收入佔美國國民總收入的46%強，而光是最富有的1%，便佔了經濟產值的24%。[3]

　　公司利潤大幅成長，受薪階級的實質薪資卻停滯，於是富者愈富。若無政治出手調控，這種社會不平衡是資本主義常見的現象。因為必須仰賴科技進展提高生產力，成長才有可能。但正是這種長期的效率革命使薪資與利潤失衡，最終導致危機。科技進展是資本主義的動力，但同時也是資本主義固有的最大威脅。

　　第一次世界大戰後，這種矛盾更為明顯。1919至1929年間，美國每名勞工的生產力提升了43%，[4]每名勞工製造的產品幾乎是十年前的1.5倍。為了避免生產過剩，薪資原本必須同樣提高，如此勞工才有能力購買大量新產品。

　　偏偏事實恰好相反：企業家樂見成本降低，並笑納科技革命帶給他們的額外利潤。反之，勞工薪資幾乎不動如山，結果很快就出現銷售危機。因為工廠主不願購買更多貨物，而勞工雖樂於購買新出的消費品，但錢不夠。[5]

最晚自1927年起，只有一個辦法可以擺脫這種矛盾，那就是肆無忌憚的投機。企業家與資本所有者坐擁龐大的利潤，卻不想投資於實體經濟，因為那裡缺乏群眾需求。但另一方面，龐大的利潤似乎在昭告著股市還有著名的「上升氣流」。以下的觀點似乎頗合邏輯：如果企業家的利潤增加，股票行情就該上漲！於是投機人士摩拳擦掌群起前衝——衝向深淵。

　　每一次股市激情的背後都隱藏著相同的問題：利潤受到錯估，因為企業經濟學與國民經濟學被混為一談。企業家不斷追逐利益，無利可圖的生意他們是不會做的。當見到收益上升，他們自然大為欣喜，這是公司所有者個人的大幸，偏偏企業家與股民卻認為，他們在企業經濟上的利潤對國民經濟也是一大幸事。推己而及人，人性本然，但這種推論卻是錯的。

　　高利潤總是非常危險，此時富人會節省他們的錢，如此則需求匱乏，於是對實體經濟的投資不再划算，唯有投機才看似能讓資產增殖。如今1927年時的警訊似乎再度出現，一如當時，當今最富有的10％的美國人，收入同樣幾乎佔美國國民總收入的一半，連2008年的金融危機也沒有傷到這些超級富豪一根毫毛。[6]

　　流入金融市場的錢愈來愈多，必然使股市行情向上飆升。1927年時情況也如此，而這又帶動這場賭局的第二個階段：投機客再度使用最受歡迎的技巧，亦即貸款融資使獲利形成槓桿效應。對此，華爾街的銀行研發出兩種新機構：共同基金與經紀人貸款。

　　投機客透過經紀人貸款買股，並將購得的股票寄存在銀行作為抵押。這種作法幾乎不需要自己的資金，只需繳交約10％的金額作為保證金（margin）。不過，在預期行情會下跌，可能產生損失時，銀行可要求追加保證金（margin call），但當時沒有人認為會出現這

種大災難，人人都堅信股市將永遠維持榮景。[7]

　　而股市表現也確實亮麗：道瓊指數（Dow Jones）從1921年8月的64點來到1929年9月的最高點381.2點，眾多的投機客都想分享這種暴利，導致股票不足。此時銀行適時發揮創意，發明了第二、第三順位的有價證券，與實體經濟完全脫鈎。

　　新興投資基金的介入，使投機性證券能迅速且無限增殖。乍看之下，這種生意還算穩靠：投資基金發行股份憑證（Anteilsschein），讓投資人認購，然後再以這筆資金購買股票。一般的投資基金大約會投資500到1,000家企業，看似分散風險，但實際上這些共同基金就如一棟晃動的摩天大樓，矗立在小小的地基上，因為投資基金進行了三次槓桿操作：首先，它們發行的股份憑證遠比它們買進的股票多。其次，這些投資基金也仰賴貸款籌資。第三，可想而知，投資基金也可能入股其他投資基金。[8]這是傳統的雪球體系，只要找得到新的樂觀投資客，願意把錢投入，這個體系就能維持。

　　這種極度樂觀者夠多了，在這波榮景的最後階段，連大企業都進場交易。因為股市似乎能帶來莫大的利潤，而相形之下，企業本身的營收則顯得龜速，於是許多企業當然會想到這種策略：它們借錢給華爾街，意圖使利潤最大化。大型康采恩於是成了變相的銀行，在1929年初發放的貸款就和正牌銀行同樣多。[9]如此一來，這個狂熱便成了一種循環：股份公司金援看好這些公司利潤將會提升的投機客，但這些股份公司（表面上）的利潤之所以提升，不過是因為它們借款給投機客。

　　崩盤勢不可擋，而如同每一次的金融危機總是發生在經濟放緩時，這時即使最樂觀的投機客，也無法漠視股市獲利不過是種表象。於是德國股市從1929年4月開始、美國與英國股市則於七月開始退

燒。[10]一如以往，投機客起初不願相信，實體經濟再也承載不了他們的空中樓閣，因此一直到1929年10月恐慌才爆發。

在各種普遍流傳的謠言中有一說認為，「黑色星期四」之後許多股票經紀人絕望地跳樓，在華爾街的鋪石路面上了結性命。但實情並沒有這麼悲慘，哈佛經濟學家約翰‧肯尼斯‧高伯瑞特地參考紐約市的死亡統計資料，發現1929年秋自殺率並未升高。[11]

第二樁謠言也應該終結：當時華爾街並沒有被那些儘管時機已經太晚、仍想把自己微薄的存款拿去投資的計程車司機或女傭所擠爆。即使在這波熱潮的顛峰，投資客數目也僅有一百萬人左右，但當時美國人口卻高達一億兩千萬。[12]

這次危機不同以往，股票跌勢持續了好幾年。1932年4月，道瓊指數滑落到41.2的最低點，89%的股票價值都蒸發了。但這還不算是最嚴重的損失，這場股災對實體經濟的傷害要嚴重多了：1929至1933年間，美國經濟產值萎縮三分之一，國際貿易萎縮三分之二，物價下跌25%，並且有85,000家美國公司破產，五分之一以上的美國銀行必須關閉，而此舉又導致800萬存戶失去了他們的存款。特別是失業率增加了，到最後每四名美國人就有一人失業。[13]

沒有任何國家不受這次的華爾街股災所波及，但德國受害最重。當時德國接受美國數十億美元的境外貸款。1929年美國投資人與銀行陷入危機，此時他們自然要收回這些貸款以填補自己的資金缺口，結果德國公司與信貸機構也跟著破產。

這些與美國交易的貸款，主要是德國在第一次世界大戰後必須支付的賠款，金額約在314億或1,320億金馬克（Goldmark）。[14]但我們不清楚德國最後真正支付了多少賠款，端視資料來自同盟國或德國而定，估計約在208億與677億金馬克之間。[15]但無論德意志帝

國究竟匯了多少款項，德國實際上並未擁有這筆錢，必要款項是來自美國。

　　假如德國想憑一己之力支付賠款，那麼德國就需要同樣高的貿易順差，但這是不可能的，英國或法國都不可能讓如此鉅額的德國貨物進入他們國內與他們的銷售地區，因為這會剝奪他們國內的就業機會。於是同盟國陷入兩難的局面：德國應該支付數十億的賠款，卻沒有機會在全球市場賺取這筆錢。早在1919年英國經濟學家約翰·梅納德·凱因斯（John Maynard Keynes）在一篇反對這筆賠款的憤慨論戰文章中便指陳這種矛盾。這篇文章瞬間爆紅，但對同盟國的政策卻未造成任何影響。[16] 德國既然無法靠出口賺到這筆賠款，唯一的辦法就是向同盟國借錢，以便再將這筆錢匯還給同盟國，亦即德國的賠款最後是由美國支付的，不過美國要到1930年代才發現這一點。

　　賠款並非什麼新鮮事，而是一種令人不快的傳統。1871年德意志帝國對法國的戰役大獲全勝，法國必須賠款50億金法郎（Goldfranc）。法國自然沒有這筆現金，因此提高國債，發行債券，由羅特希爾德銀行（Bankhaus Rothschild）在全歐銷售。這筆賠款的一半，亦即25億金法郎其實來自德國，因為法國被視為可靠的國家，德國投資人非常樂意將錢存在那裡。[17] 就此而言，德國人可說是把賠款的一大部分付給自己了。

　　但德國人並沒有發現這種循環，反而天真地相信法國的賠款讓自己發財了。他們堅信股價會持續上漲，結果導致之前我們已經介紹過的，1873年的「創建者崩潰」。人類一再犯下同樣的錯誤：他們認為貨幣本身有其價值，卻不了解，只有實體經濟才算數。

　　且讓我們再回到1929年爆發的全球經濟危機：最後德國官方的

失業人口達600萬人，但實際上很可能遠高於800萬人，也就是三分之一的人口。當時各工會同樣做了統計，結果甚至更嚴重，它們的會員只有33％從事全職工作，46％失業，21％只擔任鐘點工。[18]奧地利情況稍佳——儘管在這種沒有前景的情況下，實在稱不上「較佳」。1933年時，奧地利約有27％的人失業。[19]

美國與歐洲人簡直無法相信，如此可怕的貧窮會降臨到自己身上，因為工廠、勞工與有意願消費的人等這些條件都還在，為何無法相互配合？為何機器閒置、人們失業，人民沒錢？原本不該出現貧窮，應該是豐饒景象的，正如1933年美國新任總統羅斯福（Franklin Delano Roosevelt）在就任演說中所宣示的：「我們並未受瘟疫或蝗災侵襲……財富就在我們的門前。」[20]

但財富藏得很巧妙，羅斯福總統上任兩天後，就得關閉美國的所有銀行，因為銀行存戶將自己的戶頭提領一空，銀行破產。始於1929年「黑色星期四」的危機何以愈來愈形惡化？

為了尋求答案，首先我們必須了解，金融災難是如何跳過實體經濟而發生的。正如每天都在上演的，股市交易比較像是虛擬價值：德國股票指數DAX光是2012年便上漲了30％，但這種瘋玩股票的情況並沒有明顯提振大企業的產品銷售。2012年德國經濟成長率只有0.7％，股市行情與實體經濟大幅脫鈎，這種分流為何在股票行情暴跌時就變了調？

1929年，從股市到實體經濟的傳動帶，是金援投機熱潮的一座座貸款高山。之前我們已經說明過，當時投資人只需繳交借貸金額的10％作為保證金，便能申請到經紀人貸款。但在股票有虧損風險時，銀行可提高「保證金」，因此1929年大股災後，投機者必須追加現金——但他們沒有現金，於是投資人不得不出售股票與基金持

份。問題是：此時沒有人想買這些股票或基金持份，因為損失的風險太高了。有許多賣家，卻沒有買家，最後股市便崩盤了。

　　股票隨時可在股市賣出，被視為是流動性強的投資，因此成了銀行理專樂於推薦的商品。但在股市崩盤時，恰好也是股票，有如擺在金庫裡的石頭，缺少流動性，於是昨日還令人開心的資產此刻卻瞬間蒸發了。

　　或許有人對此表示幸災樂禍，這種反應固然可以理解，但心態卻是錯的。1929年的大股災顯示，這種後果會演變成失控的連鎖反應，而這也是此後的經濟學者所熱中探討的。一旦恐慌的投機客出售資產，實體經濟便會受到波及，因為當時投資人不僅認賠殺出他們的股票，也廉價拋售他們的汽車、房產或黃金等實體資產。凱因斯自己也屬於在1929年失去所有財產、不得不變賣資產與藝術收藏的投機客，只是當時沒人想買他收藏的亨利・馬諦斯（Henri Matisse）或喬治・秀拉（Georges Seurat）的畫作——就算有，開價也令人無法接受。[21]

　　由於所有的資產價格都下降，企業家很快便開始思考，自己為何還要從事生產。製造汽車反正毫無意義，昔日華爾街的天之驕子，如今不得不賤價拋售他們的財產，導致二手車市車滿為患。其次是拋售壓力持續不斷，因為債務陷入惡性循環，出售的有形資產愈多，價格就跌得愈凶；而價格愈是下滑，債務的名義金額維持不變，也就愈加無法清償。這種機制稱為「債務通縮」（Schuldendeflation），而債務通縮具有絕對的致命性。

　　1933年，耶魯大學的艾文・費雪（Irving Fisher）首度提出債務通縮。費雪在1929年預言：「股市行情看來已經持續來到高水位。」一時成為笑柄，不久大股災便出現，費雪本人也失去他的資產，但

他依然屬於他那個時代生產力最充沛也最有創意的經濟學者。儘管費雪是數學家,卻能不用任何公式簡明扼要地向當時人解釋債務通縮的矛盾之處:「債務人還得愈多,就欠得愈多。」[22]這是個愈來愈快速衝向深淵的旋轉木馬,想償還債務者必須出售自己的資產,但這些資產已失去價值,因為大家都同時想變賣自己的財物,而此時債務的水位並未改變,因此實質上債務甚至增加了。

結果許多投資個人只好宣告破產,而這種群體倒閉又衝擊到銀行。由於太多借貸無法清償,銀行同樣也倒閉。存戶自然會發現這些金融機構岌岌可危的情勢,而在恐慌下提領存款。到了銀行擠兌(Bank Run)時,就會導致許多銀行倒閉,特別是當時美國央行「聯邦儲備系統」(Federal Reserve System,簡稱聯準會)不願以「最終貸款人」的身分提供貸款來援助這些銀行。

債務通縮之所以危險,不僅因為它會導致共同基金與銀行嚴重的破產,也會改變原本健全的公司的投資行為。台灣經濟學者辜朝明(Richard C. Koo)稱這種效應為「資產負債表式衰退」(Bilanzrezession,英文:Balance Sheet Recession),此時企業的資產負債表自然會出現巨大破洞,因為資產價格會下跌25%至50%,債務的名義額度卻維持不變。[23]即使是謹慎的公司,在技術面上也會突然負債,因此目標只有一個:想儘快減少負債。於是捨棄所有非必要的投資,寧可將公司的持續性收入用來清償借款。

就個別的企業而言,減少負債是相當合理的,這種作法對整體經濟卻極具破壞性。這家公司的投資便是另一家公司的生意,於是經濟產值下降,形成「資產負債表式衰退」所表現的內涵:償還債務使危機益形惡化。

其次,不只企業開始減少支出,一般民眾也開始節約度日,不

再購物，希望為不確定的未來預做準備，或者想要辛苦償還借款。1920年代發明了分期貸款的辦法，希望刺激實質薪資並未增加的中產階級多多消費。然而，在失業者增加時，分期貸款便成了一種經濟負擔。

換言之，在美國不只投機客貸款融資使獲利「槓桿化」，美國的整體經濟也被人工吹大了。在1929年大股災前夕，美國的債務水平佔其經濟產值的300%，而今日美國的債務水平更高達350%，委實令人感到不安。

且讓我們再回到全球經濟危機：每逢嚴重的經濟不景氣，就會出現凱因斯所稱的「流動性陷阱」（Liquiditätsfalle）。此時利率雖然極低，卻沒有人願意借貸，因為人人都想償還原來的貸款。再者，這時廠房空置，營收下滑，即使名義上貸款不收利息，實際上也變得太貴了。

面臨「流動性陷阱」時，央行的貨幣政策若主張調降利率，最後勢必失敗。因為利率有個絕對底限，無論如何名義利率也不可能降到零以下，因為一旦如此，銀行存戶便立刻會提領存款，把錢塞在床底下。但利率如果在零以上，當經濟萎縮時，貸款絕對會太貴。對於央行所處的這種困境，有個極為貼切的說法，說央行是在試著「推繩子」（pushing on a string）。

如果連央行都束手無策，唯一能採取行動的就剩下國家了。但在全球經濟危機初始，各國政府都毫無作為，因為它們還固守國家財政收支必須保持平衡的觀點。如今隨著稅收遽減，支出自然也大幅下降，於是退休金被砍、公務員薪水降低，各種稅賦則上揚。

下猛藥的結果卻使危機更形惡化，許多保守派政治人物一開始甚至對此大表歡迎。他們認為大蕭條具有「淨化效應」。他們把經

濟想像成一座叢林，唯有最強者才能存活下來。同時，大蕭條被視為最後的審判，是在懲罰資本主義社會的道德腐敗。當時美國財政部長安德魯・W・梅隆（Andrew W. Mellon）就有一句話流傳著：「清算工作、清算有價證券、清算農場、清算地產……如此便能革除體制的腐敗，高昂的生活費與高質的生活水準便會下降，人民會更加勤奮工作，過著更道德的生活；價值又能再度受到重視，有才幹的企業家將取代無能的廢物。」

這種世界觀愈來愈不合時宜，即使保守派人士也發現，被扯進危機漩渦內的不只是無能的廢物，連「有才幹的企業家」也無法倖免。此外，當時多數國家尚未推行失業保險，大規模貧困的現象極其嚴重。最晚自1931年秋季起，許多經濟學者開始呼籲國家必須透過貸款並提高支出來干預這個現象。現在我們稱這種策略為「擴張性財政政策」（expansive Fiskalpolitik）。

凱因斯並非當時唯一了解，國家有必要在經濟上採行抑制景氣的金融政策的經濟學者，但他絕對是這種新策略最具分量的擁護者。他那部劃時代的鉅著《就業、利息和貨幣的一般理論》（*The General Theory of Employment, Interest, and Money*）儘管到1936年才出版，但在此之前，他已向各國政府建言，並在報刊上發表許多看法與文章。凱因斯的文筆言簡意賅又風趣，加上他不斷發表他的觀點，1932年夏天，德國與美國政策終於出現大轉彎。[24] 因此就歷史時程而論，認為新經濟政策直到1933年羅斯福總統的「新政」（New Deal），或希特勒（Hitler）的創造就業計畫才開始，其實不完全正確。

德國等了許久才捨棄殘酷的撙節政策，因此景況特別悲慘，因為大規模的貧困驅使許多選民選擇國家社會主義德國工人黨（Nationalsozialistische Deutsche Arbeiterpartei，簡稱NSDAP），希特

勒於是趁勢崛起。第三帝國之所以逐漸成形，錯不在於1923年的通膨，而是1929年的通縮。[25]

當時不乏專家的建議。1931年時便有相當多的企業家、銀行家、科學家與工會人士屢屢向當時的德意志帝國總理海因里希·布呂寧（Heinrich Brüning）建言，希望他貸款以推動經濟發展。他們多次計算讓他理解，為了配合經濟政策，政府如果貸款20至25億馬克，就可能刺激消費需求達80億馬克左右。[26]

可惜布呂寧堅持他糟糕的撙節政策，連當時的人都猜測他真正的意圖究竟為何。工會主席符拉迪米爾·伏丁斯基（Wladimir Woytinski）也是當時以貸款來刺激景氣的經濟政策制定者，後來他如此描述布呂寧：「他那自殺式的政策源自他的世界觀，他懼怕遏抑不了的通膨幽靈，不喜歡藉由創造就業來改善失業人士的生活。同時他也認為，公共建設計畫是德國負擔不起的奢侈。」[27]此外，布呂寧更固執地認為，靠著讓德國步入經濟災難可以擺脫令人痛恨的賠款。[28]

1932年5月，布呂寧遭帝國總統（Reichspräsident）保羅·馮·興登堡（Paul von Hindenburg）免職，接任的總理法蘭茲·馮·巴本（Franz von Papen）雖帶有獨斷的貴族式高傲，但還算相當務實，能看清必須儘速結束這次的經濟危機。接下來幾個月他支出30多億馬克資助公共建設與創造就業措施。[29]可惜為時已晚，1933年1月30日，希特勒終於成功「掌權」（Machtergreifung）。

在美國，共和黨籍總統胡佛（Herbert Hoover）同樣在1932年夏天放寬撙節政策，容忍財政赤字。但此時美國沒有成熟的對策，胡佛只是針對來自國會議員的壓力做出反應，而這些議員則在自己的家鄉受到選民施壓，要求政府必須出手終結這種大規模的慘況。直

到在選戰中允諾「新政」的羅斯福當政，才出現了有計畫的轉機。

　　「新政」是經濟史上測試經濟理論的天然實驗，因為在羅斯福就任後幾個月發生了一件奇蹟：1933年3月至7月間，儘管實際上幾乎還沒有任何作為，[30]美國工業生產卻幾乎增加了一倍。由於政策事先必須經國會同意，因此真正的刺激景氣措施要在後來才執行。但顯然光是預期未來需求會上升，便足以激勵企業家增加生產，從而刺激一定的景氣。

　　凱因斯在他的《就業、利息和貨幣的一般理論》序言中強調，純粹的期待也是一種生產要素。凱因斯寫道：「我們會看到，貨幣經濟是一種經濟型態，在這種型態下，對未來的觀點一旦改變，便能影響就業量。」[31]

　　這段有點晦澀難解的話意味著經濟理論史上一大革命，因為新古典經濟學認為經濟事件能運用均衡理論來加以詮釋，但「期待」卻無法以數學呈現，因此凱因斯本人雖為優秀的數學家，還曾獲得數學博士的學位，但他並不認為經濟能當成某種數學性質的自然科學，並以公式計算。凱因斯認為經濟屬於社會科學，因此他稱經濟是「一門道德科學」（a moral science）。[32]

　　不過，光是樂觀的期待當然不足以在美國激起穩定的成長，還須倚賴國家提供公共建設，方能實現企業家的願望。而羅斯福確實也做到了：在新政的各項計畫下共鋪設651,087英里長的道路，建造124,031座橋樑、125,100棟公共建築，設立8,192座公園並完成853座機場。此外還種植了30億棵樹木，改良8,440萬摩爾根（Morgen）的土地。[33]估計這些計畫加總起來，直接或間接為2,500萬人創造了就業機會。[34]

　　但新政不僅是一項刺激經濟的計畫，它同時也提高富人的稅，

以免這些新支出必須全部舉債支應。直到第二次世界大戰時，美國最高所得稅率已高達79%；到了1950年代更達到91%，遺產稅也攀升到77%。[35]這種激烈的稅政乍看之下像是一場無情的階級鬥爭，但眾所皆知，當時不僅沒有形成資本主義的末路，也未提倡社會主義，倒是美國經濟飆長，雖然企業家與股票持有者必須繳納高額稅款，卻雙雙受惠。從凱因斯身上，我們便可看出新政如何嘉惠富人：1929年大股災時，如同之前我們所介紹的，凱因斯資產大失血，甚至得賣掉所收藏的馬諦斯畫作。但到了1936年，他的財務又起死回生，資產已逾50萬英鎊，相當於現在的1,600萬英鎊。凱因斯一生熱中於股市交易，1932年他再次開始在華爾街進場交易，以最低價買進股票，而拜新政之賜，這些股票後來全數飆漲。[36]

凱因斯雖然是個富豪，有關他是「左派」的傳言卻甚囂塵上，而這些揣測多數並未提出進一步的根據，只是被視為自明之理，認為支持提高稅率的人一定就是社會主義者。然而，無論就社會學、理論或政治學層面而言，都不該如此簡單分類。凱因斯即使不玩股票，也能躋身英國菁英之列。他出身上流社會，這一點與亞當·史密斯、卡爾·馬克思、弗里德里希·恩格斯與約瑟夫·熊彼得相同。他們都成長於優渥的家庭，與貴族往來密切。[37]然而他們的家世也無法解釋，何以他們的理論迥異於他們的環境。

總之，凱因斯並不認為自己的觀點屬於左派，而是「溫和保守派」（moderat konservativ）。[38]他企圖修正資本主義，而非予以廢除。他贊成多收富人稅，並非出於充滿仇恨的敵意，而是為了保護資產。他意不在奪取富人錢財，而是要協助他們達成他們的利益。

這種體認與經濟理論中「節約的矛盾」（Sparparadox）現象有關。凱因斯正確地觀察到，富人傾向於節約自己大部分的收入。但節約

其實相當危險，因為這種習性會扼殺需求，從而扼殺經濟。如果人人都想儘可能保留最多的利潤，最後會導致企業家獲利縮水。就企業經濟而言有意義的作法，對國民經濟卻有害處。

　　個別的企業家無法擺脫這種矛盾，因此他們需要國家。政府必須利用徵稅削減部分有害的存款。凱因斯認為，國家具有一種並未受到應有重視的優點：國家不會把錢省下來，而是會立刻將稅收支出以刺激經濟。

　　因此對凱因斯而言，階級戰爭、貧富必要的對立等並不存在。他當然深深理解，剝削是廣泛存在的現象，而收入與資產的分配也極度不均，但他並不認為這些是資本主義固有的特質。恰好相反，財富集中是有害的，而且會阻礙資本主義，使之無法充分開展。因此凱因斯寄望於「食利者的安樂死」（Der sanfte Tod des Rentiers/euthanasia of the rentier）。[39]雖然他自己投資股票，但身為國民經濟學家的他卻非常清楚，如果金融資本力量過於強大，便會阻礙總體經濟（Makroökonomie）。

　　「總體經濟」是個關鍵詞，凱因斯是第一位脫離著眼於個別企業的價格與支出之微觀層次，將國民經濟視為一個整體，視為生產與需求的整體結構者。[40]從凱因斯開始，企業經濟學與國民經濟學這兩種學說才真正分離為兩種學科。在此之前，大家認為整體經濟只是其全體經營運作的總和，並且毫不質疑地認為，對個別企業有利的，必然也有利於國民經濟。反之，凱因斯則指出，將經濟視為整體，是依循有別於單一公司的規則來運作的。「總體經濟學」是凱因斯留給後世的不朽遺產。

　　凱因斯在他的《就業、利息和貨幣的一般理論》中深入探討其他經濟學者的觀點，但極少提及他們的姓名，而西爾維奧・格澤爾

（Silvio Gesell）便屬於其中的少數。凱因斯在書中對格澤爾有精心的說明，即使他對後者的分析不盡然贊同。後來有許多經濟學者在思考凱因斯在他這部著作，為何特別以幾頁的篇幅來介紹格澤爾這樣的門外漢。凱因斯當然不是恃才傲物的人，他也讚賞獨到的見解。

　　格澤爾是德國—瓦隆（Wallonie，比利時瓦隆區）裔的商人，自1887年起便在阿根廷生活，曾經歷當地重大的經濟危機。當時物價與營收持續滑落，而這場通縮也波及到剛剛在布宜諾斯艾利斯創業、販售牙醫及其他醫療產品的格澤爾。為此，格澤爾想出一種他自詡為「撼動世界的發現」的貨幣型態，這種貨幣型態足以終結通縮危險。格澤爾的對策稱為「縮水的貨幣」（Schwundgeld）或「生鏽的鈔票」（rostende Banknoten），也就是讓貨幣經由蓋章戳等方式定期微貶值，如此一來，沒有立即花掉這些鈔票就是一種虧本生意。這種逼迫性消費旨在刺激並穩定消費。格澤爾希望藉由這種縮水的貨幣，使貨幣不斷微貶值，進而製造人工通膨。[41]

　　從一開始格澤爾就有一大批粉絲，凱因斯也領略到這種盛況：「第一次世界大戰後，他的崇拜者便用他的作品猛烈轟炸我。」[42]這種熱潮並未消減，至今在所有探討非主流貨幣體系的運動中，西爾維奧‧格澤爾都深受喜愛。

　　他的魅力之所以延燒至今，是因為史上真有一座城市在大危機時成功採用了縮水的貨幣：位於蒂羅爾（Tirol）的沃格爾市（Wörgl）在1931年全球經濟危機尚未解除時，任命社會民主黨籍的米夏埃爾‧昂特古根伯格（Michael Unterguggenberger）為市長，他曾擔任過火車司機，是自學有成的人，在第一次世界大戰時已拜讀過格澤爾的作品，他認為維也納中央政府實施的強迫節約的措施完全錯誤，並且嘲諷地寫道：「這些措施的意義大致如下：我節約度日，赤腳

走路（這樣幫得了鞋匠嗎？）。我節約度日不旅行（這樣幫得了聯邦鐵路嗎？）。我節約度日不吃奶油（這樣幫得了農民嗎？）。」

沃格爾市將近四分之一的人失業，昂特古根伯格計畫建造一座橋樑、一道滑雪跳台並拓寬下水道，為失業者創造就業機會，並核發「勞動價值憑證」（Arbeitswertbestätigung）作為報酬。憑證上印有一、五或十先令的票面價值，每張憑證上頭都印有一句話：「紓困，給工作與麵包。」（Lindert die Not, gibt Arbeit und Brot.）此外，這種貨幣完全符合格澤爾的構想，人們必須購買印花票貼在這種貨幣上，因此貨幣價值會不斷減少。起初沃格爾市只有四家店願意接受這種區域性貨幣，但很快地這種貨幣就通行於當地所有的餐廳與商店。當稅收增加時，失業率就下降。這次實驗大獲成功，於是鄰近的城鎮也起而仿效，印製自己的貨幣。直到1933年11月，奧地利行政法院（Verwaltungsgerichtshof）判決這種「縮水的貨幣」違反奧地利央行的貨幣壟斷，「沃格爾奇蹟」才告終止。[43]

「沃格爾奇蹟」是一項史無前例的大成功，但它的成功果真來自縮水的貨幣嗎？這些新的先令紙幣有時必須貼上印花票，但此舉並非決定性因素。重要的是，沃格爾不再撙節，而是雇用失業人士修建橋梁、舖設下水道，當這些勞工有了收入便可以到餐館或鞋店消費。如果沃格爾市只接受以奧地利先令支付的普通貸款來雇用失業人士，同樣也能達到這種成效。重要的不是貨幣上的印花票，是強勁的需求力。

沃格爾市必須施行「勞動價值憑證」政策，因為位於維也納的奧地利中央政府也採用了布呂寧在德國推行的災難性撙節計畫。假如奧地利在1932年便由國家推行刺激需求政策，就不需要沃格爾市的貨幣實驗了。

格澤爾將正確的與錯誤的見解揉成一顆難以理清的理論團塊。他觀察到在重大經濟危機中物價不斷下滑後果極為嚴重，這是正確的。格澤爾自己曾經提過一個理由：如果商品愈來愈便宜，顧客就會留著錢不用，等待價格降得更低，如此將導致需求崩潰。格澤爾憑著直覺了解到通縮的問題：經濟萎縮時，利息本該是負數，但眾所皆知，利率頂多只能降到零，於是格澤爾想到在鈔票上定期繳納印花稅的辦法以創造出人工負利率。

　　但這個構想卻碰觸到一個凱因斯曾經指出的問題：不只鈔票是貨幣，幾乎任何物品都能當作貨幣，比如存款帳戶上的帳面貨幣、其他國家的貨幣、貴金屬或飾品。一旦對鈔票強制課稅，人們就會轉而創造其他替代性貨幣。[44]

　　此外，格澤爾也將貨幣絕對化了。他認為問題在於貨幣體系本身，不在不通暢的需求鏈。但後來的新政顯示，如果國家能充當委託人與投資者，就有機會解決通縮問題，無需發明新貨幣，推行財政政策便足以應付。格澤爾錯把通縮中的特殊案例提升為通論。他普遍不信任利息，並且和許多反利息者一樣，都誤以為利息會摧毀經濟。[45]

　　但經濟危機不只教導我們不景氣如何演進，也為我們上了一課，使我們了解金融危機是可以避免的。股市崩盤是因為投資人借款來投機，因此為了阻止新的資產泡沫形成，就必須阻斷這種借貸潮。1933年，美國國會決議採行關鍵性的措施：一般的商業銀行不得再從事以股票或債券擔保的貸款業務，也不得放款給股票經紀人。商業銀行只能從事當地可靠的儲蓄銀行業務，提供在當地登記的民間公司和住宅建商所需的貸款。但商業銀行也享有一種特權，可以加入新設立的國家存款保障基金（Einlagensicherungsfonds），在某家銀

行破產時，得以支付存戶的存款。該基金旨在防止危機發生時再度出現銀行擠兌的情況。

　　如此一來，銀行貸款就成了單調無趣但有保障的業務。至於投資銀行雖然依然存在，業務範圍卻大大縮水，衍生工具等許多金融商品幾乎全面禁止，也不得操作外匯投機，因為自1944年布列頓森林協定（Abkommen von Bretton Woods）以後，各國貨幣都與美元掛鉤，而美元又與黃金連結，兩者間的固定匯率為35美元兌一金衡盎司（Feinunze）。於是，華爾街的業務主要在企業想擴張時保管新股票與債券。然而，發行這種有價證券純粹是一種服務業，收費不特別高。投資銀行雖然仍可從事股票與債券交易，但股市交易清淡。「1949年一整年股票交易量只有2億7,200萬元，還不到現在一個上午的交易量。」億萬富豪亨利・考夫曼（Henry Kaufman）回顧他從前在華爾街的日子時如此說。[46]

　　儘管投資銀行樂於相信它們的「金融產業」刺激了經濟成長，但歷史告訴我們的卻正好相反。雖然放款業務遭到嚴格管制，但實體經濟在戰後一片欣欣向榮，所有西方國家都經歷了一場「經濟奇蹟」。銀行家魅力不再，社會地位自然也受到打擊。有一則普遍流傳的笑話稱銀行家是「3-6-3俱樂部」，意思是：「以3%的利息借入錢，以6%的利息借出，下午3點出現在高爾夫球場。」[47]

　　而曾經高得過火的薪資也已不再，法國經濟學家托馬斯・菲利朋（Thomas Philippon）精準地描述了二十世紀時銀行界的薪資如何下跌：1910年與1930年間，華爾街過得極盡奢華，銀行業的收入幾乎是任職於一般產業、受同等優良教育的工作者的兩倍。但在經濟危機後，這種多出來的報酬突然不見了，1930年至1980年間，銀行職員的收入變成和其他行業同樣多。[48]那時幾乎沒有任何大學生或明

星大學的畢業生想受雇於華爾街。其中一個例外是亨利‧考夫曼，他擁有博士學位，在1962年進入所羅門兄弟（Salomon Brothers）投資銀行任職。他曾說：「我可能是第一個擁有博士頭銜，進入華爾街工作的人。」[49]

只是金融資本主義這頭怪獸被馴服的美好年代已經過去，只要朝薪資排行榜瞧上一眼便能看到：自1980年來，銀行職員的收入回升為一般職員的兩倍，而在純粹的投資銀行，兩者的差距甚至達到四比一。[50]如同哈佛商學院的統計所示，華爾街再度成為每位年輕經理人的夢想。2012年哈佛畢業生有35%進入金融產業，25%選擇顧問公司，只有12%的人轉進一般企業的管理階層。[51]為銀行或對沖基金服務具有無可比擬的吸引力，在那裡一個菜鳥領170,000美元的年薪算稀鬆平常——哈佛大學再次在其閃亮光鮮的廣告手冊中宣傳此事。[52]可惜儘管有這些傳說中的菁英「入侵」，華爾街也沒有變得更聰明，正如破產的銀行雷曼兄弟（Lehman Brothers）所示：在雷曼兄弟破產前，有120名哈佛校友在那裡任職。[53]

哈佛校友以行動展現，他們的願望只是儘可能賺大錢。當他們一窩蜂擠進華爾街時，也顯示了這個金融中心再度統治了美國與世界。而當銀行又變得如此強大時，歷史會再次重演什麼呢？

---

**註釋**

1　霍布斯邦，1995年，第86頁。

2　歐洲人有時會稱這一天為「黑色星期五」，因為華爾街證券交易所關閉時，歐洲已經過了午夜了。此「黑色星期四」的股市行情最後甚至還止跌回穩，因為美國各大銀行合力買進大量股票，但這依然是崩盤的開頭。接下來的週一與週二股市行情再次崩跌，因此這兩天經常被稱為「黑色星期一」與「黑色星期二」。

3 伊曼紐爾‧賽斯,〈富者愈富:美國最高收入者收入演變史〉(Striking it Richer: The Evolution of Top Incomes in the United States),更新版加入2011年的統計,2013年1月23日,http://elsa.berkeley. edu/~saez/saez-UStopincomes-2011.pdf

4 高伯瑞,2009年,第175頁。

5 美國群眾購買力停滯,不只因為勞工實質薪資未提升,農業狀況也使問題益形惡化。因為農業也發生了科技革命,牽引機、化肥與新式育種技術等使生產力大幅提升,收穫量激增,糧食價格與農民收入明顯下滑,許多農場主負債累累必須放棄他們的農場,因此大多數人根本無力消費工業生產的新消費品。

6 賽斯,見註18,第1頁。

7 高伯瑞,2009年,第19頁以下。

8 同前註,第47頁。

9 同前註,第31頁。

10 金德伯格,1973年,第119頁。

11 高柏瑞,2009年,第129頁。

12 同前註,第75頁。

13 克里斯提安‧A‧康拉德(Christian A. Conrad),馬庫斯‧史塔爾(Markus Stahl),2002年,第487頁。

14 譯者註:金馬克是德意志帝國在1873到1914年間發行流通的貨幣單位,以取代德意志帝國統一前各邦國自己發行的貨幣。

15 金德伯格,1993年,第297頁。

16 凱因斯,2011年,第74頁以下。在這篇文章中,凱因斯也詳細估算過德國造成的戰爭損失,他的結論是:100億美元便足以賠償法國、英國與比利時(第54頁)。賠款規定使德國在1928年,也就是大危機前,吸收了半數的全球境外貸款(霍布斯邦,1995年,第91頁)。

17 韋勒,1995年,第98頁。

18 韋勒,2003年,第259頁以下。

19 馬庫斯‧馬特鮑爾(Markus Marterbauer),2011年,第38頁。

20 五〈我們唯一要害怕的就是害怕本身〉(Only Thing We Have to Fear Is Fear Itself),羅斯福總統第一次就職演說。 http://historymatters.gmu.edu/d/5057/

21 羅伯特‧斯基德爾斯基(Robert Skidelsky),2003年,第519頁。

22 費雪,1933年,第335–357頁。

23 關於「資產負債表式衰退」簡明清晰的導論,可參考辜朝明,2009年。

24 雖然凱因斯是位優秀的作家,能在報紙上將自己的理論闡述得令人信服,但偏偏他的《就業、利息和貨幣的一般理論》讀起來很吃力。直到今日,許多經濟學家依然抱怨這本書晦澀難懂。其中一些批評如下:「尤其第二篇簡直是場惡夢。」(斯基德爾斯基,2003年,第531頁)「大家普遍認為,這本書雖然基本卻幾乎令人難以理解。」(布蘭查德,2009年,第107頁)「一部複雜、組織差勁,有時又語意不明的作品。」(高伯瑞,1987年,第232頁)。

25 認為全球經濟危機與海因里希・布呂寧的撙節措施讓希特勒得以崛起,這種論調是不對的。威瑪共和國之所以受到危害,原因極多,包括一大部分菁英人士緬懷威權國家。儘管如此,錯誤的通縮政策是將希特勒推上權力之路的關鍵因素。

26 韋勒,2003年,第526頁以下。凱因斯在德國極受歡迎,因為他在1919年極力批評同盟國的賠款政策,他所有的文章德國人總是立刻捧讀。此外,韋勒指出,對德國人而言,要消化凱因斯的理論並不難,因為德國不同於英國,德國從未接受自由放任主義或自由貿易思想,德國這個遵循普魯士傳統、重視國家調控的國度享有極佳聲譽,因此在德國經濟學家眼中,國家必須調控經濟的觀點,並非全新的構想。

27 金德伯格,1973年,第183頁。

28 布呂寧對賠款的執著絲毫不理性,而且與經濟考量完全無關。當時一切都顯示,由於經濟危機的緣故,美國人願意接受較寬鬆的德國財務政策。(韋勒,2003年,第526頁。)

29 金德伯格,1973年,第185頁。

30 同前註,第241–242頁。但起初這種榮景並沒有持續下去。如果我們以1928年的商品產量為100點,則1933年3月的工業生產為59點,7月為100點,1934年7月只有71點,到了1935年年底再次達到100點,1936年時經濟情勢則一片大好。就此看來,期待可能過於誇大,但期待依然是經濟的重要引擎。

31 凱因斯,2008年,第8頁。

32 凱因斯在他的《就業、利息和貨幣的一般理論》中不免還是運用了公式,但從他在第20章開頭的註腳,可以看出他並不樂意這麼做:「那些(有理由)不喜歡代數的人,如果跳過本章的第一部分也無妨。」(2008年,第177頁)

33 譯者註:耕地面積單位,一摩爾根相當於台灣的一甲地。

34 辜朝明,2009年,第116頁。

35 保羅・克魯曼(Paul Krugman),2007年,第47–48頁。

36 斯基德爾斯基,2003年,第519、520頁。《就業、利息和貨幣的一般理論》最

易讀且最風趣的內容是第12章，這並非偶然。在這一章中，凱因斯藉由他身為股票玩家的經驗，將當時交易所的瘋狂景象描述得極為鮮明生動。

37 馬克思甚至還與一位女爵結婚，熊彼得的繼父則是具有貴族身分的軍官。凱因斯曾於伊頓公學（Eton College）就讀，並曾表示他們的家族可上溯至1066年諾曼人（Normannen）征服英格蘭，建立新貴族階層之時。

38 凱因斯，2008年，第236頁。《通論》內容雖然大多晦澀難解，但第24章倒寫得淺白易解又風趣。在這一章，凱因斯說明他的觀點何以是「溫和保守」。

39 同前註，第235頁。譯按：此處的「食利者」是指靠股息、利息、租金收益等生活的人。

40 斯基德爾斯基，2003年，第528頁。

41 格澤爾，2011年，第7–8頁。

42 凱因斯，2008年，第220頁。

43 沃爾夫岡・烏哈蒂烏斯（Wolfgang Uchatius），〈沃格爾奇蹟〉（Das Wunder von Wörgl），《線上時代週報》（*Zeit-Online*），2010年12月22日。

44 凱因斯，2008年，第222頁。凱因斯對格澤爾的批評，後者的粉絲大多避而不談，反而樂於引用凱因斯稱頌格澤爾的片段，其中一個典型例子便是為紀念格澤爾150歲冥誕，由維爾納・翁肯（Werner Onken）編纂的作品選集（參見第207頁）。

45 在此無法一一指陳格澤爾與類似的理論家所犯的思維錯誤。以下資料提供極精闢的分析：瓦特勞德・薛克勒（Waltraud Schelkle），〈經濟貨幣批判之主題〉（Motive ökonomischer Geldkritik），收於薛克勒，曼弗雷德・尼胥（Manfred Nisch），1995年，第11–45頁。

46 考夫曼，2000年，第21頁。

47 麥可・路易士（Michael Lewis），1989年，第98頁。

48 菲利蓬，阿里埃勒・雷謝夫（Ariel Reshef），2008年，圖表1。（http://www.nber.org/papers/w14644. pdf）

49 考夫曼，2000年，第88頁。

50 菲利蓬，雷謝夫，2008年，圖表2。

51 www.hbs.edu/recruiting/mba/data-and-statistics/employment-statistics.html

52 www.hbs.edu/recruiting/mba/docs/HBS_CPD_2012_2013.pdf

53 www.hbs.edu/recruiting/printready/statistics-alumni.html

# 第十六章

# 新自由主義的虛假勝利：
# 1973年究竟出了什麼事？

　　新時代始於一顆震撼彈──「尼克森震撼」（Nixon Shock）。
1971年8月15日，美國總統尼克森（Richard Nixon）片面宣布，美
國不再遵守每三十五美元隨時可兌換一金衡盎司黃金的國際協議。
二次世界大戰後布列頓森林協定規範的貨幣秩序從此失效。

　　促成這項決定的是一場新戰爭──越戰。自1965年起，美國大
規模地投入這場軍事行動，為了應付花費，美國政府增加舉債，加
印美鈔，很快地，美元的黃金準備實際上已不復存。[1]

　　少了黃金準備，想穩定匯率便日益艱難，歐洲各國的央行必須
經常干預並收購美元，以防美元貶值。反之，美國央行聯準會則採
取守勢，極少積極支持美元。其實美國聯準會應該提高利率，但它
卻將維護匯率的代價轉嫁給歐洲央行。這種美式利己主義的背後還
有布列頓森林協定（Bretton Woods system）撐腰：1944年討論貨幣
體系時，身為世界超級強權的美國得以使美元成為主導貨幣，其他
央行必須跟著美元走。

　　尤其是德國聯邦銀行更須時時干預並買進美元，因為德國馬克

儼然成了一種避險貨幣，無論投資人或投機客都非常清楚，總有一天布列頓森林協定的貨幣制度會崩潰，屆時美元勢將急速貶值，因此他們想儘快保障自己的錢財，將美元兌換成德國馬克。此舉持續推升德國馬克，迫使德國聯邦銀行不得不繼續買進美元，以將馬克匯率壓低。1973年2月12日，德國聯邦銀行終於受夠了，不再續買美元。此舉是個信號，美元因而暴跌，到了1979年時，美元對德國馬克的價值已經大貶一半。

一開始大家對美元的高速墜落只是聳聳肩，幾乎無人預見自由的貨幣市場意味著哪些危險。當時歐洲的政治人物大都感到慶幸，認為終於可以擺脫布列頓森林協定的束縛，並且天真地以為，等到美元修正完成，外匯匯率終究會回穩。新自由主義的主要人物如米爾頓·傅利曼甚至更進一步宣告大成長即將到來：「匯市的自由市場經濟也將帶來『經濟奇蹟』。」[2]

可惜他完全搞錯了：匯市的自由化立刻使工業國家的景氣深陷衰退的泥淖，演變成經濟史學家維爾納·阿貝斯豪爾（Werner Abelshauer）所謂的「小型全球經濟危機」。[3]布列頓森林協定的崩潰引發連鎖反應，其後果至今我們依然感受得到。

最先爆發的是1973年的「石油危機」。當時石油輸出國家不願坐視美元貶值讓它們的實質財產受損。1971年一桶原油（159公升）價格僅將近兩美元，假使美元再貶值，原油幾乎就免費奉送，於是石油輸出國家祭出它們的同業壟斷權以推升油價，到了1980年，一桶原油價格來到了歷史高點，超過35美元。[4]

工業國家原本認為原油價格將永遠低廉，因為它們依然抱持殖民國家的態度，認為發展中國家永遠只是弱小的原物料供應者，所以對原油飆漲的新情勢絲毫未做準備。結果戰後的經濟奇蹟急速畫

下休止符：1975年，德國突然有100多萬人失業，此後再也無法充分就業。

儘管如此，西德的危機還算緩和，因為德國馬克對美元升值，部分彌補了油價飆漲的力道。反觀美國與英國的後果則嚴重多了，兩國的貨幣大幅貶值，因此不只原油，所有的進口商品都變貴。難怪新自由主義在英美大獲全勝並且執政：1979年柴契爾成為英國首相，1980年雷根（Ronald Reagan）成為美國總統。這兩個國家陷入薪資與物價螺旋，因為工會實施錯誤的政策，不理解此次通貨膨脹屬於「供給震撼」（Angebotsschock），石油輸出國家調漲油價，其他國家基本上無計可施。但工會反而採取階級鬥爭，要求提高薪資以平衡物價上揚，結果英國勞工成本部分每年上漲逾30％，美國則約10％。[5]

結果造成嚴重的通膨，部分甚至持續數年。1974年美國物價上漲約12.3％，在第二次油價震撼後，1979年再度飆漲了將近13.3％。英國情況更嚴重，1975年當地通膨高達驚人的25％。

如今回顧，當年工會堅持高薪資實屬不智之舉，此舉導致停滯性通貨膨脹（Stagflation，簡稱滯漲），亦即經濟不景氣之下的通膨，結果勞方無論在訴求或經濟上都無法如願。且讓我們再回到這些理論的競賽：滯漲似乎顯示經濟無法以總體經濟的方式調控，凱因斯顯然錯了，因此多數選民自然押寶新自由主義這個選項，寄望雷根與柴契爾能帶領經濟走上自由市場。但實際上，這場危機與凱因斯的學說完全無關。他不斷提出警告，認為薪資若比經濟生產力強勁上漲，就會形成通膨。

此外，工會還欠缺經濟上的退場策略：通膨的百分比如果達到二位數，就無法不予正視。而可以預期的是，央行會大幅提高利率，

而此舉的後果同樣很清楚，經濟將萎縮，失業率勁揚，工會的權力則會減弱。工會促成對自己只會造成損害的貨幣政策，此舉無異於自掘墳墓。[6]

　　1979年10月6日，華盛頓終於也做出了反應：新任聯準會主席保羅‧沃克（Paul Volcker）限縮貨幣供應，致使基本利率上揚到20％，通膨率果然如願下降，但美國也經歷了二次世界戰後最嚴重的經濟危機。諷刺的是，當時美國總統雷根的措施堪稱沒有意識型態的包袱，他調降最高收入者的稅率、增加軍事支出，並製造龐大的預算赤字。在這些政策中屬於新自由主義的是片面嘉惠富人，其他做法則屬於古典穩定政策。

　　儘管雷根為實體經濟的發展加上「避震器」，沃克的措施在全球金融史上卻是個轉捩點：從此投機變得比投資一般企業更加有利可圖。[7]1980年開始，知名對沖基金經理人喬治‧索羅斯所謂的「超級泡沫」形成了。[8]這顆泡沫至今尚未破滅，只是在2008年以來的金融危機中稍微釋出一些氣體。（參見第十七章）。

　　這究竟是怎麼回事？想要了解沃克的干預，我們就必須知道，他是個貨幣主義（Monetarismus）者，對貨幣供應的療效深信不疑。因此，不同於之前的聯準會主席，沃克並未提出明確的利率目標，而是規定貨幣供應量，任憑利率自由波動。此舉形成的效果一開始似乎與前者相同，因為在通膨急遽上升時貨幣供應突然停滯，利率自然會上升。[9]

　　但對金融業而言，究竟是規定利率，或者如沃克的措施，規定貨幣供應量，但二者卻有著關鍵性的差異。財經記者麥可‧路易士在1985至1988年間任職於投資銀行，經歷過「沃克震撼」後華爾街的美好年代。他寫道：「債券投機的黃金時代就此展開……因為貨

幣政策的變化意味著，此後利率將急遽波動⋯⋯在沃克的演說前，債券是保守性投資，是投資人不想投資股市時資金的停泊港。但在沃克的演說之後，債券卻成了投機標的。」[10]

我們且先簡單說明這種機制：公司債或國債有一定的期限與固定利率，假使市場利率上揚，則債券行情下滑，因為相較之下，債券成了較差的交易；反之，若市場利率下降，則債券行情上漲，因此想利用利率變化從事投機生意的人，就必須從事債券交易。

對華爾街而言情勢更是大好：由於利率上揚，所有的美國儲蓄銀行都瀕臨破產。因為這些「儲蓄信貸協會」（Savings and Loan Associations）原本都收取相對低的固定利率並核發長期抵押貸款，這些儲蓄銀行都未意料到，基本利率會突然飆升。如此一來，這些銀行便面臨巨大的虧損，因為這些「儲蓄信貸協會」無法調升低的貸款利率，卻必須提供存款人高市場利率，以留住存款人，避免他們解除戶頭。

所有的存款人都知道，存摺上的錢是可以臨時解約提清的，美國銀行做的是「期限轉換」（Fristentransformation）的生意，將短期的客戶存款作為長期抵押貸款發放出去。這種作法屬於銀行業務，並不違法。而且如此一來，銀行使原本無法並存的變得能夠共存：存戶希望隨時能動用自己的存款，而貸款人卻希望能做長期計畫。但利率若突然上升，這種期限轉換便會出現問題，因為存戶會琵琶別抱，把錢存到條件最優渥的地方，因此這些「儲蓄信貸協會」必須提供存戶明顯高於自己所發放的抵押貸款利率的利息，才有吸引力，但這又是通往銀行破產的必然道路。

同樣可確定的是，最終納稅人必須承擔這數十億的損失，因為所有的儲蓄銀行都參與國家設立的存款保障基金。此時美國國會議

員立刻發揮創意，為了避免大規模的破產，他們允許儲蓄銀行肆無忌憚地投機，藉此擺脫利息損失。儲蓄銀行想從事這些新型活動，因此迫切需要華爾街投資銀行的協助。因為在此之前儲蓄銀行的業務僅限於所屬的州，只針對當地想蓋房子的人放款，並未從事過這種複雜的金融投資。

一夜之間，投資銀行佔領了之前它們無法打進的龐大市場，而且這個市場甚至還超過股市：1980年美國所有抵押貸款金額高達1.2兆美元，而如今這筆儲蓄銀行的龐大資金將任由華爾街操弄。

對投資銀行而言，其實抵押貸款極不具吸引力，因為必須先估算不動產與貸款人的償債能力，每筆建築貸款都很耗時費工。投資銀行不想碰這種瑣事，因為銀行員工沒有興趣親自前往郊外評估房屋的價值，因此他們轉而尋覓能將數千筆貸款合約整合成可交易的商品，而答案是「證券化」。[11]

將這些抵押貸款整合在一起，作為新證券的抵押品，這種經過證券化的債券便能輕鬆出售給投資人。不動產亦如其名，是無法移動的，但經過證券化之後，原來的不動產投資轉變成具高度移動性的有價證券，可以在全球各地進行交易。

證券化的作法本身並不新，德國的抵押債券也是一種證券化產品。而美國的創新之處在於它不要求任何安全標準。在德國，如果某家銀行發行抵押債券，便必須持續為這些債券擔保，並準備遠比其抵押債券的價值高的擔保。[12]反觀美國，銀行一旦出售證券化的債券，便不需再負任何責任，就連應該是它們用以作為擔保的抵押品往往也不可靠，因為蓋房子的人幾乎不必繳交任何自有資本。但如此一來，萬一借款人違約，就沒有任何安全保障，因為這些貸款向來是依據其票面價值進行證券化的。

如此一來便形成一種非理性的循環：第一階段，在高利率時期，美國儲蓄銀行的低利抵押貸款不啻是賠錢貨，它們亟欲擺脫這些貸款，因此將這些貸款廉價賣給華爾街。第二階段，華爾街將這些抵押貸款予以證券化，做成債券。第三階段，華爾街出售這些債券，而且——這是最值得我們注意的一點——往往再賣回給儲蓄銀行，於是這些儲蓄銀行又再度擁有它們曾經有過的抵押貸款，只不過這些貸款現在包裝成債券，而這種玄之又玄的循環只有一個用意，就是讓儲蓄銀行能隱藏它們的損失。[13]

甚至還有更棒的：儲蓄銀行的損失不只該隱瞞，在華盛頓的國會議員們還極力避免納稅人必須拯救這些破產銀行，因此儲蓄銀行獲准幾乎可以從事任何交易，連「垃圾債券」（Junk Bonds）都可以購買，為的是獲取投機利潤。

金融市場上有許多商品歷史極為悠久，但垃圾債券倒確實是全新的發明。發明這種產品的人麥可·米爾肯（Michael Milken）靠垃圾債券躋身億萬富豪，儘管他在1989年因金融詐騙遭到控告，至今依然擁有億萬身價。正如「垃圾債券」這個名稱所示，這種債券是信用評等機構評等差，認為風險過高，原本沒人想要的公司之垃圾債券，直到米爾肯才發現，垃圾債券可能比頂尖企業穩妥的債券還更有賺頭。

米爾肯的致富妙計來自一個簡單的觀察，但在他之前卻一直沒有人發現：購買「較穩妥」的公司債並不划算，因為其收益並不符合其風險；然而「安全性」恰好是個問題。「安全」必須以較低的利息換取，而且這種債券的信評只會往下走，因為頂尖就是頂尖，頂尖企業再也無法更好了，而且這種頂尖公司依然存在著可能陷入困境，而變成「墮落天使」（fallen angel）的風險。因此在米爾肯眼中，

這是笨蛋的交易模式：信評下滑的風險相當高，得到的利息又相當低。

反觀垃圾債券，吸引力就大多了：企業必須支付高利息，才能找到願意借錢給它們的人，況且這些公司的營運可能優於它們的名聲，那麼未來債券就有機會增值。儘管這些公司也可能無法償付，但這種情況的危險遠比許多人所想的要小得多。因為在企業付不出利息時，債權人就有權聲請強制執行，並要求公司辦理清算。而此時公司的價值往往高於其債務，即使公司破產，垃圾債券的投資人依然能從中獲利。

這招實在太高明了，因此米爾肯輕鬆就找到願意參與的投機客，於是垃圾債券市場迅速膨脹，1980年與1987年之間發行的垃圾債券價值為530億美元。但這樣還不夠，因為每家儲蓄銀行都搶著要垃圾債券，於是不得不創造加工式的新型垃圾債券。

為了提高垃圾債券的供給量，米爾肯研發出一種策略，而且直至今日都大大改變了企業界：他貸款進行惡意收購，而且他最愛攻擊在股市被低估、經營穩定的公司，將其中獲利的部分出售，再將貸款的債務轉到公司存留的部分。於是這些貸款現在果真成了垃圾債券，因為米爾肯有針對性地把一流公司變成了「墮落天使」。[14]

米爾肯自然不孤單，他的手法被其他投資銀行一再複製，「公司併購客」（Corporate Raider）於焉誕生。從英文字面意思來看，意思是「侵奪公司者」，可惜這個詞沒有恰當的德文翻譯——在德國成了含意不精確的「蝗蟲」（Heuschrecke）。

如今回顧，此種貪婪的新文化如此迅速形成，依然令人大感驚異。美國從1980年起才對金融市場解除管制，而區區數年後華爾街的變化便已如此明顯，連刻劃華爾街陰謀手段的書和電影都問世了。

電影《華爾街》（*Wall Street*, 1987）是其中最著名者，這項議題甚至還延伸到浪漫故事：在《麻雀變鳳凰》（*Pretty Woman*，1990年）裡，應召女與公司併購客陷入愛河。而這段愛情撫慰人心的副作用則是，某家歷史悠久的家族企業最後倖免於被瓜分的命運。[15]

不只債券——無論是垃圾債券或經過證券化的抵押貸款——成為投資銀行家致富的新投機標的，而且興起的金融衍生工具至少也同樣重要。本書第十三章已經介紹，金融衍生工具在古希臘羅馬時代早已存在，但主要是農民藉以避免價格大幅波動的手段。為此，1874年在芝加哥出現了第一家商品期貨交易所，1898年從該交易所更分離另組「奶油與蛋交易所」（Butter and Egg Board）。從這個名稱便可知那裡從事奶油、蛋與豬五花肉的期貨交易——期貨有時也會如此無趣。

但金融衍生工具的黃金時代，要到1973年布列頓森林協定制定的貨幣體系崩潰後才開始。一時之間，利率、油價與匯價都大幅震盪，許多公司必須確保自己不受影響：德國的出口公司想知道，三個月後當他們的美國客戶付款時，美元匯率如何；航空公司需要飛機燃油的估價基礎；而彼此議定支付條款的企業則希望利率穩定。現在不只糧食需要期貨合約，原物料、貨幣與信貸也都需要。因此，當政府對金融衍生工具的業務放行，很快就會對其他領域統統放行了：自1982年起，股票買賣也變成一種期貨。儘管這種作法不具任何國民經濟意義，純粹是投機行為，但在人們相信金融市場具有高度智慧的年代，這一點絲毫無損其魅力。

金融衍生工具的交易金額大爆發，而事實上「爆發」這個詞還不足以描述這個市場的成長速度。在此我們暫時跳到當前的情況：2012年12月金融衍生工具的場外交易，票面價值為632.6兆美元，

其市場價值為24.7兆美元。[16]我且說明一下：票面價值是指金融衍生產品的基本交易，市場價值指的則是經由這些賭局所形成的真正花費或利潤。金融衍生工具早已與實質生產力脫鉤，因為2012年全球經濟產值只有72兆美元。

金融衍生工具對投機客具有莫大的吸引力，因為運氣好時只需花少許資金，便有機會獲得高額利潤。但倒楣的投機客同樣可能蒙受巨大損失。財經記者麥可·路易士如此形容金融衍生工具：「賭場裡的超級籌碼，價值1,000美元，成本卻只要三美元；但在專業博弈界裡沒有堪與期權和期貨比擬的東西，因為真正的賭場會認為它們的風險過高。」[17]

如同所有的賭博，金融衍生工具是種零和賽局，其中一方所贏的，便是另一方所輸的。但此種交易可不像在酒吧裡玩撲克遊戲，到了第二天早上事情就過去，沒有什麼嚴重後果。金融衍生工具的交易不同於其他零和賽局，是會回過頭來對實體經濟產生影響的。玩家的賭注會扭曲行情，使行情劇烈波動，無論是原物料、貨幣或利率，儘管在真實世界中一切都未改變，所有的價格卻持續變動。套句德國銀行的用語：「金融衍生工具提高了價格變動性。」

行情變動是全然非理性且無人能預期的，因此一般公司被迫採取行動來對抗這種大幅波動。它們也會花佣金購買金融衍生商品，而這些佣金又再度流入銀行。就此而言，投資銀行不僅用自己的錢從事賭博性事業，還要向實體經濟收取某種特別稅，以保護自己免受銀行自身所造成的金融風暴的衝擊。

光是金融衍生工具的交易，就讓美國投資銀行在2012年賺進了近490億美元，其中93%的交易都集中在四大銀行。[18]銀行當然不只靠金融衍生工具賺錢，法國經濟學者托馬斯·菲利朋曾試算過，銀

行迫使其他經濟體不得不利用它們的服務,從中總共獲利多少,結論是:1980年「金融產業」的收入約佔美國經濟產值的5%,2010年時則高於8%。[19] 就現在來看,成長3%相當於每年增加4,700億美元。[20] 在這個世界上,投資銀行是唯一能操控自己的市場確保自己獲利的產業。光是這一點就足以證明,「金融市場」並非真正的市場。

投資銀行的員工可以賺到許多錢,因此他們大都自詡為天才,但這其實大錯特錯。並非因為每一位逐利獵人都精明又內行,獲利才如此豐厚;其中一大部分的收益主要是由投機泡沫膨脹而形成的。由於金錢以信貸形式灌進這個體系裡,從而推升行情與營收。這股金流首先會流經投資銀行,然後投資銀行再將數百萬、數十億的錢流導向自己。

從1980年金融熱潮開始時,便可看出投資銀行的員工不需具備多少知識。「在此之前從未有過這麼多毫無經驗的24歲年輕人,在這麼短的時間內賺了這麼多的錢。」路易士後來如此描述這個時代。他自己在所羅門兄弟任職時,也正是24歲的年紀,在此之前才剛完成倫敦政經學院(London School of Economicsand Political Science)兩年的學業。他寫道:「我一無所知,我從未管理過錢,自己從未賺過錢,也不認識任何賺過錢的人,只認識一些繼承遺產的人。但我卻自稱是卓越的金融專家,我告訴客戶,他們那數百萬的美元該如何運用——雖然我自己遇到過最嚴重的金融危機,是我在大通曼哈頓銀行(Chase Manhattan Bank)上的戶頭透支了325美元。我在所羅門任職的初期,唯一拯救我的,是我服務的那些人所知不如我的這個事實。」[21]

債券與金融衍生工具是當時華爾街的熱門產品,但當然也少不了股票投機。光是1982至1987年,美國道瓊工業指數就從776.92攀

升到2722.42點，對某些觀察家而言，這種集體淘金熱從一開始就令人不安，對此發出警訊者還包括投資銀行業者亨利·考夫曼。由於他不時提出大股災的預言，並對華爾街堆出的貸款高山提出警告，很快他便獲得「末日博士」（Dr. Doom）的稱號。每次危機爆發前都會出現這樣的警告者，20年後輪到經濟學家魯里埃爾·魯比尼（Nouriel Roubini）得到「末日博士」的頭銜，因為他預見了2008年的次級房貸危機。在經濟領域裡，歷史並非如馬克思所言會以鬧劇型態，而是以了無新意的拷貝方式一再重現。

此外，一般人不需要專家，也能預見大危機的到來。就連德國左派的《日報》(taz)，雖然不是投資人的報紙，卻在1987年一月刊出一篇嘲諷文章：「令人想起1920年代末對現實無感的投機熱。」[22]到了1987年10月19日，「黑色星期一」危機終於爆發，道瓊工業指數在一天內暴跌22.6%，這個紀錄依然保存至今，但這次暴跌大致上影響不大——至少在股市是如此。股市行情迅速回穩，到了1990年，道瓊指數便又重回原來的最高點。

但在股市之外，卻開始了一場再也不容漠視的大災難，許多美國儲蓄銀行不得不解散，並且進行清算。原來想將這些銀行從它們的利息損失「投機」出來的投機事業並未發揮效果，反而使這些銀行累積更多的虧損。在抵押貸款證券化的搧風點火下形成的不動產榮景，如今到處留下廢墟，因為這些新成屋與購物中心有許多都空置著。此外，「垃圾債券」也果真亦如其名，確實是一堆垃圾。發行垃圾債券的公司有一半都破產，同時將儲蓄銀行也一併拖下水。[23]「儲蓄信貸協會」的大規模破產最後耗費了1,530億美元，其中美國納稅人必須承擔1,240億美元。[24]這筆損失佔當時美國經濟產值的2%，相當於現在的3,250億美元。

然而，這筆帳並未將主要的損害包括在內：這些數以十億計的金錢損失，使位於華爾街的投資銀行成為新霸權。此後它們便成了確立全球遊戲規則的「全球龍頭」。儘管亨利‧考夫曼自己也從中受益，但這位投資銀行業者仍批評這種現象是「全球金融市場的美國化」。[25]

　　在美國的庇護下，從1980年開始形成一種新的遊戲秩序。此後，在金融賭場投機要比老老實實地生產商品和販賣來得更有利可圖，於是投機銀行成了世上最賺錢的企業。相形之下，實體經濟的利潤卻縮減了，於是大企業從中得出必然的結論：它們也要成為金融康采恩，例如通用電氣（General Electric Company）成立了自己的銀行「通用電氣金融服務公司」（GE Capital），這家銀行在德國也相當活躍，並且在2012年為整個企業帶來將近40%的獲利。[26]

　　投資銀行經營一項奇特的生意，它們把錢變成錢，只是改頭換面，把銀行存款變外匯、變股票、變債券，再換成原物料。[27]在這場不斷的變換中，原本不會形成價值或利潤，因為這是一場零和賽局。如果出現了巨額資產與獲利，這些錢要不是作為特別稅從實體經濟吸收，就是人為製造出來的。必須不斷有新的信貸流動，才能製造同樣持續「增值」的假象。

　　這種財富只存在紙面上，或更精確地說——以位元組的形式存在電腦裡。因為一個社會真正的財富，是由它每年生產的商品與勞務所組成的，這種經濟產值成長緩慢，但利用信貸金援的「超級泡沫」（索羅斯語）卻能使資產急速膨脹。

　　這種信貸機器運轉起來並不順暢無組，依據國際貨幣基金組織（International Monetary Fund，簡稱IMF）的資料，1970年至2011年間就發生過147次銀行危機、218次貨幣危機與66次的國債危機，[28]

但這些亂象大多發生在外圍國家，如拉丁美洲、亞洲或俄國等，華爾街依然風光無比，直到2000年才出現絕對反曲點。此後這顆「超級泡沫」已經脹大到了極限，隨時可能破滅了。儘管許多投資銀行家不願接受這個事實，但他們的時代已經走到盡頭了。

這座由投資銀行砌成的金融體晃動得有多厲害，只要與1929年比較，便清楚可見。當時所有美國股票的價值大致相當於美國一年經濟產值的1.1倍。這樣的比重已經太大了，否則當時股市就不會崩盤。到了2000年春，所有美國股票更強勁上漲，達到美國年經濟產值的1.7倍。[29] 堆成了這樣一座虛擬價值的金融大山，自2000年後美國政府與央行便只能盡力穩住這座山，以免大山崩塌，連帶壓垮實體經濟。

---

**註釋**

1　即使沒有越戰，黃金準備制也終有崩潰的一天，因為整體貨幣體系存在著「特里芬困境」（Triffin-Dilemma），這是1958年首度由比利時經濟學者羅伯特・特里芬（Robert Triffin）所提出的觀點，認為當全球經濟成長時就持續需要更多美元，以進行國際貿易，但美國的黃金儲備卻維持不變，使得黃金準備逐漸成為假象。

2　傅利曼，2002年，第23頁。

3　阿貝斯豪爾，2011年，第392頁。

4　油價大幅上漲不只是基於經濟考量，還包含了政治因素：1973年的贖罪日戰爭（Jom-Kippur Krieg）使石油輸出國家組織（Organization of the Petroleum Exporting Countries，簡稱OPEC）宣布對西方國家實施原油禁運，1979年出現「第二次石油危機」，因為伊朗的伊斯蘭革命使原油少了一個重要的供應國。

5　海納・弗拉斯貝克（Heiner Flassbeck）、史皮克，2007年，第174頁。

6　關於1970年代的極佳概述可參考塞巴斯提安・杜里恩（Sebastian Dullien）、漢斯約格・赫爾（Hansjörg Herr）、克里斯提安・克勒曼（Christian Kellermann），

2009年，第25頁以下。

7　關於自實體資本到金融資本，其權力移轉之詳細說明可參考史蒂凡・舒爾邁斯特（Stephan Schulmeister），2010年。

8　索羅斯，2008年，第93頁以下。

9　布蘭查德，2009年，第218–219頁。

10　路易士，1989年，第39頁。

11　同前註，第97頁以下。

12　德國抵押債券的「擔保界線」（Deckungsgrenze）是作為被證券化的抵押貸款之擔保品的不動產，其抵押價值的60%。

13　路易士，1989年，第122頁。經常有人以陰謀論來說明投資銀行的崛起，其中一個典型的例子是法蘭克・施爾瑪赫（Frank Schirrmacher）和他的書《自私：生命的遊戲》（*Ego. Das Spiel des Lebens*，2013年）。書中施爾瑪赫主張，投資銀行源於冷戰：蘇聯解體後，原有的核火箭大都被打入冷宮，因此核子物理學家找好另覓出路，於是他們來到華爾街，將他們在冷戰時期使用的數學模式轉用到金融投機事業，利用博弈論與某種「演算法」操控經濟生活（第81頁以下）。

　　然而，這種論調在時間和事件都弄錯了，從美國儲蓄銀行的歷史來看，投資銀行的崛起與冷戰或核子物理學家的操弄都無關，而必須從經濟環境與錯誤的決策加以解釋。雖然華爾街也有數學家任職，但他們主要負責計算不動產抵押貸款的違約概率或之後的期權的價值等，而不動產抵押貸款經常會導致危機，金融危機與投機泡沫一向是由於放款標準過度寬鬆所致，但「信貸」一詞在施爾瑪赫書中幾乎未曾出現，於是我們可推知，他並不了解他整本書中所要探討的資本主義運作方式。若想更深入了解施爾瑪赫的謬誤，可參考米夏埃爾・席曼（Michael Seemann）精闢的批判。席曼聚焦的重點不同於施爾瑪赫，他運用「大數據」（Big Data）來駁斥後者的論點。

14　路易士1989年的著作第254頁以下，對米爾肯與垃圾債券等有幽默又生動的介紹。另外，金德伯格，羅伯特・Z・阿利伯（Robert Z. Aliber）2005年的著作第74–75頁與172頁以下，對此也有概要的說明。如果在1980年代初依規定對儲蓄銀行進行清算或予以整頓，就只會花掉美國納稅人200億到300億美元（同前註，第175頁）。

15　有關1980年代華爾街的諷刺風情畫，可見於湯姆・沃爾夫（Tom Wolfe）的小說《名利之火》（*Bonfire of the Vanities*）。為了撰寫本書，沃爾夫花了六年的光陰研究其背景，包括亨利・考夫曼與麥可・路易士曾任職的所羅門兄弟。債券交

易員自詡為「宇宙主宰」（Masters of the Universe），構想便來自沃爾夫。

16 國際清算銀行（Bank for International Settlements），季報，2013年6月，圖表第 19：金融衍生工具場外交易之未收回餘額（Amounts outstanding of over-the-counter〔OTC〕derivatives），第A141頁。場內交易的金融衍生工具幾乎一點也不重要，2012年時其名義值為52.5兆美元，僅佔場外交易者的8.3%左右。參見：國際清算銀行，季報，2013年3月，圖表23A：場內交易之金融衍生工具（Derivative financial instruments traded on organised exchanges），第A146頁。

17 路易士，第191頁。用賭場來比喻金融界已有一段歷史，這種譬喻或許如同許多其他構想，也是由凱因斯發明的。1936年在凱因斯的《就業、利息和貨幣的一般理論》中可見下面一段話：「Speculators may do no harm as bubbles on a steady stream of enterprise. But the position is serious when enterprise becomes the bubble on a whirlpool of speculation. When the capital develop-ment of a country becomes the by-product of the activities of a casino, the job is likely to be ill-done.」（2008年，第103頁）為了終結這種賭場，凱因斯就已考慮過徵收金融交易稅。第一本名為《資本主義賭場》（*Casino Capitalism*）的書，作者為英國經濟學者蘇珊·斯特蘭奇（Susan Strange），該書在1987年出版，可知當時人很快便發現，從1980年代初金融市場的遊戲規則已經出現了莫大的變化。

18 美國貨幣監理署（Office of the Comptroller of the Currency），前述單位針對銀行交易與金融衍生工具活動所做的季報，2012年第四季（華盛頓，2013年）第1與7頁。

19 菲利蓬，2012年，第2頁。

20 現今美國經濟產值約為15.7兆美元。

21 路易士，1989年，第11與203頁。

22 〈美國在發燒〉（USA im Fieber），《日報》，1987年1月14日。

23 金德伯格、阿利伯，2005年，第75頁。

24 艾娜特·阿迪瑪特（Anat Admati）、馬丁·海威格（Martin Hellwig），2013年，第54頁。

25 考夫曼，2000年，第122頁。

26 http://www.ge.com/ar2012/#!report=2012-financials

27 舒爾邁斯特，2010年，第34–35頁。

28 路克·雷文（Luc Laeven）、法比安·華倫西亞（Fabián Valencia），2012年，第3頁。

29 康拉德，史塔爾，2002年，第488頁。

第十七章

# 始自 2007 年的金融危機：
# 讓銀行破產不是個好主意

二十一世紀的開始，伴隨著一種不尋常的現象：在短短七年間就出現兩次大危機，這兩大危機都起於美國，然後席捲整個西方世界。2000 年初「網際網路泡沫」（Dotcom-Blase）破裂，2007 年更爆發了「次貸危機」（Subprime-Krise），有史以來首度有兩次金融危機接踵而至，這種負面紀錄該如何解釋？

2000 年的危機還依循著我們熟悉的模式：投資人太晚才發現，他們高估了名為網際網路的「奇蹟」，所謂的「新經濟」（New Economy）實際上並不存在。當所有投資人都想辦法儘快將手上的股票出脫時，恐慌便蔓延開來。股票行情暴跌，德國 DAX 指數從 2000 年 3 月的 8,070 點，滑落到 2003 年 3 月的 2,204 點；美國情況也沒有更樂觀，美國股票資產減損超過五兆美元。[1]

美國聯準會立即做出反應，並持續降息到 1%。一開始這項貨幣政策似乎奏效，儘管股市大失血，美國景氣仍能維持溫和衰退。但在短暫休養生息後，2007 年 2 月便再度崩盤，這次破裂的是不動產泡沫。

始於2007年的金融危機之異常處，不只因為它緊接著2000年危機的腳步而至，更因為這是史上首度沒有任何可以理解的「故事」（Story），泡沫就形成了。1873與1929年的危機，是因為投機客押注在鐵路、收音機與飛機；1980年代的「垃圾債券」在當時對自由市場抱持的新自由主義信仰；而在2000年大危機前，人們至少還懷抱著網際網路與「新經濟」夢想。這些故事儘管都不實際，卻都讓投資人與投資銀行熱血沸騰。至於這一次，始作俑者投資銀行幾乎從一開始就很清楚一顆泡沫正在形成，一開始情況就不樂觀，但他們的反應卻無動於衷。

　　唯有在信貸流動時，泡沫才會形成。而這一次信貸之低廉是史無前例的，便宜到幾乎免費——至少對銀行而言是如此，因為基本利率只有1%，甚至還低於美國的通膨率，因此實質利率甚至是負數。至於銀行客戶支付的利息雖明顯增多，但對他們而言利率下降了，看來似乎值得申貸新的抵押貸款，或是以新債養舊債。

　　結果放款量爆增，達到前所未有的規模。2001年美國所有的抵押貸款規模為5.3兆美元，2007年為10.5兆美元。光看數字就夠驚人了，若從歷史做比較就更令人瞠目結舌：「在短短六年之中，美國家庭的抵押債務攀升之強勁，不輸給美國立國200多年來的演變。」事後美國眾議員組成的研究小組駭然提出說明。[2]

　　不僅信貸規模倍增，1996年至2006年間，不動產的價格也成長為近兩倍。當價格如此強勁上揚，往往是個警訊，因為若去除通膨因素，在正常情況下不動產市場幾乎沒什麼變動。從中期來看，房屋需求與供給會趨向平衡，房屋需求增加時就會建造新屋，因此房價相對穩定。在某些地點，如市中心區，房價當然可能持續上漲，因為蛋黃區的土地無法任意增加。但整體來看，一個國家的房價通

常是來回擺動的。1891到1996年間，如果將通膨考慮在內，美國房價只上漲了27%。[3]當房價自2003年起大爆發時，監管單位本應立即採取行動才對，而管理投資銀行的主要是位於紐約的聯準會。當時的紐約聯邦儲備銀行總裁提摩西‧蓋特納（Timothy Geithner）雖未能預見金融危機的到來，但仕途卻絲毫不受影響，前美國總統歐巴馬（Barack Obama）依然在2008年任命他為財政部長。

警訊其實夠多了，就連金融門外漢都開始感到不安。許多美國人也感覺到這股房市榮景高度不尋常。早在2004年1月與2005年夏季，在Google搜尋「不動產泡沫」這個關鍵詞的次數便增長了十倍，連美國媒體都注意到了這個現象，並且在2005年時提起這個詞高達3,447次。[4]而遠在大西洋彼岸的人也已察覺，美國正在醞釀下一場危機，自2005年起德國媒體開始討論，美國是否已出現房市泡沫。

官方機構也發出警告，包括國際貨幣基金組織與美國聯邦調查局（Federal Bureau of Investigation，簡稱FBI），後者早在2004年便指出，抵押貸款往往已經成為「騙局」，但美國人與歐洲人依然低估其中的危險，因為銀行界再次利用證券化的手法掩蓋風險。

在1980年代，證券化的作法已導致儲蓄銀行業龐大的損失，但這一點似乎沒有人想引以為鑑。至今大眾依然認為，金融危機彷彿是種經由全新的金融工具所引發的全新現象。這種觀念其實是錯的，起於2007年的金融危機大都「似曾相識」，而這種延續性有其履歷上的諷刺：20年後依然是同一批人在華爾街叱吒風雲，他們只是將儲蓄銀行危機時期的老觀念重新包裝而已。

第十六章所探討的證券化方法，將許多個別的信貸打包在一起，從而形成能在全球販售的新型有價證券。但光憑這種工具還不足以帶來這次的信貸榮景。為了使投資人願意購買這些垃圾債券，還需

要一種讓客觀上高風險的貸款變成看似安全投資的機制，其中的伎倆便是將這些債券依其信用評等予以「結構化」，分成三種券次：最下層是所謂的「權益券次」（Equity-Tranche），所有的風險都由此一券次承受，證券化資產池中的抵押貸款如果違約，其損失首先會由「權益券次」承擔；其次是「夾層券次」（Mezzanine-Tranche），最後則是「主要券次」（Senior-Tranche）。根據這種邏輯，「主要券次」是信評機構會立刻給予「AAA」最佳評等、固若金湯的投資。

這種證券化的第一級稱為「不動產抵押貸款證券」（Mortgage Backed Securities，簡稱MBS）。夾層券次的債券若因信評太差，致使投資人卻步，就必須將這些垃圾債券再次打包在一起，予以證券化，並分散到不同券次，這種更高等級的證券稱為「擔保債務憑證」（Collateralized Debt Obligations，簡稱CDO）。「擔保債務憑證」同樣分成三種信評，此舉具有神效，能使某種屬於「夾層券次」的不動產抵押貸款證券，瞬間躍升為某種擔保債務憑證的「主要券次」，於是同樣可獲得AAA的評等。透過不斷重新證券化，原來的風險悄悄消失得無影無蹤，垃圾投資標的於是翻身一變，被弄成看似一流的資產了。[5]

後來美國眾議院調查小組試圖理解某些擔保債務憑證的過程，例如「Kleros Ⅲ」是由花旗集團（Citigroup）進行結構化的。這些新債券是由價值9,750億美元的抵押貸款證券化打包形成，其中45%屬於劣等券次，信評等級極差；另外16%擁有中等信評，只有39%獲得優良的信評。但這些證券再次經過絞肉機轉動，就被包裝成新的擔保債務憑證券次，「Kleros Ⅲ」突然擁有最佳的AAA等信評了。[6]

這種對不同風險券次的信貸進行「結構化」作法也不是什麼新發明。1987年，麥可・米爾肯（Michael Milken）就利用這種手法為

他的「垃圾債券」動手腳。[7]這次的創新之處在於，透過名為「信用違約交換」（Credit Default Swaps，簡稱CDS）的信用違約保險，這種垃圾也能獲得保險。

但這種信貸保險同樣也不是什麼現代構想，早在十七世紀歐洲的遠地貿易商就已經在使用了。[8]這次不同之處在於，信用違約交換並非傳統的保險，而是一種金融衍生工具。信用違約交換發明於1990年代，對投資銀行而言，它具有一般保險無法提供的兩大優點。第一，信用違約交換不受保險監理單位管轄，因此無需準備儲備金，以便在出現損害時予以補救。第二，信用違約交換非常適合投機，因為無需真正持有號稱以信用違約交換保險的證券這種金融衍生工具，也能流通買賣。後來有種頗著名的說法，認為信用違約交換的應用，就像是將火險保到鄰居家一樣。

在抵押貸款泡沫初期，信用違約交換尚未被用來做為純粹的投機，而確實是為了幫垃圾債券保險。信評機構對此大表歡迎，認為如此一來，不動產抵押貸款證券與擔保債務憑證等似乎有了三重保障。經由證券化的原則，風險顯得大為分散；而不同的券次分法似乎也將風險分為不同等級，而且這些證券有許多都因為信用違約交換的合約而得以避險。

因此最佳評等雖然極為罕有，只有少數全球性康采恩才有資格取得，信評機構卻經常大方送上最佳評等。自2000年至2007年，穆迪信用評等公司（Moody's Investors Service）給予將近45,000種不動產抵押貸款證券與擔保債務憑證的抵押貸款證券化商品珍貴的AAA評等。即使是高獲利的蘋果電腦公司也未曾獲得最高評等，但穆迪卻對這類證券大方贈送。2006年時，每個工作天平均均有三十種證券化商品獲得最佳評等，[9]這簡直是輸送帶作業與高額報酬。

監理單位、信評機構與投資銀行業者都誤以為風險可以「分散」，但實際上風險並未減少，而是留在體系內，只是分配方式不同而已。再一次，企業經濟與國民經濟又遭人混淆了。透過保險，個體確實可降低自己的風險，但損害的整體蓋然性並不因此舉而有任何改變，只是從一個銀行轉移到下一個銀行罷了。

　　唯有持續不斷有新的信貸進來，這個信貸絞肉機才能發揮作用。起初推銷貸款還不成問題，因為許多美國人都有龐大的金融需求。自1970年起，美國人的平均實質收入幾乎沒有增加，但最富有的1%人口，收入卻增為四倍，每年可賺進上百萬元。[10]反觀美國中產階級，卻只能辛苦栽培子女上大學，或支付醫療費用，因此便宜的房貸有如及時雨，更何況房價上揚，看來並沒有什麼風險。

　　但光靠這些信用良好的顧客，還不足以生產夠多的信貸，並將它們證券化。此時，投資銀行將垃圾債券的構想用於房貸市場，並且向那些原本因為收入微薄、沒有能力購屋或償還貸款，被認定為「次級」的顧客強力推銷。事後「Ninja」（編按：在日文為「忍者」）一詞成了全球廣知的標籤，它代表的是「no income, no job, no assets」（無收入、無工作、無資產）。

　　投資銀行並沒有自己銷售這些次級房貸，而是交由房貸掮客處理。而後來調查小組提出相當謹慎的結論，認為這個瞬間爆紅的職業領域，其行為有時已屬違法：「出現了200,000名新房貸掮客，光是佛羅里達州至少10,500人有前科，其中4,065人被判決的不法行為包括詐欺、搶劫銀行、組織性犯罪與勒索等。」[11]

　　儘管技巧繁多，信貸供應量在2005年還是瀕臨枯竭。美國央行對債務大爆發開始感到憂心，因此再度緩步升息。於是美國人接受貸款就變得更貴，而這又導致不動產行情幾乎不再上漲。巨大的投

機輪圈轉動變慢，幾乎就要停下來了。

但投資銀行並沒有被嚇到，既然真正的信貸太少，那就得仿造，於是他們發明了一種新產品，叫做「合成型擔保債務憑證」（synthetischer CDO）。這種證券不像是真正的債務擔保憑證，不再由經過證券化的抵押貸款所組成，而只是由信用違約險所組成。而這些信用違約交換的金融衍生工具，會被綑綁成反映出擔保債務憑證的支付流（Zahlungsstrom），[12]因此是一種結構極為複雜的賭博。

從此開啟了投資銀行的美好年代。現在它們終於可以與真實世界脫鉤，再也不必為了購買個別的抵押貸款，將貸款打包、區分等級等往往耗時數月的繁瑣任務耗費心神。相反地，它們終於能在虛擬實境中創造真實的利潤。而這些利潤是真真實實的，因為其損失後來必須由納稅人承擔。

損失日益擴大，這一點最晚在2007年初發生14%的次級貸款付不出利息時便已顯而易見。失業的女性堆高機駕駛黛安娜・布琳明（Diane Brimming）的遭遇便是個典型例子：1998年她貸款在伊利諾州（Illinois）的奧爾頓（Alton）購買一棟小屋，並且在2003年聽信房貸掮客的建議，將這筆貸款重新分配並採用浮動利率計息。靠著這筆新貸款，布琳明才得以將她的車子送修並支付醫療費。但數年後，浮動利率卻從一開始的6.3%變成11.25%，每個月償還的金額也從414美元飆到691美元。雖然布琳明的整體貸款額只有65,000美元，她卻付不出這筆錢。[13]

2007年之間，次級貸款違約案件持續擴大，但大多數的經濟學家卻不擔心。國際貨幣基金組織的首席國民經濟學家奧利維爾・布蘭查德，當時正在為他探討個體經濟的典範級教科書進行第五版次的修訂，並暢談接下來的經濟情況可能如何，但通篇都沒有出現金

融危機一詞,反而對未來提出悲觀與樂觀兩種可能。無論前者或後者,他都說得雲淡風輕:「認為經濟會衰退的人,可以從營造業看到跡象:直到2006年,營造業發展都極為強勁,如今卻衰退……另一些人則樂觀看待,認為就算房價下滑可能導致營造業衰退,並降低消費,聯準會依然能調降基本利率以刺激需求,以防止景氣衰退。」[14]

　　眾所皆知,這種分析簡直錯得離譜,而且是兩種方向皆錯。降臨的不是小小的不景氣,而是全球經濟暫時性的崩潰。何以連著名的經濟學者都低估了其中的危險?

　　原因之一是,銀行虧損並不特別大。國際貨幣基金組織估計,抵押貸款證券化的虧損約為5,000億美元。這筆金額聽起來相當龐大,但實際上卻相當微不足道,因為銀行的全球金融資產約達80兆美元。[15]因此長久以來,許多經濟學家認為個別的銀行與基金破產只是個案,他們並未察覺,這是一種系統性危機。

　　還有另一種因素導致這種誤判,那就是危機的受害者永遠不是銀行,而是銀行的客戶。這次危機的代價主要轉嫁給屋主,這一點我們利用下面的比較就能清楚看出:金融危機吞食了美國將近11兆美元的資產,[16]而銀行的虧損卻只有5,000億美元。這11兆美元的損失當中,有一部分是虛擬的,只存在紙面上。房貸已經還清,而且沒有接受新貸款的人,在2006年之前可因為自己的房產大增值而慶幸,而在金融危機中,原來名義上的增值再次消失了,但實際上他並無損失。

　　事實上還是有許多屋主受到虧損。當房市大旺時,他們貸款買進價格過高的不動產,如今這些不動產的價值最多減少了30%,但貸款金額卻維持不變,一分一毫都得還。就技術層面來看,這些家

庭過度負債,但多數人依然苦撐著乖乖付款,獲利的是銀行,銀行只需將一小部分的實質虧損沖銷掉就行了。然而,剩下的5,000億美元卻讓許多銀行吃不消,進而引發全球性的金融危機。這究竟是怎麼回事?

有種解釋簡單得不得了:銀行的自有資本太少,少到無法抵消虧損。自有資本是由發行的股票與保留盈餘構成的,但大多數的銀行在這兩項幾乎都付之闕如,它們的自有資本往往只佔其總資產的2%,其他則是應付帳款,如客戶存款或其他銀行與貨幣市場基金的信貸。因此,銀行本身是高「槓桿操作」者,其行事風格有如投機客,企圖利用最少的資金獲取最大的利潤。

這筆最小的自有資本在結算時,大都經過美化,因為許多銀行還另外經營「影子銀行」。「影子銀行」聽起來雖然非常神祕,但它其實並不神祕,對這種為了投資證券化商品而設立的特殊目標公司,銀行業的監管機構其實心知肚明,但它們並不干預,反而容忍這些「管道」執行它們的表外業務。

銀行與貨幣市場基金當然很清楚,沒有任何一個金融機構擁有足夠的自有資本可抵消虧損,因此當最先一批次級信貸的違約情況披露後,銀行便立刻陷入恐慌。因為它們彼此借貸,沒有任何人清楚,哪家銀行持有哪些垃圾債券,也不知道這些債券究竟價值多少,因為不動產抵押貸款證券與擔保債務憑證中,有上千筆抵押貸款被綁在一起,到最後已經沒有人知道,屋主是否還在償付貸款,或者還在償付哪些貸款。由於證券化商品與信用違約交換等衍生性工具交易遍及全球,於是這次的金融危機立即席捲歐洲。

儘管如此,2008年9月15日這天若沒有做出後果嚴重的錯誤決定,或許可以大大降低金融危機的損害:債台高築的投資銀行雷曼

兄弟（Lehman Brothers）無序破產（ungeordnete Insolvenz）。這股震波不只擊沉眾多金融機構，也衝擊到了實體經濟。自第二次世界大戰以來，全球經濟產值首度呈現下滑。

這次由政治力促成的雷曼兄弟破產案，是一個有趣的案例，顯示政治菁英雖然有權力動用國庫，卻自己害自己。我們有必要再次回想當時的情景：共和黨人正與歐巴馬進行選戰，當時的美國總統喬治‧布希（George W. Bush）一定知道，經濟不景氣會將民主黨拱上政府寶座。與此同時，擔任財政部長的亨利‧鮑爾森（Henry M. Paulson）之前是投資銀行高盛集團（Goldman Sachs Group Inc.）的主席，白宮與華爾街的關係莫此為甚。

在此且容我挖苦一下：原本可以讓納稅人用稅金吸收虧損，以便讓私人得以繼續享受利潤，悄悄為損害畫下底線的。但在集體盲目下，他們卻決定犧牲雷曼兄弟，而接下來的事大家都知道：歐巴馬勝選，全球經濟嚴重衰退，銀行界也喪失了「宇宙主宰」的光環。

即使是亨利‧鮑爾森這樣的投資銀行業者，顯然也不了解次貸危機有多危險。雷曼兄弟反倒成了理想的測試案例，可用來測試如果讓某家銀行無序破產時，結果將會如何。雷曼兄弟是相對小型的機構，總資產只有6,910億美元，而且還是單純的投資銀行，沒有一般存戶的存款。華盛頓的政治人物認為沒有人會特別想念雷曼兄弟的，因此也忘了向歐洲各國政府提出警告。

如同我們所知，其結果令人大出意外。雷曼兄弟的命運激起一場金融大地震，因為現在開始「擠兌」，只是這次和1929年經濟危機時不同。當時為了搶救自己的錢而奔向銀行的是一般的小存戶，這次則是各銀行與基金彼此包圍，因為它們彼此交相借貸，現在大家都想確保自己的錢財，沒有人願意放款。結果貨幣市場崩潰，似

乎每家銀行都破產了。根據過去各種危機的經驗，我們知道在恐慌中，銀行的「償付能力」與「變現力」已經無法區分了。

為了中斷這種亂象，各國政府只有一個辦法，它們必須保障銀行存款，就連德國總理梅克爾（Merkel）都站在攝影機前向所有「存款人」保證：「他們的存款一定安全。」雷曼兄弟破產本該給予銀行警惕，結果銀行反而得到了某種綜合險。一個無序違約的案例就足夠讓各國政府相信，大家無法承受更多的銀行破產。

但傷害已然造成，伴隨雷曼兄弟破產而來的是實體經濟上的金融危機，因為通縮螺旋開始轉動了。結果正如我們在起於1929年的全球經濟危機所看到的：股市暴跌、投資延後、消費不振、放款停滯、失業率上升。2009年德國經濟負成長約5.1%，這是德意志聯邦共和國史上獨一無二的負數紀錄。[17]

這次經濟危機造成巨大的損失，單單德國在2009年與2010年的虧空金額就高達1,870億歐元，但這筆巨款並不像德國人民所想的那樣主要流向破產銀行，反而是用來支撐實體經濟。其中，刺激經濟方案便花掉了500億歐元，加上失業給付增加，稅收減少。[18]實際損失甚至遠高於此，比如150萬名短時工必須捨棄部分薪資，而這一點並不包括在上述的算法之內。

放任雷曼兄弟破產是個昂貴的錯誤，但顯然許多德國人至今並未意識到這一點。在現今的歐債危機中，普遍的要求同樣是，如果銀行無法承受自己的損失，就應該宣告破產。此時，保守的秩序自由主義與左派的資本主義反對者往往罕見地站在同一陣線：保守派向來未曾了解，「金融市場」並非市場，因此要求銀行應該像一般的企業，為自己的損失負責。反對資本主義者則無法理解，何以該拯救這些資本主義的「賭站」。

銀行的損失最終落到納稅人頭上，可以理解一般人為何對此憤怒。但正確的方法應該是拯救銀行，使銀行國有化，進而提高富人稅率，使受惠者付費。我們絕對不可以漠視起自1929年的經濟危機，以及雷曼兄弟破產後收集到的歷史經驗：「銀行擠兌」極為危險，因為實體經濟也會隨之土崩瓦解，不只富人大失血，受薪階級同樣會受到波及。與其放任銀行破產，不如拯救銀行，這樣會比由整個社會承擔來得便宜。請注意，是比較便宜，不是便宜。

拯救銀行一點也不好玩。在這點上，德國自2007年以來經驗已經夠豐富了，因為次貸危機的特點之一，便是許多垃圾債券落到德國的金融機構。尤其值得注意的是，在此之前，德國的不動產價格並未上揚。反觀愛爾蘭、冰島、英國、拉脫維亞、奧地利[19]及匈牙利等國家則悄悄製造自己的不動產泡沫，並且在次貸危機時破滅。德國卻屬於特殊案例，德國的垃圾證券都來自國外，德國銀行可說是以德國人的謹慎縝密，為自己「進口」了危機。

正如2007年夏天以來逐步顯示的，幾乎整個德國銀行業都潰不成軍。最先崩潰的是七月時位於杜塞道夫（Düsseldorf）的小型銀行德國工業銀行（Deutsche Industriebank AG，簡稱IKB）。這家銀行的總資產只有640億歐元，其所造成的損失卻極為龐大。到現在，其資本重組花掉了納稅人近一百億歐元，其餘十四億歐元則由德國銀行公會籌集。從花費與總資產的比例可清楚看出，工業銀行幾乎純粹由垃圾證券構成。

諷刺的是，這些垃圾是工業銀行在國家監管下購進的。工業銀行有38％屬於國營的重建信貸銀行（Kreditanstalt für Wiederaufbau，簡稱KfW），因此工業銀行的監事會中也有一席德國聯邦財政部（Bundesfinanzministerium）的代表。當時的代表約爾格・阿斯姆森

（Jörg Asmussen）後來官運亨通，現在是歐洲央行執行理事會（Direktorium）的一員。

阿斯姆森及德國聯邦財政部應該要知道工業銀行的運作情形，因為該行在其年報上大力宣傳他們的「國際化」，並詳細介紹其「證券化營業內容」與「國際信貸投資組合的投資機會」等。[20]

德國工業銀行破產只是個開端，因為許多德國銀行都大方買進毫無價值的證券化商品。2007年夏季薩克森邦邦立銀行（SachsenLB）無償付能力，接著2008年隸屬北萊茵－威斯特法倫邦的西德意志銀行（WestLB）、巴伐利亞邦立銀行（BayernLB）、巴登－符騰堡邦立銀行（LBBW）及漢堡邦立北方銀行（HSH-Nordbank）都相繼倒閉。不只公立銀行受到衝擊，私人銀行的情況也同樣淒慘。地產融資抵押銀行（Hypo Real Estate，簡稱HRE）倒閉了，不久前才與德勒斯登銀行（Dresdner Bank）合併的商業銀行（Commerzbank）也必須接受協助。至於德意志銀行（Deutsche Bank）之所以能存活下來，純粹是因為它從美國獲得救命的數十億援助。[21]

拯救這些銀行有多昂貴，到目前為止還沒有人能說得清楚，因為許多垃圾債券都轉到了壞帳銀行（Bad Banks）。經濟學者馬丁・海威格估計，光是德國這些邦立銀行的資本重組，其花費就可能超過500億歐元。[22]

德國各銀行進口這麼多的毒債券並非巧合，其實是德國貿易順差的反面。長年以來，德國企業出口到國外的商品比進口的多得多，貨幣過剩所產生的存款有待投資，因此德國人成了全球的債權人，這必然使他們在金融危機中受到特別大的衝擊，[23]下一個危機也已經山雨欲來：歐債危機中，德國的金融資產受創最大（參見下一章）。

為了避免未來金融危機再現，工業大國於2008年創造出順口溜

式的說法，認為「任何金融機構、金融操作員與金融商品」（kein Finanzplatz, kein Finanzakteur und kein Finanzprodukt）都不該持續不受整頓，但這項方案卻一敗塗地。2010年，美國匆匆推出「陶德—法蘭克法案」（Dodd-Frank Act），該法案雜亂無章，因此華爾街依舊能肆無忌憚地投機。[24]其他國際協議也都不具成效，尤其嚴重的是，並沒有任何明文規定銀行自有資本必須明顯提高。根據巴塞爾資本協定三（Basel III），[25]到了2018年，銀行自有資本只提高為總資產的3%，實在少得可笑。而下次再出現金融危機，銀行又會再度破產，必須由國家出手相救，因為它們的損失緩衝器根本不夠力。

「自有資本」這個概念看似無聊透頂，但銀行界將他們的利益遊說力量聚焦在這個議題上，自然有其道理。對銀行界而言，利用外來資金操作的業務深具吸引力，因為這幾乎是無本生意。存款人與其他投資人只要有些許利息便心滿意足，因為他們知道，他們不必承擔任何風險，萬一銀行破產，國家就會出手拯救這些銀行的信徒。假如銀行是一般企業，沒有國庫紓困，銀行支付的利息就必須高出許多。由此可知，銀行業其實得到了間接補助。2009年時，這種全球補助款已高達2.3兆美元。[26]

這種間接補助也說明了，銀行界的薪資與紅利為何遠遠高出一般企業。難怪他們的利益遊說團體極力反對提高自有資本額。自有資本額若提高，業務就變貴，因為銀行破產時，存款人跑得掉，股東卻跑不掉，因此必須分攤損失，也無法獲得國家賠償。[27]由於存在這些風險，因此股東都想得到比存款簿利息更高的股息，於是銀行家看到的是恐怖的因果關係鏈：如果自有資本提高，銀行就必須發行更多股票，而此舉意味著發放的股利增多，如此一來銀行業者的分紅勢必降低。因為銀行利潤只能分配一次，分給股東的就必須從

銀行管理人員那裡刪除。

　　難怪銀行的利益遊說團體總是宣稱，大幅提高銀行自有資本是不可能的。但從歷史來看，這種說法是錯誤的。1990年代銀行的自有資本平均佔公司總資產的10％，而在十九世紀時更高達40％至50％。[28]因此經濟學者馬丁・海威格建議，銀行自有資本應該提高到30％，如此未來銀行才有能力自行承擔損失，國家也不需一再出手紓困。[29]我要再次強調：銀行沒有任何理由獲得2.3兆美元的間接補助。

　　然而，單單提高自有資本率，還不足以遏阻銀行從事投機事業並製造泡沫，銀行依然會持續發明各種沒有人懂的金融產品。銀行業的創意源源不絕，這一點從各種金融衍生工具可見一斑：第一部金融衍生工具的評論性辭書在1989年出版，篇幅多達700頁；到了2006年金融危機爆發前夕的相關辭書，篇幅更攀升到將近5,000頁。[30]

　　這種不透明的亂象，除了造福銀行，別無其他作用。若想要保障農民與企業，避免農穫、原物料、利息或貨幣的價格波動過大，只需要標準化的表格便可達成。再者，要求銀行作業透明其實不難，只需規定所有金融衍生工具都必須透過證券交易所買賣，亦即透過場內交易，如此一來標準商品自然能佔優勢，因為這類商品才適合廣泛交易。可惜目前衍生性商品的主流還是雙邊買賣——經由「場外交易」（over the counter）來進行，由兩家銀行彼此交易，並且任意發明各種高度複雜的金融商品。

　　金融衍生工具極為複雜，因為複雜的商品才賺得了錢。反之，標準商品幾乎沒什麼賺頭，因為此類商品彼此很容易對照比較，最後顧客總是對最便宜的銀行趨之若鶩。在此我要再次重申：單單

2012年這一年，金融衍生工具就為美國的銀行帶來490億美元的收益。其利益遊說團體自然要竭力搶救這塊肥肉，而最後他們也確實成功了。在「陶德—法蘭克法案」中，幾乎所有的金融衍生工具都不受場內交易的限制。[31]至於歐盟則尚未做成最後的規定，其規範力想必也同樣薄弱。[32]

若金融衍生工具持續不受監管，後果便極其危險。它們不僅會因為被當成「槓桿工具」，以最少的資金投機獲取最大的利潤，而刺激金融危機；而且還會因為全世界的銀行彼此直接或間接透過雙邊的場外交易，彼此緊密糾結，以致每次金融危機都會延燒全球。如前所述，場外進行的金融衍生工具交易，其票面價值高達632.6兆美元，而目前沒有任何人清楚有哪些銀行參與這些合約。因此小銀行也可能引發金融大地震，到最後每家銀行都「牽一髮而動全身」，而必須拯救。因此，場外交易的金融衍生工具不只是槓桿工具，還是一種壓制工具，強化了銀行對社會勒索的可能。

金融衍生工具不只是引發、挑起金融危機的助燃劑。聽起來或許十分奇怪，但我們若只把金融衍生工具視為是大危機的源頭，其實還淡化了它的嚴重性。即使目前還看不到金融危機的徵兆，放任金融衍生工具的投機行為不加監控，也會成為大問題。正如第十六章所提，金融衍生工具強化了行情震盪，使銀行得以從實體經濟收取類似特別稅的利益：農民和企業為了自己的投機買賣而製造出來的商品，而不得不利用這種銀行，以避免受到價格大幅波動的影響。無論是原油或貨幣，這種寄生型商業的模式既可惡又昂貴，若標的物為食物，甚至可能危及生命。由於投機客週而復始地推升小麥與玉米價格，導致上百萬人死於飢餓。由此來看，若說金融衍生工具是殺人工具，並不為過。[33]

大肆操弄糧價的投機事業還相當年輕，其歷史不過約十年之久。在此之前，進出期貨市場的主要是農民與農產品商人，其目的在降低農穫風險。但如今真正的生產者卻成為少數，80％的期貨交易都是由投機客操作的。

　　從下列的現象，我們可看出銀行與對沖基金的控制權有多大，而這個現象只在乍看之下才令人感到訝異：現在活牛的期貨價格與股票走勢是連動的，[34]糖與小麥的走勢也一樣。在一般生活中，牛肉供應量與大型企業的股利率毫不相干，但這些「基本面」在證券交易所已經毫無影響力，在那裡重要的是投機客的羊群效應。當行情熱絡時，所有金融領域的價格一起上揚，於是股票就和原油、小麥、糖或牛肉的期貨合約一樣，全都變貴了。

　　至今我們仍無法遏止對糧食的投機行為。[35]這點不只顯示銀行的力量有多大，也顯示銀行有多脆弱。金融泡沫已經膨脹到了極限，因此銀行業對任何業務領域都不願放棄。金融泡沫已經膨脹到無法再膨脹，因此銀行必須誓死捍衛所有獲利來源，即使是不道德的來源。

　　銀行深陷困境，因為它們的資產是虛擬的，帳面上的資產看似龐大，但實體經濟的表現卻無法配合。這顆「超級泡沫」即將爆破，而再次引起金融體系「核熔毀」的，很可能是歐債危機。

　　歐債危機是一個史無前例的現象。因為在此之前，從未出現過由十七個主權國家組成的貨幣聯盟。儘管如此，所有的現象都不是第一次出現，其中許多情況會喚起我們對昔日危機的記憶。歐元區應該有能力記取教訓，從歷史中找尋對策，但它卻重蹈覆轍。

## 註釋

1 阿迪瑪特，海威格，2013年，第60頁。

2 〈美利堅合眾國〉（United States of America），2011年，第7頁。

3 卡門‧M‧萊因哈特（Carmen M. Reinhart），肯尼斯‧S‧羅格夫（Kenneth S. Rogoff），2009年，第207頁。

4 參見施爾瑪赫（2013年，第195頁）。在此他引用了美國統計學者納特‧西爾弗（Nate Silver）的話。

5 儘管經過精巧的證券化，投資銀行依然無法為問題債券找到買家：高風險的權益券次大多無法出售，並且在金融危機時造成數十億美元的損失。

6 〈美利堅合眾國〉，2011年，第132–133頁。

7 同前註，第129頁。

8 在1698年的《商人必備指南》（*Compagnon ordinaire du Marchand*）中，作者透過計算向遠地貿易商說明信貸保險如何運作，還有信貸保險何以划算：當時來回印度的航程需時三年以上，因此商人預借資金時，往往會被索取30%、40%乃至50%的利息，以確保在船隻沉沒或遭海盜劫掠時不會全部損失。該書建議此時應投保信貸險，這種保險只要求4%–6%的利息，如此，即使遭遇船難，商人依舊能夠獲利。

9 〈美利堅合眾國〉，2011年，第xxv頁。

10 保羅‧克魯曼，2012年，第74–75頁。

11 〈美利堅合眾國〉，2011年，第13–14頁。

12 同前註，第142頁以下。合成型擔保債務憑證利用的事實是，信用違約險最終發揮有如反向證券化商品的功能，出售信用保險者每年可收取一種利息作為獎金，但是當被擔保的證券化商品失去價值時，就必須全額買回。另可參考路易士，2011年，第75–76頁。

13 格萊琛‧摩根森（Gretchen Morgenson），〈房貸亂象可能增加喪失抵押品贖回權的情況〉（Mortgage Maze May Increase Foreclosures，《紐約時報》（*New York Times*），2007年8月6日。次級房貸遵循一項極端自我的陰險邏輯：接受貸款者通常既無收入也無資產，可知他們永遠無法償還貸款，最後一定會遭到法拍的命運，但在銀行與投資人眼中，這種強制拍賣似乎沒什麼問題，因為房價飆漲，次級房貸的貸款人往往被優惠利率誘騙而貸款，結果兩年後利率急升。此時次級房貸的貸款人往往付不起高額利息，於是金融機構會提出債務重組，如此銀行又可再次賺到佣金。而這些佣金同樣也是貸款支付的，因為這些「Ninja」

*252*

本來就沒錢。在房價呈漲勢時，這種持續攀高的次級房貸還沒有什麼大問題，但自2006年起房價凍結，次級貸款的體系立刻就瓦解了。

14 布蘭查德，2009年，第27頁。

15 阿迪瑪特，海威格，2013年，第60頁。

16 〈美利堅合眾國〉，2011年，第xv頁。

17 德國聯邦統計局，2012年，第320–321。在金融危機之前，聯邦德國最嚴重的危機分別出現在1975年（負0.9%）與1993年（負1%）。

18 羅蘭德·德爾恩（Roland Döhrn），海恩茲·基伯哈爾特（Heinz Gebhardt），2013年。

19 奧地利的銀行在金融危機中深受重創，因為這些銀行對東歐放貸金額逾2,000億歐元。另一風險在於這些信貸有一半是外幣貸款，必須以歐元計算。當東歐經濟伴隨著金融危機而萎縮，東歐貨幣匯價相較於歐元下跌時，許多貸款便無法償還。〔馬庫斯·馬特鮑爾（Markus Marterbauer），2011年，第76頁以下〕為了拯救銀行，奧地利政府付出高昂的代價：自2008年起，奧地利的銀行獲得136億歐元紓困，而直到2012年，其中有62億元必須認列為納稅人的損失。

20 請參考德國工業銀行，〈2004–2005年報〉，第107頁以下。

21 德意志銀行部分經由美國保險公司「美國國際集團」（American International Group，簡稱AIG）的信用衍生性商品而獲得保障。美國政府花了1,823億美元拯救AIG，因此擁有信用違約交換合約者能拿到錢，而美國政府也公布了受益人名單，其中載明德意志銀行共收到149億美元。（〈美利堅合眾國〉，2011年，第377頁）。AIG的例子同樣顯示許多金融機構如何陷入金融危機：美國最大的保險公司AIG根本未考慮到會出現索賠的情況，反而認為信用違約交換的合約是穩賺不賠的生意，因此該機構只收取極低的保費：一億美元的保險額度，保費只需20,000美元。（同前註，第266頁）現在美國政府已經退出AIG，並且從這項援助措施中獲得227億元的利潤〔〈美國財政部結束對AIG的紓困行動〉（Amerikas Finanzministerium schließt die Akte AIG），《法蘭克福廣訊報》（*Frankfurter AllgemeineZeitung*），2012年12月12日〕。但整體而言，這筆利潤並不表示援救銀行的行動對美國是筆好生意，因為損失不過只是轉移，主要挪到房利美（Fannie Mae）與房地美（Freddie Mac）兩家國營不動產抵押銀行。

22 阿迪瑪特，海威格，2013年，第94頁。

23 某些經濟學者甚至認為，德國與中國的貿易順差是此次金融危機的主要原因。前美國聯準會主席艾倫·葛林斯潘（Alan Greenspan）及其後繼者班·柏南奇（Ben

Bernanke）針對不動產泡沫所提出的解釋是：全球儲蓄氾濫（savings glut）侵襲到了美國。此說意圖極為清楚，聯準會希望藉此避開沒有善盡督導之責的批評。出口國確實樂於將他們多出來的錢放到美國投資，但假使沒有不牢靠的證券商品堆積出龐大的信貸大山，這些人就沒有機會這麼做。

24 「陶德－法蘭克法案」不必要地複雜，因此效果微乎其微：法案內容高達破紀錄的849頁，卻又避免具體的定論，取而代之的是有待監管單位公布的398項施行細則，因此文件越堆越高。根據美國銀行公會（American Bankers Association）每天在網路上的追蹤報導，2013年5月22日對於如何監管的意見已多達5,343頁，而已經決議的規章又再多出5,917頁。但這還只是開頭，根據紐約的達維律師事務所（Davis Polk）的調查，到了2013年6月3日，預定的法規才通過了38.4%。這些混亂的法規使銀行界能輕鬆規避監管。另一個問題則是，美國的監督單位極度分散，美國總共有135處監督機構，光是負責大銀行的，全國就有11處單位負責，而這些單位的業務範圍又經常重疊。見烏麗克‧赫爾曼，2012年，第91–93頁。

25 「巴塞爾資本協定三」這項國際協議僅設下「槓桿比率」（Leverage Ratio），規定自有資本與總資產的比率應為3%。此外還要求7%的「第一級資本」。但這些門檻看似嚴格，實則不然，因為第一級資本是經過風險調整後計算得出的，這意味著銀行得以自行計算其交易風險有多大，結果是許多業務銀行都可以不必準備自有資本。其後果從德意志銀行的例子清楚可知：德意志銀行2012年年報中顯示其第一級資本佔比為11.4%，但在20,120億歐元的總資產中，自有資本僅540億歐元，其槓桿比率不過只有2.7%。再者，風險調整後的第一級資本為11.4%也微不足道：雷曼兄弟在破產前五天其第一級資本也佔了11%〔西門‧強生（Simon Johnson）、詹姆斯‧夸克（James Kwak），2011年，第206頁〕。雷曼兄弟的例子也顯示了「風險加權」的另一個問題：過去曾經被證實為風險的，人們才知道它是風險，至於未來的發展則無法預知。

26 阿迪瑪特，海威格，2013年，第144頁。此數字由各國政府在金融危機中挹注的擔保金計算得出。

27 在過去股東分擔損失的方法有幾種不同形式，其中一種是：將破產銀行國有化，股東未獲（全額）支付。第二種則是：國家加入成為額外的投資人，將股票「稀釋」，這意味著股價下跌，且往往有幾年沒有配息。

28 阿迪瑪特，海威格，2013年，第30頁。

29 只規定固定的自有資產比率，尚不足以杜絕危機，因為自有資本也能透過放貸

手法來提升。如果銀行核准許多貸款，從而創造出金融榮景，那麼銀行的盈利也會暫時大爆發：經由手續費、利息與股票獲利等，這些都能輕易保留並加到自有資本上。為了平衡這種自有資本的順週期效應，當銀行放貸額提高時，央行必須同時提高其自有資本標準。此時最好視內容調整：放貸，尤其是核放不動產抵押貸款時，銀行也必須在那裡準備更多自有資本。

對於提高自有資本標準是否能使金融體系較為安全，某些作者深表懷疑。其中一個理由是，監理單位同樣受到羊群效應的影響，在景氣大好時過於樂觀，因此太晚出手干預。自十九世紀以來便出現了通貨學派（Currency School），認為應該全面取消銀行的貨幣擴張，從而與放貸脫鉤。在德國，此派最著名的代表人物是約瑟夫‧胡伯（Joseph Huber, 2011）。他曾提出「全儲備銀行業務」（Vollgeld）的構想，認為轉帳帳戶不應再由銀行管理，應改由央行負責，如此一來央行便可調控貨幣擴張。對顧客而言，這麼做並沒有任何改變，轉帳帳戶依然由各家銀行管理，只是銀行不再能夠操控。這種方法也自稱是「貨幣權」（Monetative），因為如此一來，央行便繼行政、立法、司法三權，成了第四權。對國家預算而言，而這種方案也深具吸引力：在此之前貨幣擴張〔又稱為「貨幣稅」（Seignorage）〕都被銀行當成淨利而流入銀行，未來這筆利益則歸央行所享有。依據胡伯的估計，這筆錢一年約達160到230億歐元。（同前註，第108–109頁）然而，在國民經濟學家中，此種全儲備銀行業務的論點也不普遍，許多經濟學家認為這種體系過於機械性：各國央行必須事先決定國民經濟未來的貨幣與信貸需求。參見〈貨幣反應我們對未來的期待：與魯道夫‧希克爾訪談〉（Geld spiegelt unsere Erwartungen an die Zukunft. Interview mit Rudolf Hickel），《日報》，2012年2月4日。

常有人提出「銀行業務分離系統」（Trennbankensystem），建議嚴格分離商業銀行與投資銀行的業務，但實務面顯示，這種系統同樣不安全。一般的銀行也可能製造信貸泡沫，比如西班牙的不動產榮景就是由儲蓄銀行金援的。此外，「銀行聯盟」（Bankenunion）如歐盟的銀行聯盟也同樣不可行：未來銀行破產時，存款超過100,000歐元的存款人也必須擔責，但這種對策純粹只是自我欺騙，因為存款人可以將存款拆開，以免超過100,000歐元這個神奇界線。再者，即使只有一家銀行瀕臨破產，此舉也無法阻止銀行擠兌、存款人提領他們在各家銀行存款的問題。正如雷曼兄弟破產的例子所示，銀行擠兌是個核心問題，因為如此一來實體經濟將會崩潰。反之，自有資本的魅力在於它無法減除，因此能杜絕銀行擠兌。

30 魯里埃爾・魯比尼（Nouriel Roubini）、史帝芬・米姆（Stephen Mihm），2010年，第214頁。

31 「陶德－法蘭克法案」將「終端客戶」等排除在對金融衍生工具的督管之外，但如今能源公司、石油公司與原物料巨擘等都已成立自己的投資部門，就像銀行或對沖基金從事投機事業。因此，麻省理工學院（Massachusetts Institute of Technology）教授，同時也是銀行業批評者的西蒙・詹森（Simon Johnson）擔心下一波的金融危機可能來自非銀行體系。參見〈極端危險的風險，與西蒙・詹森訪談〉（Waghalsige Risiken. Interview mit Simon Johnson），《日報》，2011年4月14日。

32 不久前，歐洲議會（EU-Parlament）不滿歐盟委員會（EU-Kommission）與歐盟理事會（EU-Rat）杯葛並弱化所有重要的督管提案。參見歐洲議會，提案B7-0078/2013（2013年2月4日）。

33 有關糧食投機的扼要說明，可參考Oxfam與Weed出版，大衛・哈赫費爾德（David Hachfeld），揚・伍爾漢（Jan Urhann）、馬庫斯・漢恩（Markus Henn），2012年。銀行界經常以金融衍生工具無法永遠扭曲糧價，來為自己辯解，認為最終的依據還是小麥或玉米的實體供應。長期來看，期貨市場確實會跟著「基本面」走，可能需時數月，但這段時間對忍受飢餓的人來說太久了。

34 大衛・畢切提（David Bicchetti）、尼可拉斯・邁斯特（Nicolas Maystre），〈當原物料只是另一種資產〉（When Commodities Are Just Another Asset），參見：www.Flassbeck-economics.de，2013年2月5日。

35 欲深入了解可能的措施，請參考舒曼，2011年。

# 第十八章
# 空前的危機：歐債危機

　　歐洲人經歷到了史無前例的大事件。無論歐債危機將如何結束——歐洲貨幣聯盟土崩瓦解或繼續存續，其結果都將對未來造成深遠影響。只不過單數的「歐債危機」（Eurokrise）一詞容易造成誤解，因為歐洲需要解決的不只「一個」歐債危機，而是同時出現的四大難題。如果我們想了解當前造成歐洲貨幣聯盟分裂的高速動力，就必須逐一釐清這四大歐債危機。

　　首先，歐債危機非常清楚：希臘、葡萄牙、愛爾蘭、西班牙、賽普勒斯（Zypern）與斯洛維尼亞（Slowenien）債台高築，積欠龐大的國外借款。這種歐債危機與美國自 2007 年以來的金融危機並無直接關連，卻依循著相同的模式：兩者都起於由新「故事」創造出來的信貸泡沫，而這次的「故事」則在於推行歐元。

　　從前希臘還使用德拉克馬（Drachme，希臘使用歐元前的貨幣單位），而愛爾蘭還使用愛爾蘭磅（Irish pound）時，這些歐洲邊緣國家必須為每筆貸款支付高額的風險溢價（Risikoaufschlag）。而在歐元創立後，這種信貸費用便迅速降低。這是因為投資人認為，相同的貨幣意味著所有的貸款現在都同樣安全。於是突然間，歐洲的邊

緣國家都能便宜借款。對希臘人與愛爾蘭人而言，貸款甚至比德國人更划算，因為當整個歐洲利息水平一律偏低時，這些邊緣國家的通膨率明顯高於德國等其他國家，如此便壓低了實質利息。這表示貸款幾乎免息，難怪西班牙、葡萄牙、希臘與愛爾蘭等國的國民都樂於貸款。[1]

然而，每一次信貸泡沫都會帶來貪腐與詐欺：銀行高層厚顏無恥又狂妄傲慢。破產的盎格魯愛爾蘭銀行（Anglo Irish Bank）的通話紀錄顯示，最高層級的經理人蓄意欺騙愛爾蘭與德國投資人。[2]但如果將此現象純粹歸咎於銀行的貪婪，未免過於簡化。此一危機自有其體系，無法單獨以個人的犯罪行為加以解釋。

由於信貸泡沫首先會帶來繁榮成長，因此一開始人們無法認清其真面目。起先營建業一片繁榮、失業率下降、薪資上漲，進而刺激消費，一夕之間，原來貧窮的邊緣國家似乎出現了經濟奇蹟，成為全歐的模範，其經濟成長率令人羨慕。於是人們讚許愛爾蘭為「凱爾特之虎」（keltischer Tiger），德意志銀行更盛讚西班牙，認為西班牙將在2020年超越德國，其人均經濟產值將高於德國。[3]如今回顧，這種說法實在錯得離譜。

而監管單位也未善盡職責，儘管西班牙或愛爾蘭的不動產貸款每年飆漲20％，[4]歐洲央行（Europäische Zentralbank，簡稱EZB）與各國央行並未感到不妥。如今德國人將一切歸咎於歐債危機國，但這種撇清一切的態度並不妥當，因為德國聯邦銀行同樣輕忽了邊緣國過度負債的問題。

再者，這些國家的債務問題各有些微差異，因此過度負債的問題起初並不明顯。在希臘主要是國家欠債，在西班牙與愛爾蘭則主要是民間家庭與銀行，直到銀行將它們的不良貸款轉嫁給官方的壞

帳銀行時，國家才陷入困境。

　　歐洲邊緣國家的信貸泡沫遲早會破裂，而美國的金融危機則使歐債問題加速浮現。當債台高築的歐洲國家無力償還其貸款，此情勢已逐漸明朗。最先破產的國家是希臘，並且於2010春獲得歐洲的紓困貸款，以免無力償付。而不久後，愛爾蘭與葡萄牙也先後出現相同的情況。

　　貸款未獲償當然不是好事，但歐元區本來可以輕鬆整頓這些邊緣國家並接管其債務，因為這些都是小國，其經濟產值影響也較小。例如希臘的經濟影響力大約相當於德國的黑森邦，應該不會有人認為歐元區因黑森邦而瓦解吧。

　　原本屬於歐洲邊緣的區域性危機，最後卻成了金融大地震，幾乎波及所有歐洲國家，這點實在令人難以理解。歐元區就像一個班級，其流感病毒從一名學童傳染給下一名，最後全班遭殃。這種「傳染危險」究竟該如何解釋？

　　答案就在危機二：歐元區是個錯誤的組合。歐元區擁有一種共同貨幣，卻有17種國債，這本來就行不通。這是悠久貨幣史上頭一遭，並且帶來了災難性後果。

　　從義大利我們便可看出這種深具破壞性的骨牌效應：儘管義大利的經濟面相當健全，卻被恐慌的投資人推向破產的方向。厭惡黑手黨與前義大利總理西爾維奧‧貝魯斯柯尼（Silvio Berlusconi）的德國人或許對於我的說法大感不解。但事實上，義大利的銀行相當穩健，而且不同於德國銀行，義大利銀行並未大肆收購次級房貸的垃圾債券。此外，義大利的國債雖高，但都不是新債，大都是超過二十年的舊債，而且一直如期付息。

　　只是投資人對這些客觀數據並不感興趣，當他們看到歐盟開始

討論希臘的減債方案，便開始擔心其他歐盟國家也可能瀕臨破產，於是紛紛拋售手中的義大利國債，改買他們認為較安全的德國國債。如此一來，供需定律便開始生效，義大利國債的殖利率升高到逾7%，因為幾乎沒有人想購買義大利國債。反之，德國政府則快被錢潮淹沒，而德國十年期的國債只需要支付1.4%的利息。

高額利息為義大利帶來了致命的後果，因為如此一來國家預算必須刪減，進而造成經濟萎縮，如此又使本該降低的國家債務攀升，於是義大利便陷入了由投資人的恐慌掀起的惡性循環之中。

義大利深陷典型的「流動性危機」：原本並沒有重大的經濟問題，卻因為投資人「擠兌」而導致現金流停滯。如前所述，這種流動性危機在歷史上一再出現——只是之前遭擠兌的通常是銀行，而非富裕的工業國家。

之所以出現這種怪現象，是因為投資人能夠在17個都以歐元計價的國債間選擇，如此一來，當投資人將義大利國債脫手，改買德國國債時，也不會有匯率損失，因為無論怎麼換，他們持有的都是歐元。

歐洲貨幣聯盟的組織設計讓恐慌更容易發作，若和持續使用英鎊的英國相較便可看出兩者之間的差異。請想像，許多投資人突然擔心英國經濟會解體，於是他們試圖儘快拋售英國國債，但這同時意味著英國國債價格將下跌。投資人該如何處理他們出售英國國債所得到的英鎊呢？雖然他們可以將英鎊兌換成歐元或美元，但如果同時有許多投資人想逃離英國，英鎊便會應聲暴跌，那麼投資人就必須承受雙重損失：先是英國國債，接著是英鎊下跌，這表示恐慌發作的代價極為高昂，因此恐慌一定會自動平息。反觀歐元區則缺少這種匯損風險的煞車機制，因為投資人能從一個歐盟國改換到另

一個歐盟國。[5]

　　更重要的是，英國不同於義大利，英國有自己的央行擔任最終貸款人，在流動性危機中出手相救。投資人大可信賴，一旦危機爆發，英格蘭銀行會立即大量買回英國國債。由於投資人確知自己的錢保證拿得回來，自然無需恐慌了。

　　但歐洲央行卻遲遲不肯買進這些國家的國債，其中一大原因是德國人擔心央行如果「印錢」，將會導致通貨膨脹。但這其實是莫須有的恐懼。正如前面曾討論的，貨幣擴張主要來自民營銀行的放款業務。此外，因為危機四伏，貸款幾乎乏人問津，當時歐元區貨幣供應量也停滯，故歐洲並未走向通膨，反而走向通縮。

　　然而，歐洲央行依然猶豫得太久，直到2012年7月才採取措施。當時歐洲央行總裁德拉吉（Mario Draghi）在一場演說中表示，歐洲將會採取「一切」手段解救歐元。投資人也立即了解這個短句的含意：從現在起，歐洲央行將不設限地買進這些國家的國債，[6]以壓低義大利與西班牙國債的利率。在他的談話之後，恐慌立即平息，而歐洲央行也無須買進任何國債。可見單靠心理效應便足以安撫投資人。[7]

　　這次的歷史教訓再次證明，如果有「最終貸款人」干預，就能輕鬆平息流動性危機。英國人早在1797年便已知曉這一點，漢堡人在1857年的「白銀列車」行動中也已了解，而歐洲央行則在2012年時終於發現。可惜某些德國經濟學者卻遲遲無法理解，還因此向聯邦憲法法院（Bundesverfassungsgericht）提出申訴。

　　這些跑錯方向的人並不孤獨，他們再度與資本主義的批評者組成怪異的聯盟。佔領華爾街的人士也認為，必須選在歐洲央行前紮營抗戰，但歐洲央行其實是在歐債危機中唯一做出正確處置的機

構——儘管反應遲了些。

如果佔領行動移師到柏林德國總理府前，就合理多了，因為德國政府才是歐元真正的敵人。危機三起自德國，由於歐元國大都無法與德國競爭，我們可以稱這場危機為「競爭力危機」。在德國不斷累積出口盈餘時，其他歐元國幾乎都出現了貿易逆差。

許多德國人頗以德國的出口盈餘逐年攀升為傲，認為這是富強的象徵，能在全球市場站穩腳步者，自然特別優秀。然而，德國競爭力強大不只因為德國產品精良，也是因為德國「薪資傾銷」（Lohndumping），目的性地壓低勞工成本。

在此僅舉數例：德國「哈茨法案」廢除對雇用派遣工的諸多限制，迫使失業者幾乎必須接受任何工作，而與此同時並未規定法定基本工資，於是形成範圍廣大的低工資工作，並且將一般薪資水準壓低。之前我們已曾討論過，2000年至2010年間，德國實質薪資平均倒退4.2%，而且德國還取消雇主的社會福利負擔。[8]

德國在採行歐元後才開始薪資傾銷政策，並非巧合。因為在此之前，這種政策發揮不了作用。如果沒有歐元，一旦德國累積過高的出口盈餘，德國馬克便會升值，如此一來，薪資優勢便再度消失。但現在德國在歐元的保護傘下可以損鄰利己，盡情玩弄其薪資策略。套句術語，就是德國人在歐元中貶值了。

但德國政府卻老愛表示，希臘或西班牙之所以失去競爭力，並非德國的錯，而是這兩國薪資過高所致。隨著信貸泡沫脹大，經濟欣欣向榮，這些邊緣國家的薪資確實大幅攀升。在1999年至2007年間，愛爾蘭與西班牙的工資單位成本分別上漲36%與28%，[9]這當然過高，因此愛爾蘭人與西班牙人現在不得不被迫放棄部分薪資。

然而，德國人若自詡「2010大議程」（Agenda 2010，編按：這

是德國社會安全體系改革與勞動市場改革的一大計畫）堪為全歐典範，未免過度昧於事實。德國的薪資傾銷政策，就連發展健全的國家——尤其是法國，也受不了。

法國的例子特別悲慘，因為法國堪稱是歐洲的模範生。自1999年至今，法國實質薪資上漲約20％，符合其生產力增加的幅度。要不是某些會員國變相競爭，法國可謂確實遵守所有歐元國該遵守的遊戲規則。[10] 但現在法國卻必須因為德國有系統地壓低工資，而承受無力與德國競爭之痛，於是法國也試圖降低其勞動成本。

無法競爭的人就得降低成本與價格，這種觀點乍看之下似乎頗為合理，畢竟這是所有企業的作法。但這種觀點卻毫不了解國家並非企業的事實，並且將國民經濟與企業經濟混為一談了。

如果歐洲國家都調降薪資，歐洲就不會變富，而是變窮。於是，起於1873年與1929年的大危機所造成慘痛後果的通縮螺旋，也會開始啟動。當國家撙節、薪資降低，則需求疲軟、企業產品滯銷、投資變得不划算，貸款實質上也會變得太貴，於是經濟持續萎縮，下行螺旋再也無法攔阻。此時歐元區的危機國已經卡在經濟產值不斷下滑、景氣衰退不知何時終止的陷阱之中。假如現在連發展健全的法國都開始撙節，並壓低薪資，那麼這將會使整個歐元區陷入不景氣。

但要從歷史與過去的危機中學到教訓似乎很難，因為「現在」不斷在更新、變動。其實純粹以邏輯思考，也能了解不可能讓所有的歐洲國家都複製德國的作法，採行薪資傾銷而變成剽悍的出口國。因為如此一來，誰來購買這麼多的商品呢？買家顯然不是歐洲受薪階層，因為他們必須捨棄部分薪資；那麼會是誰呢？中國人嗎？想當然爾，銷售危機必然會出現。

德國人緊抓著新自由主義者普遍存在的誤解，認為問題都源自看得見的地方。如果法國失去市佔率，錯一定在法國人。這種診斷就像只想去除症狀、卻不治療病根的醫師；因為「2010大議程」確實就是撕裂歐元的元凶。

　　解決之道很簡單，德國人必須大幅提高薪資以糾正過去的錯誤。第一步便是立法規定基本工資，而其底線應該是十歐元。（編按：德國基本工資法從2015年1月1日開始生效，法定最低工資為時薪8.5歐元；以兩年為緩衝期，企業雇主必須逐年依比例調升工資至符合此標準。）其次，一般薪資應該每年調升5%，直到德國弭平薪資傾銷所造成的競爭差距。

　　只不過理論說來容易，真要執行卻相當困難。聽起來或許令人不解，但許多德國人並不希望提高薪資，就連德國的工會都擔心，如此一來出口型企業將會喪失工作機會。這種憂慮並非全是空穴來風，出口貿易確實可能微幅下降，但此舉卻能拉抬十年來由於實質薪資停滯而疲軟的內需。

　　然而，許多德國人仍然以為德國能選擇如何處理自己的貿易順差，並且可自行決定是否提高薪資水準，但這種想法其實不對。德國人若不向鄰國妥協，最後必然會因為歐元瓦解，新德國馬克或新的「北歐元」（Nord-Euro）將一夕之間勁升，吃掉過去十年薪資傾銷的效果而被迫配合，屆時德國出口型產業勢必無法承受這種動盪。由此看來，循序漸進地提高薪資，以終結德國企業所習慣的薪資傾銷，才是明智之舉。

　　不僅如此，減降德國的貿易順差額並非賠本生意，畢竟德國的出口盈餘大都只是虛擬財富。帳面上看來雖然風光，德國在國外的淨資產從1999年的70億歐元攀升到2012年驚人的10,130億歐元。[11] 但

這筆龐大的數字只有部分是真實的，因為同一時間也出現了鉅額損失。根據德國經濟研究所（Deutsches Institut für Wirtschaftsforschung）的估算，從2006年至2012年，德國投資人在國外就損失了約6,000億歐元。[12] 主要的損失肇因於金融危機，而歐債危機也是一大因素。如果歐債危機無法迅速解除，那麼德國人在國外剩餘的資產也將化為泡影。

　　總之，不斷累積出口盈餘並不划算，因為經濟邏輯的威力更強大：假使德國堅持讓出口額持續高於進口額，那麼其他國家若想購買德國貨就唯有貸款一途——向德國貸款。如此一來，一些進口國終將會過度負債，進而使德國的國外資產蒸發。

　　德國人在製造貿易順差、帳戶上的資產增加時才會感到安心，但實際上他們拱手將自己的商品送給國外，得到的卻是毫無價值的債務憑證。由此看來，德國提高本國薪資，使本國人消費自家產品，而不是金援別人的消費，才是明智的作法。

　　最後，歷史又一再重演，只不過稍微改頭換面：現在德國人正在走第一次世界大戰後同盟國失敗的道路。當時德意志帝國必須支付賠款，但又不得將商品銷往英法，於是開始了一場債務循環：德國向同盟國貸款，以支付給同盟國的賠款。在這種零和賽局下，最終如同凱因斯所預見的，最後所有的錢都是同盟國自己出的。同樣荒謬的循環如今再度出現：歐債危機國必須減降他們的外債，如此一來它們就必須先提高出口量，偏偏德國卻死守歐洲出口大王的頭銜，結果是德國人為了讓其他歐洲國家有能力購買德國貨而提供的貸款，從此一去不回。

　　前面討論的三大歐債危機已經令人眼花撩亂，現在更出現了第四種危機，這種危機四可稱之為「管理危機」。歐元區的政治人物

種種重大的決策失誤，已經使歐元區衝向萬丈深淵，偏偏這些錯誤的決策大多來自德國。

其中最嚴重的錯誤是，只要危機徵兆一出現，便立刻施行撙節政策，並且無處不省。現在歐洲國家幾乎無一不省，過度負債的危機國被規定必須執行撙節措施以減降債務；而健全的國家如義大利與法國，現在也不得不撙節，原因是投資人開始恐慌，或者也因為他們無力再與德國競爭。

這種撙節計畫不但從未解決問題，甚至還會因為缺乏需求、經濟萎縮而造成赤字擴大。目前南歐有半數的青年失業，直逼1929年起的經濟大蕭條苦果。當時的情況和現在如出一轍，失業者雖然想工作、顧客想消費，工廠卻空置停止運作。儘管製造財富的生產力仍在，人人卻都變窮了。

這種情況不僅打擊經濟，政治上也非常危險。如果見不到任何希望，沒有任何保障，人們是忍受不了多久的。如今歐洲大多充斥著無力感、恐懼與憤怒，而借鑑歷史我們得知，危機若未能迅速解除，民主制度便會崩潰，而尋找代罪羔羊、迫害少數族群的威權政體也會趁勢崛起。

撙節計畫的後果嚴重，而此舉起因於將國民經濟與企業經濟混為一談的觀點，把國家當成一般企業對待，認為債台高築的公司就該省錢，而一旦過度負債就讓它們破產。

這種企業經濟式的觀點會帶來後續嚴重的管理失誤：希臘必須像瀕臨倒閉的企業一般宣告破產並實施「債務減記」（編按：指債務在規定期限內無法償還，並且確定無能力償還時，將債務作為不良債務進行核銷），這使持有希臘國債者喪失了一大部分的資產。這件事是依據「該罰的就罰」這種普遍的觀點而進行的，認為銀行

266

與保險公司若蠢到借太多錢給希臘，就該受到懲罰。

　　從人性面來看，我們能夠理解這種想對銀行復仇的心態。每當我們必須拯救金融機構與其無能的經理人時，總是憤恨不平。但對希臘進行債務減記其實不對，因為此舉將會重蹈雷曼兄弟破產的覆轍：短期內可以節省數十億元，長期來看卻會造成莫大的傷害。

　　這次危機摧毀了人們對歐元的信任。對希臘進行債務減記以來，人們認為可能有更多歐元區的國家或銀行會宣告破產。但金錢的基礎在信任，沒有信任，錢就失去價值。因此，現在不只存在一種歐元，而是17種不同的歐元，其中希臘或義大利的歐元價值就不如德國歐元。歐洲貨幣聯盟表面上雖然存在，內部卻已分崩離析。

　　這種奇特的現象並非暗中發生，而是幾乎觸動著每一位為自己的資產擔憂的歐洲人。無論是希臘人、西班牙人或義大利人，全都認為錢放在德國特別安全，在自己的國家則可能遭遇危險，於是他們至少也要將部分金融資產轉移到德國，認為萬一歐元區發生更多亂象，至少擺在德國的資產還能保值，結果無論是希臘歐元、義大利歐元或西班牙歐元最後都成了德國歐元。反之，德國人也把他們在國外的錢撤回德國，因為他們同樣認為德國最可靠。這種集體資金移轉的金額非常龐大：存放在德國的錢一度高達7,500億歐元。

　　這種金融資產漫遊的情況並非毫無後果，某家義大利企業即使和德國企業同樣成功，它依然得為相同的貸款付出比德國企業高出許多的利息，而這意味著歐元區內的競爭條件再次受到扭曲，而且再次對德國有利。這種現象並不令人開心，連德國人也開心不起來，因為歐洲貨幣聯盟如果無法提供所有會員國均等的機會，它就無法存續。

　　但怎麼做才對？希臘應該獲得債務減免，這是不爭的事實，否

則希臘根本無力清償這座債務大山。至於該採行何種方式，愛爾蘭可謂做了正確的示範。愛爾蘭在拯救不健全的銀行後同樣過度負債，但愛爾蘭政府將部分債務從國家轉移到愛爾蘭央行。歐洲人大都對這項行動毫無所覺，因為這件事是悄悄進行的。而利用此舉，愛爾蘭也確實擺脫掉了部分債務。[13]

央行介入是擺脫債務危機的優雅對策，可惜德國人往往杯葛這種方式，因為他們害怕如此一來，人們會肆無忌憚地「印」錢。但這又是個誤解：實際上並沒有創造任何新的貨幣，只是將既存的債務移轉而已，錢早就在流通了。

許多德國人認為央行如果大肆購買國債或是展延國債期限，這些都是罪孽，但其他國家並沒有這種觀念。每逢危機出現，美國聯準會、英格蘭銀行與日本央行等都會出手援助，英國人早在十九世紀就深諳此道。現在德國人不該再漠視歷史經驗，擅自發明新的貨幣體系。德國人應該容許歐洲央行成為一般央行，否則很快歐洲央行就會因為歐元而瓦解，成為無人需要的機構了。

上述四種歐元危機如此糾結難解，導致許多德國人誤以為拯救歐元區的代價極為昂貴，其實解決之道非常便宜。歐元區並沒有嚴重的經濟問題，反倒是個能力強又富裕的地區，只不過被人嚴重錯誤操控了。

確切說來只有一項費用：必須為南歐提出振興經濟方案。希臘、葡萄牙與西班牙需要外援來對抗失業、貧窮與絕望，而歐元區可以輕鬆提供這些協助。

拯救行動的其他部分則是免費的，最重要的是，必須允許義大利停止造成經濟負成長、極具破壞力的撙節方案。在此策略下，投資人或許會緊張，並在義大利政府擴大支出時暫時不購買義大利國

債。但歐洲央行若能如一般的央行行事，這種恐慌很容易就平息：歐洲央行只需宣布，凡是找不到買家的國債，歐洲央行會悉數購買。如此一來，投資人很快就會進場，自行買進。

因為投資人是哪些人呢？在歐債危機中投資人大都被一竿子冠上「投機客」的封號，但購買各國國債的主要是保險公司，而保險公司負有法律責任，必須盡可能零風險地將客戶保費進行投資。對保險業而言，歐債危機不只是件高危險事故：如今保險公司都不知該如何投資保費了，因為任何一個歐洲國家似乎都不安全。換言之，「金融市場」正等著金融市場的權力最後遭到剝奪，然後由歐洲央行主導。

即使歐洲央行必須悉數購買義大利國債，其實也沒有任何風險，因為義大利自己就能輕鬆償債了。歐債危機往往製造出一種假象，彷彿義大利是個即將破產、貧窮的發展中國家。實際上，義大利是世界上最強大的富國之一，荒謬的是，它卻撙節出危機來了。

現在唯一的難題是德國人。德國必須提高薪資水準，歐元區才能維持不墜。而這種解危措施不僅不花錢，甚至還能創造出罕見的雙贏局面，讓歐洲各國都能受惠，尤其是德國的受薪階級。

只是到目前為止，德國人就是不願意相信，他們其實可以從容擁有更多的享受。德國人的形象就像「施瓦本地區的家庭主婦」（schwäbische Hausfrauen），滿腦子想的都是如何省錢以及「努力、努力、蓋房子」（Schaffe, schaffe, Häusle baue）。德國人甚至更糟，因為連施瓦本地區的家庭主婦都知道家庭收入如果增加，就能早日實現「蓋房子」的夢想。

倘若歐元瓦解，錯就在德國人。德國的「2010大議程」遠比希臘的過度負債危險多了。德國是歐洲最大的國民經濟體，德國一旦

降低其薪資水準，其他國家便不得不跟進，最後的結果則是整個歐元區都把自己省窮了。

這種路線毫無意義，因為這樣對誰都沒有好處。其中德國的政策尤其令人匪夷所思，因為這對德國極其危險。萬一歐元瓦解，德國人將會是最大的輸家：新的德國馬克將會迅速升值，這將危及他們的國外資產，並且嚴重傷害德國的出口產業。

歐債危機是史無前例的危機，其獨特之處不僅在於有17個國家共組一個貨幣聯盟，也因為一個原本小小的危機居然被管理得如此一塌糊塗，最後甚至可能演變成史上最大的經濟大蕭條。

---

**註釋**

1　即使沒有採行歐元，西班牙與愛爾蘭或許仍會出現信貸泡沫，因為非歐元國如冰島與拉脫維亞也同樣出現投機性的不動產榮景。參見彼得·博芬格（Peter Bofinger），2013年，第53–54頁。

2　愛爾蘭的貪腐現象絕不止於銀行業，在政壇與營建業同樣可見。有關愛爾蘭的不動產泡沫與其緣起請參見芬塔·歐圖爾（Fintan O'Toole），2010年。

3　史蒂芬·貝格海姆（Stefan Bergheim），〈西班牙2020年：成功故事依然持續〉（Spanien 2020 – die Erfolgsgeschichte geht weiter），德意志銀行研究中心（Deutsche Bank Research），2007年9月11日。

4　博芬格，2013年，第52–53頁。

5　保羅·德·格勞威（Paul De Grauwe），〈如何管理脆弱的歐元區〉（The Governance of a Fragile Eurozone），2011年4月。http://de.scribd.com/doc/64497899/Paul-De-Grauwe-The-Governance-Of-a-Fragile-Eurozone

6　歐洲央行總裁馬里奧·德拉吉向投資人宣示，歐洲央行將不設限地買進歐洲的國債，此舉具有決定性作用。在此之前曾數次有限度地買進一些歐洲國家的國債，卻無法平息恐慌，因為投資人知道其規模有限。

7　防杜歐元區流動性危機最簡單的方法便是發行歐洲債券（Eurobonds），也就是所有歐元國發行共同的國債，如此則投資人無法利用某些歐元國彼此對做。當

然，必須在所有歐元國擁有共同預算與財政政策時才可能引進歐洲債券，如此才能避免某些會員國犧牲其他國家的利益而債台高築。

8 德國自2005年實施健保改革以來，受僱者要繳納0.9％的特別費用（Sonderbeitrag），雇主則少繳0.45％。失業保險繳納的費用減少2.3％，其差額則由提高加值稅彌補。博芬格，2013年，第64–65頁。

9 同前註，第65頁。

10 史蒂芬·巴哈（Stefan Bach）等，2013年，第7頁。

11 艾瑞克·克雷爾（Erik Klär），法比安·林德納（Fabian Lindner），柯南·賽侯菲（Kenan Šehović），〈投資未來？論德國國外資產之演變〉（Investitionen in die Zukunft? Zur Entwicklung des deutschen Auslandsvermögens），收錄於《經濟情報》（Wirtschaftsdienst），2013年3月，第189–197頁。

12 巴哈，2013年，第12頁。

13 愛爾蘭的具體作法如下：將盎格魯愛爾蘭銀行收歸國有需要大約300億歐元，愛爾蘭政府於是以愛爾蘭國家的名義開期票給盎格魯愛爾蘭銀行，該行再將這些期票抵押給愛爾蘭央行，以此獲得紓困貸款。而愛爾蘭政府原本必須在未來十年內清償這些期票，但由於愛爾蘭政府負擔不起這筆錢，於是在2013年2月擬定一項新對策，將這些期票轉成利率極低，於2053年到期的政府公債，這些公債同樣抵押給愛爾蘭央行。結果是：未來十年，愛爾蘭這個國家可省下大約200億歐元。

許多資本主義的批評者偏好另一種方法：愛爾蘭根本不要拯救其不健全的銀行，應該任由它們破產，就如冰島的作法一般。但這種觀點卻忽略了，冰島不在歐元區，這一點會形成許多差異。第一，冰島除了任由冰島的銀行破產之外別無他法，因為冰島的銀行收到的存款是歐元，而冰島央行無法印製歐元。第二，銀行破產對冰島人有一大好處，如此冰島克朗（Króna）會大幅貶值，而冰島的競爭力則會遽增。愛爾蘭是歐盟成員國，相同的作法並不會產生相同的匯率效應，放手讓銀行破產反而會引發整個歐元區的流動性危機，因為此舉會引起其他國家的存款人與投資人恐慌。

# 第十九章

# 錢不能吃：德國人
# 如何拯救自己的資產

　　金融海嘯與歐債危機讓每個擁有資產的德國人都深受其害。投資人惶恐地思考，錢該拿去哪裡投資，才能至少保住其價值，因為現在的利率已低於通膨率，原因不在通膨率過高，而是利率低得可憐。

　　德國書市充斥著談論投資的書籍，有的建議讀者投資股票，有的建議投資黃金、不動產、農地，另一些則建議讀者購買基金，五花八門的投資標的讓投資人看得眼花撩亂。看來，當經濟萎縮或停滯時，並沒有任何足以確保資產安全的方式。

　　在這種困境背後凸顯出一個冷酷的經濟邏輯：資產本身不具任何價值，價值來自投資產生的收益。經濟萎縮，收益自然下降，資產的價值便會減降。

　　儘管有些投資人依然能在金融危機時賺到錢，例如押寶股市行情會下跌的人，但這些人只是例外。整體而言，當國民總收入減少時，擁有資產者往往會成為輸家。這種情況有如一間沒有人住的出租屋，儘管仍是不動產，卻不具任何價值，因為它無法帶來租金收

益。

　　因此，閱讀那些自誇能帶領投資人成功走出金融危機的書，其實都是多餘的。想拯救自己資產的人，倒不如好好思考如何杜絕嚴重的經濟危機。在目前看來，這是一項極為艱鉅的任務，因為金融泡沫已經膨脹到快要爆破了。若想確保這顆「超級泡沫」不破，經濟就必須成長。唯有國民總收入增加，這座金融價值的大山才不會崩塌。

　　然而，如何使實體經濟成長？儘管許多新自由主義者不願相信，答案卻是透過國家。雖然國家往往被視為「章魚怪」，會提高稅賦並且修剪自由的「市場經濟」，因此威脅到個別國民的資產。但事實上正如前述，資本主義與國家並非兩個對立面，必須有強大的國家陪伴，經濟才能蓬勃發展。

　　最聰明的投資人早就發現，只有國家才能提振經濟。美國億萬富豪巴菲特屢屢呼籲美國政府向他徵收更高的稅賦。他曾在各種報紙上透過計算解釋，他的所得雖高達數百萬美元，卻只需繳納17.4%的稅。反觀他自己的工作人員平均稅率卻為36%。當超級富豪在稅賦上備受禮遇時，中產階級卻荷包大失血。[1]

　　巴菲特認為，這種不成比例的稅率不僅明顯不公，也不利於經濟。他細心計算讓自己的同胞了解，減輕富人的賦稅為何無法創造就業機會。他甚至提出一個相反的例子：1970年代時，美國公司的投資明顯多得多，但當時的利得稅卻高出許多。巴菲特認為這兩種現象看似矛盾，理由卻很簡單：企業只要見到獲利機會便願意投資，至於事後這些收益要課多少稅，對企業而言則是次要的，最重要的是，要先有利可圖。

　　巴菲特並非認清對富人課徵高稅賦不僅不會扼殺經濟、還能大

大提振經濟的唯一人士。這種看似矛盾的現象與「會計平衡力學」（Saldenmechanik）有關，德國經濟學者沃爾夫岡・史提澤（Wolfgang Stützel）在1958年對此有過深入解說。「會計平衡力學」聽起來似乎極端複雜，其實是相當簡單的商業簿記觀點。

其基本觀點是，在一個國民經濟體內無法所有的領域都同時撙節。假如國家、企業與一般家庭都只是把利潤存起來，經濟必然會崩潰。這個人省，另一個人就得負債，否則錢就會停留在銀行裡無法成為需求。於是經濟萎縮，積存起來的利潤又會化為烏有。史提澤並非凱因斯的追隨者，他自詡為自由市場經濟學家，其必然的道理是，只要有人存錢，就需要有人借款。[2]

這種人盡皆知的國民經濟原理施行起來卻很困難，因為中間卡著社會心理問題：一般家庭一旦擺脫絕對困境，便會開始存錢。當然會有一些家庭為了蓋房子等而接受貸款，但絕大多數的人都會把錢存起來，希望為老年預作規劃、儲備子女的教育金或為子女留下遺產等。[3]

如果一般家庭不斷累積存款，企業或國家便得負債。然而自2002年以來，德國企業已經累積了數以十億計的金融資產。因為德國的實質薪資直到2010年一路下滑，德國對企業課徵的稅也減少，因此企業生產成本下降，例如公司所得稅僅15%。結果許多企業坐擁龐大的現金儲備，不知利潤該往何處投資。

純粹就邏輯而言，如果德國一般家庭與企業累積財富，則德國必然嚴重負債。德國基本法中甚至明定「債務抑止」（Schuldenbremse）制度，避免國家借款。於是德國舉國上下，從國民企業到國家都在存錢。德國人就像一群松鼠，每隻松鼠都累積了大量剩餘的堅果，卻沒人想吃。

儘管如此，德國人的錢並沒有擺在銀行裡發霉，而是出口去了，因為國內沒人想要。於是，德國人的存款流向國外，助長了美國次級房貸危機與歐債危機。[4]

若想防止這種虧本生意再度出現，只有兩種辦法：一是德國要讓自己強力負債，以吸收國內存款；或者提高富人與企業稅賦，以免他們累積過多盈餘。這種作法看似矛盾，卻正如巴菲特所說，富人多繳稅，其實是最佳的投資。

我們都知道，錢不能拿來吃，但平時我們往往會忘掉這麼簡單的道理。人人都想存錢以保障未來的生活，然而社會全體並無法靠存錢來未雨綢繆。光靠錢無法創造財富，錢只是一種社會潤滑劑，及戶頭上的數字而已。真正的財富來自投資；今天投資，以便在明天創造出更多的商品與服務。錢必須變成資本才有未來。長期來看，擺在銀行不動的錢是不具任何價值的。

可惜德國的投資遠遠不足。根據德國經濟研究所的估計，德國一年的投資缺口高達750億歐元，[5]態勢極為嚴重：德國人為了未來而存錢，但這種行為卻阻礙了唯一能保障未來的投資。

當人們勤於存錢時，投資便會縮減，這絕非巧合，而是必然的結果。努力存錢的人是不會消費的；而銷售量若下滑，企業就沒有投資的誘因，因為當需求停滯或減少時，提高產量又有什麼意義？由此可知，把錢省下來不花對個人而言看似好事，但對社會整體卻極端危險。在此，企業經濟理性與國民經濟理性再次分道揚鑣，但企業與家庭卻未發現這一點，因為兩者的目光都侷限在自己的小世界裡，只有國家能操控方向。想讓經濟成長，國家就必須振興投資，並且盡可能限縮存錢的狂熱，但具體該怎麼做？

首先，國家絕不可靜待企業投資，而應該自行投資。許多攸關

未來的計畫最好由整體社會共同執行，例如想讓能源轉型，就必須建設全新的輸電系統，因為分散式的風力發電或太陽能發電所需要的輸電網，不同於應該關閉的大型火力發電廠。此外，教育與基礎建設同樣亟需投資：德國幼兒園依然不足，而許多地區的鐵道與公路系統也已年久失修。

其次，國家大可提高財產稅來取得這些重要計畫的資金。如此不僅能消耗一些富人的高額存款，也符合公平正義的原則。德國最富有的1%所擁有的財富，佔全國人民總資產的35.8%。奧地利的情況更嚴重，那裡最富有的0.5%所擁有的財富，超過全國的三分之一。[6]假如國家沒有花費數以十億歐元計的歐元帶領銀行與經濟度過金融危機，這些富人的財富將大幅縮水。為了解救經濟免於崩潰，這些援助措施儘管不得不為，但其結果依然古怪至極：對某些富人而言，金融危機代表雙重的好生意。國家不只拯救了他們大部分的財富，還必須為此借款；而提供貸款的就是有錢人，而且他們會要求國家支付利息。換句話說，有錢人讓國家付錢給自己，來保障他們自己的財產。

超級富豪雖然高談「自由市場經濟」，實際上他們卻能獲得高額補助。這種挖下補上的再分配，只要善用巧妙的財產稅與遺產稅，便能輕鬆導正。[7]此外，最高所得稅率大可提高到53%等。然而這些並非革命性的作法，不過是重返昔日基民盟總理赫爾穆特・柯爾（Helmut Kohl）時代的政策而已，但柯爾根本不算是社會主義者。[8]

第三，只要德國實質薪資停滯一天，德國經濟便一天無法成長或幾乎不成長。這其實是必然的道理。成長意味著生產更多商品，若薪資不漲，多出來的產品該由誰購買？德國企業正處於1929年大股災前夕美國企業陷入的窘境：生產力擴增，有能力製造更多產品，

但大眾卻缺乏購買力，因為實質薪資並沒有跟著提升。結果是企業捨棄不划算的投資，寧可在金融市場上投機，結果再一次把未來玩掉了。

實質薪資要上漲，就需要國家提供助力。寄望「勞動市場」是沒有用的，因為勞動市場並非真正的市場。受薪階級是可以勒索的，他們需要工作，什麼薪水都得接受，除非國家保障他們的最低薪資，否則他們就沒有條件協商。這種認知一點也不新，亞當・史密斯早已洞察了這一點。

但「2010大議程」依然對此歷史經驗視而不見，反而廢除保護受薪者的法律。德國的薪資傾銷不僅撕裂了歐元區，也扼殺了德國的經濟成長。要導正這種錯誤其實不難，只要將最低薪資定為一小時十歐元就大有裨益；如果能重返柯爾時代的作法，將目前毫無限制的派遣工職位加以限縮，將會是一大進展。

第四，在當前處處撙節的時刻，國家若強制國民投保民營退休保險，而強迫國民更加節儉度日，是非常不恰當的作法。「李斯特退休年金」是一個財產毀滅機制。政府應該採行以所謂隨收隨付制（Umlageverfahren）為基準的法定退休年金制，由現在的受薪者支付現在的退休人士。如此大家就不會節約度日，也能擺脫經濟的惡性循環。

要釐清的是：法定退休保險若悉數轉為民營退休保險，就必須存下七兆歐元，如此一來，金融市場將會極度膨脹，與此同時，實體經濟卻會崩潰，因為需求消失了。所以，法定退休保險不是為了修補資本主義的不公不義，反倒扶植了資本主義。

許多德國人與奧地利人對於自己的私人退休保險未能帶來收益頗為不滿。但這其實是必然的結果，因為這種強制儲蓄正好扼殺了

經濟產值，而少了亮麗的經濟表現，民營退休保險就無法配發紅利。因此，從民營退休保險獲益的只有金融業，可以收取由國家補助的手續費。如果廢除李斯特退休年金險，除了銀行與保險公司，其他任何人都不會有損失。

第五，如果不想讓金融泡沫破裂，就必須防止它繼續膨脹，而金融交易稅將可發揮一定效果：每個麵包、每個迴紋針在德國都附有增值稅，但銀行與基金業務卻一直不必繳稅，這一點委實令人無法苟同。不過單靠金融交易稅仍不足以遏止投機泡沫。舉例來說：當投資者如果預期股價會大漲，即使向股市徵收0.1%的交易稅，他們還是會買進股票。

因此，我們還需要另外兩項之前已經討論過的措施：首先，銀行與影子銀行的自有資本額必須大幅提高，它們才能自行承擔損失。其次，所有的金融衍生工具都必須透過證券交易所買賣；如果無法識別複雜金融商品會對國民經濟帶來何種影響，就應予以禁止；銀行大可重返儲蓄銀行的業務。

富人往往認為，更高的富人稅、更高的薪資、更強大的控管等，就是社會主義的開端。但事實上，這麼做不僅不會剝奪富人的財產，反而拯救了他們的財富。短短十年間德國人便經歷了三次大危機：網際網路泡沫、金融海嘯與歐債危機。就連新自由主義派的投資人現在都明白，對「自由市場」膜拜並非理想的商業模式。

好消息是，資本主義是可以控制的，藉此大幅避免危機的形成。但無論怎麼做，我們的經濟體系注定會瀕臨極限，因為有個根本問題幾乎無解：資本主義不僅會帶來成長，也需要成長。然而，在有限的世界裡，不可能有永無止境的成長。難道資本主義終將走上滅亡之路？

## 註釋

1　華倫・巴菲特，〈停止寵愛超級富豪〉（Stop Coddling the Super-Rich），《紐約時報》，2011年8月14日。這種情況在德國較不嚴重，德國超級富豪的平均所得稅率為30.5%，但我所採用的稅務資料僅到2005年，對金融投資利稅（Abgeltungssteuer）的效應尚缺乏研究。該稅於2009年施行，對資本收益一律課徵25%的稅。參見巴哈，奇亞寇莫・寇內歐（Giacomo Corneo）等，2011年6月。

2　關於「會計平衡力學」的極佳入門，可參考法比安・林德納，《遭人錯忘：沃爾夫岡・史提澤與其會計平衡力學》（*Zuunrechtvergessen: Wolfgang Stützel und seine Saldenmechanik*），見「群」部落格（Herdentrieb），《時代週報》網路版，2013年1月9日；弗拉斯貝克，史皮克，2011年，第472–480頁。

3　在特殊情況下也可能出現一般家庭普遍不儲蓄的情況，但這向來是種警訊。因為這僅存在於信貸泡沫膨脹、資產價值看似增長時，次貸危機便是個典型案例：由於房價上漲，許多美國人誤以為舉債不會有風險，依然能為未來稠繆。

4　德國政府也應用了會計平衡力學，在第四篇「貧窮與富裕報告」（第53頁）中有一張自1991至2011年的圖表，從這張圖表可以清楚看到，自2002年起企業不再借款，而是首度出現盈餘。而由於國內儲蓄過多，因此有數十億歐元流向國外──從這張圖表也可清楚看到此種現象。

5　巴哈等人，2013年，第6頁。

6　巴哈、馬汀・貝茲諾斯卡（Martin Benznoska）等著，2011年，第11頁。關於奧地利請參見米夏埃爾・安德里亞胥（Michael Andreasch）等著，2011年，第233–260頁，此處參考第253頁。關於奧地利頂尖富豪的數據極差，就連央行所做的家戶統計調查也無法提供新資訊，因為這些最富有的人並未參與。

7　在德國，如果公司繼承人繼續經營公司超過七年，並且未曾解雇員工，便可完全不必繳納遺產稅。因此，即使繼承的公司資產達數十億歐元，也可以連一分遺產稅都不必繳納。奧地利更是全面廢止遺產稅。

8　經常有人建議政府利用財產稅的收入來減少政府債務。這種建議聽起來雖有道理，但效果卻適得其反，因為減債便等於儲蓄。

# 展望未來：資本主義的滅亡

　　預言資本主義終會走到盡頭，並非什麼新觀點。資本主義的動能向來令人畏懼。當這種新型經濟秩序還極為年輕時，卻已經有人預言它的末路了。早在1776年時，亞當‧史密斯便曾戲謔表示，不斷有人宣稱經濟終將滅亡：「例如英國產品的年產量要比100年前查理二世（Charles II）時高出許多，但我認為應該很少有人會否認，在此期間幾乎每五年便有一本書或一篇文章問世……宣稱國家的富裕繁榮將迅速萎縮、人口將減少、農業沒落、生產力衰退，而貿易也將一蹶不振。」[1]

　　很快地，人們的憂慮開始聚焦在一個至今依然緊迫的問題：地球上的原物料足夠長期餵養貪婪的資本主義嗎？十九世紀時，魯爾區（Ruhrgebiet）的貴族便擔心該區煤礦終將枯竭。如同鋼鐵鉅子利奧波德‧赫施（Leopold Hoesch）所言：人們認真討論，「地球是否蘊藏足夠的煤與焦碳，以供應世上所需的生鐵。」[2]

　　如今這種憂慮再度出現，只是換上了「石油頂峰」（Peak Oil）的標籤。所謂石油頂峰，指的是人類已經越過了石油的最大開採值，

未來石油會更加短缺、更加昂貴。但現在能源還未變貴，如果將通膨計算在內，過去200年來反而變得愈來愈便宜。即使1973年與1979年兩次石油危機，也擋不住這種長期趨勢。此外石油還有替代品：假使油價持續上揚，還可以將煤炭液化處理，如此還夠用上150年。[3]

到目前為止，那些預告成長即將結束的人都搞錯了。不過，成長何時結束，時間雖然不確定，但終將到來，因為成長意味著不斷消耗原物料。理論上，雖然人類擁有整個地殼可供開採，但其蘊藏量絕大部分都已耗盡，可供開採的密度越來越低，因此需要動用更多能源，但能源本身在未來也同樣短缺，因為大型油田也已開採殆盡。[4]逐漸短缺的原物料需要耗費逐漸短缺的能源開採，光是這個簡單的公式，便注定經濟成長終有一天會結束。

此外，還有第二個更迫切的問題：人類汙染環境，摧毀了自己的生活基礎。氣候變遷這個警訊正昭告人類，大自然迫切需要暫時停止經濟成長，無法等到原物料耗盡時。每年人類排放的溫室氣體是森林與海洋吸收量的兩倍，而每一位地球居民都嚐到了後果：冰河融化、沙漠擴大、洪災頻仍、海平面上升、海洋酸化。想要地球暖化不致全面失控，到了2050年，工業國家排放的廢氣必須減少80%。

相關的對策並不缺，包括再生能源、資源回收利用、耐用物品、大眾交通工具、減少肉品消費、有機農業以及使用當地產品等。這些變革的代價是可以預知的，尤其這些作法往往意味著縮減開銷。坐公車比私家轎車便宜，這一點所有無車族都很清楚。

儘管有這些對策，氣候保護卻仍不見進展。人們往往將此歸咎於那些永不饜足、不肯捨棄搭機前往澳洲旅行或耗油量大的休旅車

等的消費者。這種解釋並非全然錯誤，但未免過於簡單。所有的研究都顯示，一旦超過某個收入門檻，更多的錢並不會讓人更快樂，而這個門檻大約是個人的年收入達27,500美元。在此我們做個比較：目前每個德國人有39,000美元可用，奧地利人更高達42,400美元，[5]這麼高的水準，就算稍微捨棄一些享樂，我們也不會察覺的。

回顧歷史，也證實越富有並不代表越快樂：自1975年至今，德國與奧地利的經濟產值大約成長為兩倍，但人民的滿意度並沒有增加，當時大家也過得很好，沒有人因為只能在初夏吃得到草莓或蘆筍，或是沒有從紐西蘭進口的奇異果而感到不滿。

我們生活在一個富裕的社會，而且往往不知該如何處理物質泛濫的情況。德國環保部（Umweltministerium）曾經算過德國人平均擁有多少物品，結果是10,000件，而這些物品至少有一半永遠用不到，只是被人擺在櫃子裡任其毀壞，並且造成環境汙染：先是在製造時，接著變成垃圾。

其次，消費也會浪費時間。正如反對追求經濟成長的尼科‧佩希（Niko Paech）所再三強調的，時間是西方世界唯一短缺的東西。大家都知道人終將一死，但人類卻將自己有限的時間浪費在購買並維護他們一點也不需要的物品上，委實令人不解。

簡單的對策是，每個人只買現在一半的物品，這麼做不僅什麼都不必捨棄，還是一種解放，終於可以擺脫那些再也不會去碰的物品了。如果消費者大罷工，我們的資本主義型經濟自然不會繼續成長，反而會萎縮。但這樣又何妨？這樣還能拯救生態環境呢！

但放棄成長並沒有那麼簡單，金融危機已經為我們上了一課：產量一下降，就會出現提出各種刺激經濟的方案，以拯救工作機會。即使經濟萎縮，生態環境也未必能從中獲益，比如許多希臘人付不

起取暖用油，只好砍伐樹木。在經濟危機中，大自然往往成為第一個犧牲者。

就此而言，資本主義的運作不同於廣告的說法：重要的不是我們所消費的商品，商品只是更高目的的助力，最後的目標在於工作機會。我們為了能工作而工作，因為工作的人才能擁有收入、穩定的生活與他人的認可。

美籍經濟學者約翰‧肯尼斯‧高伯瑞早在1958年便已指陳一種奇特的現象：在經濟危機中，人們從不因為工廠產能未能滿載，因此無法製造許多產品而感到遺憾。人們並不在意產品數量減少，沒有人因為汽車產量突然減少而感到惋惜，人們抱怨的是在經濟危機中被砍掉的工作機會。[6]有人認為我們拚命消費到死，這其實是一種錯覺，實際上我們是拚命生產到死。人類的集體目標是充分就業，不是充分消費。

解決之道理論上很簡單：我們不僅將消費減半，工作也減半，如此一來人人都能賺到必要的收入來滿足所需。這種想法同樣不新，而且幾乎與工業化同樣古老。馬克思的女婿保羅‧拉法格（Paul Lafargue）在1883年便已發表他的《懶惰的權利》（*Le droit à la paresse*）；凱因斯也認為，未來人類能享受貴族般的生活、盡情從事自己的嗜好。身處經濟危機中他卻致力探討，我們的孫輩會過著怎樣的生活，並且預言2030年時，一週工作15小時，就足以讓每個人過著富裕的生活。

凱因斯的預言雖然正確卻沒有成真，人們寧可生產過剩也不願意放棄工作。儘管生態環境已經承受不了大量的商品，人類依然追求經濟成長。目前全球經濟年成長率略高於2%，乍看之下似乎不多，然而凱因斯早已為當時的人演示，這意味著多麼龐大的產量：

「如果資本每年成長2%，20年後資產便會成長一半，100年後更增為7.5倍。」

　　如果人類堅持追求經濟成長，便是在破壞自己的生存基礎。但與此同時，同樣明顯的事實是，有數十億人依然活在貧窮之中，他們有權要求享受工業國家人民享有的生活水準。因此，在一個公平的世界裡，北半球的人必須捨棄成長，如此南半球的居民才能追趕上來，又不至於讓生態環境崩潰。

　　但要讓北半球的成長煞車似乎很難，因此出現了一種名為綠色新政（Green New Deal）或永續性成長（nachhaltiges Wachstum）的新構想。乍聽之下這種構想相當吸引人：我們可以提升效能，從而使經濟成長與原物料消耗「脫鉤」。我們必須減少每一商品單位的能源消耗，才可能在不破壞氣候的條件下享受經濟成長。聽起來這種作法就像是破解了不可能的任務：經濟與環保突然不再對立了。

　　這種「脫鉤」構想並非全然錯誤：自1970年至今，單位商品的能源消耗確實減半了。但生態環境的負荷並沒有因此而減輕，因為很快就出現了「反彈效應」（rebound effect），也就是德文裡所稱的「回力鏢效應」（Bumerangeffekt）：降低的花費被用來提高商品產量，因此整體能源消耗不減反增。

　　利用風力、太陽能或水力提供的「再生能源」，這種反彈效應似乎有解。不過，這種說法其實美化了真相：「綠」能並非真「綠」，同樣也會消耗原物料、破壞景觀與大自然。在北海淺灘（Nordsee-Wattenmeer）設置離岸風電場，並非對該區生物全然沒有影響。而德國黑森林（Schwarzwald）的居民大力抵制在當地設置新的抽水蓄能電站，也並非全是情緒性的反應，是因為這些設施會破壞大自然。對生態平衡而言，再生能源雖然明顯優於火力發電，但對生態環境

並非零破壞。

再者，許多經濟領域還無法改採環保電力，比如電動車依然還在測試階段；客機也只能使用煤油，但光是航空業就摧毀了我們所有的減排目標。反對一味追求經濟成長的尼科·佩希曾經採用過簡單的算法：如果要為地球暖化設下停損點，到了2050年，每位地球居民一年的二氧化碳排放量必須降到2.7公噸。但搭機從德國法蘭克福飛往紐約產生的廢氣便已高達4.2公噸，前往雪梨更高達14.5公噸。雖然不是每個德國人都出國旅行，但航空業發展強勁，光是現在每位德國國民一年製造的二氧化碳便已高達11公噸了。[7]

截至目前為止，還有90％的地球居民從未搭過飛機。但我們不妨想像一下，如果他們都和德國人一樣飛往世界各地，屆時人類將因他們在空中留下的飛機凝結尾跡而滅亡。想要保護氣候，人們就不該搭乘飛機，但如此一來我們就不得不採行連環保人士都想避免的措施：捨棄。

不只捨棄搭機飛行，因為在其他方面若想降低能源消耗，也唯有降低產量一途。換言之，所有「永續性成長」的構想都只是虛假的包裝，因為它們實際上並沒有帶來成長，而是更多的永續性。因此，這些構想的正確名稱應該是「成長型的永續性」。

在此僅舉一例：每種「永續性成長」的計畫都寄望汽車能共享，或者使用大眾交通工具的人數增加，但如果更多家庭共用一輛汽車，或者直接搭乘巴士，汽車銷量便會減少，而德國人引以為傲的汽車產業也將萎縮。

此外，光是聚焦在防止氣候變遷還不夠，碳排放並非唯一的環保問題，土地利用、水資源短缺、物種滅絕與有毒廢棄物等問題都同樣急迫。人類排放到大自然的化學物質約有十萬種，但我們只了

解其中一小部分的交互作用。

　　現在工業國家正面臨一個不是抉擇的抉擇：若不是自願放棄成長，就是有一天成長戛然而止，因為人類的生活基礎遭受嚴重的破壞。因此，工業國家最好先踩煞車，如此才是理智的作法。更何況，減少消費也不會有任何損失，物質泛濫反正也沒有提升人們的滿意度；而工作少一點也是一種解放呢。這種認知不僅見於凱因斯的著作，如今更有許多探討循環經濟（Kreislaufwirtschaft）、捨棄成長，描述「共同福祉型經濟」（Gemeinwohlökonomie）或後成長經濟（Postwachstumsökonomie）等美麗願景的書籍出版。

　　我們不缺願景，缺乏的是通往願景的道路。許多反對資本主義的人士認為，捨棄成長，進而廢除資本主義是非常簡單的，那是因為他們根本未曾思考其中的過程。實際上，如何從資本主義經濟過渡到循環經濟，是一個迄今尚未有解的挑戰。

　　瑞士籍經濟學家漢斯‧克里斯多福‧賓斯旺格一生致力於探討環保議題，並且提出環保稅（Ökosteuer）等構想，但連他都不認為我們能完全放棄追求成長。光是成長停滯就意味著企業必須擔心虧損；一旦利潤消失，企業就不再投資；沒有投資經濟便會崩潰乃至無法控制。[8]類似1929年經濟危機的下行螺旋也將啟動：工作機會喪失、需求下降、產量萎縮，更多工作機會消失不見。

　　如此一來，雖然能終結資本主義，但這種終結方式不允許我們從容想像，其結果也不會是環保人士所樂見的環保式的經濟循環，相反地是失控萎縮，並帶來恐慌的經濟急墜。如果人們失去工作與收入，將會陷入大恐慌。而每一次的經濟危機都極度危險，都會危害到民主制度。從歐債風暴的危機國家，我們已可觀察到，這些國家的政府分崩離析，激進政黨則日漸壯大。

這是兩難：沒有經濟成長不行，全「綠」的成長不存在，而一般的成長又意味著生態大浩劫。資本主義有如詛咒，它使財富與科技進步成為可能，而科技進步原本可減輕我們的工作，結果我們卻得繼續生產不休——儘管這麼做會走向滅亡。高伯瑞在1958年便探討過這種「現代的弔詭」（Modernes Paradox）：「為何產量增加，我們卻還加倍為產量擔憂呢？」[9]

商品成了我們的崇拜物，但不是像馬克思所言，是為了商品的使用價值或交換價值，而是為追求穩定與保障。我們生產得愈來愈多，因為資本主義需要成長，沒有成長便會崩潰。當然，資本主義偶爾也承受得了危機，但前提是，人類必須能寄望成長最終還會回來。

在這種困境中唯一可行的是務實的「雖然……還是」：雖然如此，還是節約能源；雖然如此，還是盡可能少搭飛機；雖然如此，還是採用風力與太陽能發電。但我們不該幻想，誤以為這樣就是「綠色」成長。由此看來，資本主義極可能敗在它自己所製造的環保問題。

資本主義的終結不會是歷史的終結，更不會是地球的終結，而且很可能也並非意味著人類的終結——儘管人類賣力摧毀自己的生存基礎。未來將會出現一種我們今天還不知道的體系，但這種體系也會讓那時候的人類大感驚訝。就如資本主義在1760年於英格蘭西北部形成時，沒有人預料到、沒有人計畫，但它終究出現了。人類既無法預見，也無法全面理解自己的文化成就，這也是人類令人著迷的特質。有人類的地方，其結果如何，便不得可知了。

## 註釋

1 史密斯，第206頁。

2 韋勒，1995年，第84頁。

3 里夏德・馮・魏茨澤克（Richard von Weizsäcker）等著，2010年，第307頁以下。

4 烏戈・巴拉迪（Ugo Bardi），2013年，第154頁以下。

5 這些數據乃「購買力平價」，已經將德國與奧地利的物價差別納入考慮。

6 高伯瑞，1999年，第217頁以下。

7 這裡指的是二氧化碳當量，其他溫室氣體如甲烷等的破壞力已經換算成以二氧化碳為基準了。

8 賓斯旺格，2006年，第363頁以下。

9 高伯瑞，1999年，第98頁。

致謝 ─────────────────────────────────────

　　丹尼耶爾‧豪夫勒（Daniel Haufler）與安德魯‧詹姆斯‧喬斯頓（Andrew James Johnston）一路相隨，擔任本書的批判型讀者與對話夥伴，如果本書文筆流暢明晰，都要歸功於兩位的協助。史蒂凡‧舒爾邁斯特以專業的知識檢視了本書若干章節，如果書中出現錯誤，錯不在他，因為偶爾我還是保留了我原本的文字。感謝尼爾斯‧卡德里茨克（Niels Kadritzke）慷慨出借他位於希臘錫羅斯島（Syros）上的房屋供我使用一段時間，促成本書的完成。感謝沃爾卡‧史密特克（Volker Schmidtke）在我的電腦即將出現較嚴重的技術問題時，為我準備了新鍵盤。此外，我也要感謝我在《日報》上的每位讀者，因為他們的來信與提問，才使我興起念頭，撰寫一本探討資本主義的書。

# 參考書目

Abelshauser, Werner (2011): *Deutsche Wirtschaftsgeschichte. Von 1945 bis zur Gegenwart*, München.

Admati, Anat, Martin Hellwig (2013): *The Bankers' New Clothes. What's Wrong with Banking and What to Do about It*, Princeton.

Ahrens, Gerhard (1986): *Krisenmanagement 1857. Staat und Kaufmannschaft in Hamburg während der ersten Weltwirtschaftskrise*, Hamburg.

Aitchison, Peter, Andrew Cassell (2003): *The Lowland Clearances. Scotland's Silent Revolution 1760–1830*, Edinburgh.

Allen, Robert C. (2011): *Global Economic History. A Very Short Introduction*, New York, Oxford u. a.

Andreasch, Michael, Peter Mooslechner, Martin Schürz (2011): Einige Aspekte der Vermögensverteilung in Österreich, in: Bundesministerium für Arbeit, Soziales und Konsumentenschutz, *Sozialbericht 2009–2010*, S. 233–260, Wien.

Appleby, Joyce (2010): *The Relentless Revolution. A History of Capitalism*, New York.

Aristoteles (1969): *Nikomachische Ethik*, Stuttgart.

Aristoteles (2006), *Politik: Der Staat der Athener*, Mannheim.

Bach, Stefan, Guido Baldi, Kerstin Bernoth, Björn Bremer, Beatrice Farkas, Ferdinand Fichtner, Marcel Fratzscher, Martin Gornig (2013): Wege zu einem höheren Wachstumspfad, in: *DIW-Wochenbericht 26/2013*, S. 6–17.

Bach, Stefan, Martin Besnoka, Viktor Steiner (2011): A Wealth Tax on the Rich to Bring down Public Debt? Revenue and Distributional Effects of a Capital Levy, in: *SOEPpapers 397*, Berlin.

Bach, Stefan, Giacomo Corneo, Viktor Steiner (2011): Effective Taxation of Top Incomes in Germany, http://www.wiwiss.fu-berlin.de/institute/finanzen/cor

neo/dp/BCS_EffectTaxRate_2011-06-20.pdf

Bagehot, Walter (1873): *Lombard Street. A Description of the Money Market*, kindle edition.

Bair, Sheila (2012): *Bull by the Horns. Fighting to save Main Street from Wall Street and Wall Street from Itself*, Denver.

Bardi, Ugo (2013): *Der geplünderte Planet. Die Zukunft des Menschen im Zeitalter schwindender Ressourcen*, München.

Beliën, Herman, Monique van Hoogstraten (2003): *De Nederlandse geschiedenis in een no-tendop. Wat elke Nederlander van de vaderlandse geschiedenis moet weten*, Amsterdam.

Bergheim, Stefan (2007): Spanien 2020 – die Erfolgsgeschichte geht weiter, in: *Deutsche Bank Research.*

Binswanger, Hans Christoph (2006): *Die Wachstumsspirale: Geld, Energie und Imagination in der Dynamik des Marktprozesses*, Marburg.

Binswanger, Hans Christoph (2011): *Die Glaubensgemeinschaft der* Ökonomen: *Essays zur Kultur der Wirtschaft*, Hamburg.

Blanchard, Oliver (2009): *Macroeconomics*. 5. Auflage, London.

Blomert, Reinhard (2012): *Adam Smiths Reise nach Frankreich oder die Entstehung der Nationalökonomie*, Berlin.

Bofinger, Peter (2012): *Zurück zur D-Mark? Deutschland braucht den Euro*, München.

Braudel, Fernand (1985 a): *Civilization & Capitalism, 15th–18th Century, Volume I: The Structures of Everyday Life*, Waukegan, USA. (Erstausgabe 1979).

Braudel, Fernand (1982): *Civilization & Capitalism, 15th–18th Century Volume II: The Wheels of Commerce*, New York, USA. (Erstausgabe 1979).

Braudel, Fernand (1985 b): *Civilization & Capitalism, 15th–18th Century Volume III: The Perspective of the World*, Waukegan, USA. (Erstausgabe 1979).

Braudel, Fernand (2011): *Die Dynamik des Kapitalismus*, Stuttgart. (Erstausgabe 1985).

Braun, Christina von (2012): *Der Preis des Geldes: Eine Kulturgeschichte*, Berlin.

Brenke, Karl, Markus M. Grabka: Schwache Lohnentwicklung im letzten Jahr-zehnt, in: *DIW-Wochenbericht* 45/2011.

Brinkmann, Ulrich, Oliver Nachtwey, Fabienne Décieux (2013): *Wer sind die 99? Eine empirische Untersuchung der Occupy-Proteste*, Frankfurt am Main.

Broadberry, Stephen, Bruce Campbell, Alexander Klein, Mark Overton, Bas van

Leeuwen (2010): British Economic Growth 1270–1870, in: University of Warwick Publications service & WRAP, http://www.wrap.warwick.ac.uk/46027/.

Broadberry, Stephen, Bishnupriya Gupta (2010): Indian GDP, 1600–1871: Some Preliminary Estimates and a Comparison with Britain, in: University of Warwick Publications service, http://www2.warwick.ac.uk/fac/soc/economics/ staff/ academic/broadberry/wp/indiangdppre1870v4.pdf.

Broadberry, Stephen, Kevin H. O'Rourke (Hg.) (2010): *The Cambridge Economic History of Modern Europe, Volume I: 1700–1870*, Cambridge, UK.

Bruck, Connie (1989): *The Predators' Ball. The Inside Story of Drexel Burnham and the Rise of the Junk Bond Raiders*, London.

Budde, Gunilla (Hg.) (2011): *Kapitalismus. Historische Annäherungen*, Göttingen, Bristol.

Bundesministerium für Arbeit und Soziales (2013): *Lebenslagen in Deutschland. Der vierte Armuts- und Reichtumsbericht der Bundesregierung*, Berlin.

Chang, Ha-Joon (2011): *23 Things They Don't Tell You About Capitalism*, London.

Clark, Christopher (2006): *Iron Kingdom. The Rise and Downfall of Prussia, 1600–1947*, London.

Collani, Claudia von (2012): *Von Jesuiten, Kaisern und Kanonen: Europa und China – eine wechselvolle Geschichte*, Darmstadt.

Comptroller of the Currency (2012): OCC's Quarterly Report on Bank Trading and Derivatives Activities Fourth Quarter 2012 (http://www.occ.gov/topics/capital-markets/financial-markets/trading/derivatives/dq412.pdf).

Conrad, Christian A., Markus Stahl (2002): *Asset–Preise als geldpolitische Ziel- größe – das Beispiel der USA, in: Wirtschaftsdienst*, S. 486–493, Hamburg.

Conrad, Sebastian (2006): *Globalisierung und Nation im Deutschen Kaiserreich*, München.

Crouch, Colin (2011): *Das befremdliche Überleben des Neoliberalismus: Postdemokratie II*, Berlin.

Dabringhaus, Sabine (Hg.), Johann Christian Hüttner (1996): *Nachricht von der britischen Gesandtschaftsreise nach China 1792–94*, Ostfildern.

Dabringhaus, Sabine (2006): *Geschichte Chinas 1279–1949*, München.

Dahlem, Markus (2009): *Die Professionalisierung des Bankbetriebs: Studien zur institutionellen Struktur der deutschen Banken im Kaiserreich 1871–1914*, Essen.

Delves Broughton, Philipp (2010): *What They Teach You at Harvard Business School. My Two Years Inside the Cauldron of Capitalism*, London.

Diamond, Jared (1999): *Guns, Germs, and Steel: The Fates of Human Societies*, New York.

Döhrn, Roland, Heinz Gebhardt (2013): Die fiskalischen Kosten der Finanz- und Wirtschaftskrise, in: *IBES Diskussionsbeitrag 198*, Duisburg.

Dullien, Sebastian, Hansjörg Herr, Christian Kellermann (2009): *Der gute Kapitalismus ... und was sich dafür nach der Krise* ändern müsste, Bielefeld.

Eichengreen, Barry (2011): *Exorbitant Privilege: The Rise and Fall of the Dollar and the Future of the International Monetary System*, New York.

Eisenmenger, Matthias, Dieter Emmerling (2011): Amtliche Sterbetafeln und Entwicklung der Sterblichkeit, in: Statistisches Bundesamt, *Wirtschaft und Statistik*, S. 219– 238, Wiesbaden.

Erhard, Ludwig (2009): *Wohlstand für Alle*, Köln. (Erstausgabe 1957).

Felber, Christian (2010): *Die Gemeinwohl-Ökonomie. Das Wirtschaftsmodell der Zukunft*, München.

Fellmeth, Ulrich (2008*): Pecunia non olet. Die Wirtschaft der antiken Welt*, Darmstadt.

Ferguson, Niall (2009): *The Ascent of Money: The Financial History of the World*, London.

Finley, Moses I. (1982): *The World of Odysseus*, New York. (Erstausgabe 1954).

Finley, Moses I. (1985): *The Ancient Economy*, 2. Auflage, London.

Fisher, Irving (1933): The Debt-Deflation Theory of Great Depressions, in: *Econometrica*, S. 337–357, Hoboken, USA.

Flassbeck, Heiner, Friederike Spieker (2007): *Das Ende der Massenarbeitslosigkeit. Mit richtiger Wirtschaftspolitik die Zukunft gewinnen*, Frankfurt am Main.

Flassbeck, Heiner, Friederike Spieker (2011): Der Staat als Schuldner – Quadratur des Bösen?, in: *Wirtschaftsdienst*, S. 472–480, Hamburg.

Flassbeck, Heiner, Costas Lapavistas (2013): *The Systemic Crisis of the Euro – True Causes and Effective Therapies*, Berlin.

Fricke, Thomas (2013): *Wie viel Bank braucht der Mensch? Raus aus der verrückten Finanzwelt*, Frankfurt am Main.

Friedman, Milton (2002): Kapitalismus und Freiheit, Frankfurt am Main. (Erstausgabe 1962).

Galbraith, James K. (2012): *Inequality and Instability.: A Study of the World Eco- nomy Just Before the Great Crisis*, New York.

Galbraith, John Kenneth (2009): *The Great Crash 1929*, Boston. (Erstausgabe 1954).

Galbraith, John Kenneth (1974): *The New Industrial State,* Gretna, USA.

Galbraith, John Kenneth (1976): Money: Whence It Came, Where it Went, Gretna, USA.

Galbraith, John Kenneth (1987): *A History of Economics. The Past as the Present,* London.

Galbraith, John Kenneth (1999): *The Affluent Society.* Überarbeitet und mit einer neuen Einleitung von dem Autor (1958), London.

Gall, Lothar, Gerald D. Feldman, Harold James, Carl-Ludwig Holtfrerich, Hans E. Büschgen (1995): *Die Deutsche Bank 1870-1995: Deutsche Bank 1870-1995. 125 Jahre Deutsche Wirtschafts- und Finanzgeschichte,* München.

Gesamtverband der deutschen Versicherungswirtschaft (2013): *Die deutsche Lebensversicherung in Zahlen,* Berlin.

Gesell, Silvio (2011): »Reichtum *und Armut gehören nicht in einen geordneten Staat.«: Werkauswahl zum 150. Geburtstag,* Kiel.

Goebel, Jan, Martin Gornig, Hartmut Häußermann (2010): Polarisierung der Einkommen: Die Mittelschicht verliert. In: *DIW-Wochenbericht* 24/2010, Berlin.

Goethe, Johann Wolfgang von (1977): *Faust.* Erster und zweiter Teil, 1808/1832, München.

Graeber, David (2011): *Debt: The First 5,000 Years,* New York.

Grauwe, Paul De (2011): *The Governance of a Fragile Eurozone,* The Centre for European Policy Studies, Economic Policy CEPS Working Documents, Brüssel.

*Greene, Kevin (2000):* Technological innovation and economic progress in the ancient world: M. I. Finley re-considered, in: *Economic History Review,* S. 29–59, Hoboken, USA.

Grill, Wolfgang, Hans Perczynski (1998): *Wirtschaftslehre des Kreditwesens,* Bad Homburg.

Hachfeld, David, Jan Urhahn, Markus Henn (2012): *Hunger in einer an sich reichen Welt. Fragen und Antworten zum Thema Nahrungsmittelspekulation,* Oxfam/ Weed, UK.

Hank, Rainer, Werner Plumpe (Hg.) (2012): *Wie wir reich wurden. Eine kleine Geschichte des Kapitalismus,* Darmstadt.

Hartmann, Michael (2002): *Der Mythos von den Leistungseliten: Spitzenkarrieren und soziale Herkunft in Wirtschaft, Politik, Justiz und Wissenschaft,* Frankfurt am Main.

Hartmann, Michael (2007): *Eliten und Macht in Europa: Ein internationaler Ver-*

*gleich*, Frankfurt am Main.

Henning, Friedrich-Wilhelm (1973): *Die Industrialisierung in Deutschland 1800–1914*, Stuttgart.

Herrmann, Helga (2012): *Die wieder gefundenen Vorfahren* (unveröffentl.).
Herrmann, Ulrike (2010): *Hurra, wir dürfen zahlen: Der Selbstbetrug der Mittelschicht*, Frankfurt am Main.

Herrmann, Ulrike (2012): Washington gegen Wall Street. Es ist gar nicht so einfach, dem Finanzsektor wieder Zügel anzulegen, in: *Edition Le Monde diplomatique, Die Krisenmacher. Bürger, Banken und Banditen*, S. 91–93, Berlin.

Hobsbawm, Eric (2010): *The Age of Revolution: Europe 1789–1848*, London. (Erstausgabe 1962).

Hobsbawm, Eric (1997): *The Age of Capital: 1848–1875*, London. (Erstausgabe 1975).

Hobsbawm, Eric (1994): *The Age of Empire 1875–1914*, London. (Erstausgabe 1987).

Hobsbawm, Eric (1995): *The Age of Extremes. The Short Twentieth Century 1914–1991*, London.

Holtorf, Christian (2013): *Der erste Draht zur Neuen Welt. Die Verlegung des transatlantischen Telegrafenkabels*, Göttingen.

Hondrich, Karl Otto (2001): *Der neue Mensch*, Berlin.

Horkheimer, Max, Theodor W. Adorno (1988): *Dialektik der Aufklärung. Philosophische Fragmente*, Frankfurt am Main. (Erstausgabe 1947).

Huber, Joseph (2011): *Monetäre Modernisierung: Zur Zukunft der Geldordnung*, Marburg.

Hunt, Tristram (2010): *The Frock-Coated Communist: The Life and Times of the Original Champagne Socialist*, London.

Jensen, Anette (2011): *Wir steigern das Bruttosozialglück. Von Menschen, die anders wirtschaften und besser leben*, Freiburg.

Johnson, Simon, James Kwak (2011): *13 Bankers. The Wall Street Takeover and the Next Financial Meltdown*, New York.

Johnston, Andrew J. (2013): *Robin Hood: Geschichte einer Legende*, München.

Kaufman, Henry (2000*): On Money and Markets: A Wall Street Memoir*, New York.

Kennedy, Margrit (2011): *Occupy Money: Damit wir zukünftig ALLE die Gewinner sind*, Bielefeld.

Keynes, John Maynard (2011): The Economic Consequences of the Peace, in: *Digi-*

*reads.com.* (Erstausgabe 1919).

Keynes, John Maynard (2008): *The General Theory of Employment, Interest and Money*, New York. (Erstausgabe 1936).

Keynes, John Maynard (1930): Economic Possibilities for Our Grandchildren, in: *Essays in Persuasion*, S. 358–373, New York.

Kindleberger, Charles P. (1973): *Die Weltwirtschaftskrise 1929–1936*, München.

Kindleberger, Charles P. (1993): *A Financial History of Western Europe*. 2. Auflage, Oxford, UK.

Kindleberger, Charles P., Robert Z. Aliber (2005): *Maniacs, Panics and Crashes. A History of Financial Crises*, 5. Auflage, Hoboken, USA.

Koo, Richard C. (2009): *The Holy Grail of Macroeconomics. Lessons from Japan's Great Recession, Revised and Updated*, Hoboken, USA.

Koo, Richard C.: The World in Balance Sheet Recession. Causes, Cure, and Politics, in: *Real-World Economics Review* 58.

Koudijs, Peter (2012): The boats that did not sail: news and asset price volatility in a natural experiment, in: http://faculty-gsb.stanford.edu/koudijs/documents/ TheBoatsThatDidNotSailupdated.pdf.

Kroh, Martin, Hannes Neiss, Lars Kroll, Thomas Lampert (2012): Menschen mit ho- hen Einkommen leben länger, in: *DIW-Wochenbericht* 38/2012, S. 3–15, Berlin.

Krugman, Paul (2007): *The Conscience of a Liberal*, New York.

Krugman, Paul (2008): *The Return of Depression Economics and the Crisis of 2008*, New York.

Krugman, Paul (2012): *End This Depression Now!*, New York.

Laeven, Luc, Fabián Valencia (2012): Systemic Banking Crises Database: An Update, in: International Monetary Fund, *IMF Working Paper WP/12/163*, Washington.

Lafargue, Paul (1883): *Das Recht auf Faulheit*.

Landes, John G. (1978): *Engineering in the Ancient World*, London.

Landes, David S. Landes, Joel Mokyr, William S. Baumol (2010): *The Invention of Enter- prise: Enterpreneurship from Ancient Mesopotamia to Modern Times*, Princeton.

LeGoff, Jacques (1993): *Kaufleute und Bankiers im Mittelalter*, 1956, Frankfurt am Main.

Lewis, Michael (2011): *The Big Short. Inside the Doomsday Machine*, New York.

Lewis, Michael (1989): *Liar's Poker. Two Cities, True Greed: Playing the Money Markets*, London.

Mackay, Charles (1995): *Extraordinary Popular Delusions and the Madness of Crowds*, Hertfordshire. (Erstausgabe 1841).

Maddison, Angus (2001): The World Economy: A Millennial Perspective, OECD, Paris.

Maddison, Angus (2007): Chinese Economic Performance in the Long Run, 960–2030 AD. 2. Auflage, überarbeitet und aktualisiert, OECD, Paris.

Marterbauer, Markus (2011): *Zahlen bitte! Die Kosten der Krise tragen wir alle*, München.

Marx, Karl, Friedrich Engels (1986): *Manifest der Kommunistischen Partei*. Mit einem Vorwort von Leo Trotzki, Stuttgart (Erstausgabe 1848).

Marx, Karl (1988): *Das Kapital. Kritik der politischen* Ökonomie, München. (Erstausgabe 1867).

Mattingly, David J., John Salmon (Hg.) (2001): *Economies Beyond Agriculture in the Classical World*, London und New York.

McCraw, Thomas K. (2009): *Prophet of Innovation: Joseph Schumpeter and Creative Destruction*, Cambridge, USA.

Misik, Robert (2013): *Erklär mir die Finanzkrise! Wie wir da reingerieten und wie wir da wieder rauskommen*, Wien.

Monroe, Arthur Eli (Hg.) (2006): *Early Economic Thought: Selected Writings from Aristotle to Hume*, Mineola, USA. (Erstausgabe 1924).

Münchau, Wolfgang (2010): *Makrostrategien. Sicher investieren, wenn Staaten pleitegehen*, München.

Mundell, Robert (2002): The Birth of Coinage, in: Columbia University Discussion Pa- per, http://academiccommons.columbia.edu/catalog/ac%3A114141, New York.

Osterhammel, Jürgen, Niels P. Petersson (2004): *Geschichte der Globalisierung: Dimensionen, Prozesse, Epochen*, München.

Osterhammel, Jürgen (2011): *Die Verwandlung der Welt: Eine Geschichte des 19. Jahrhunderts*, München.

O'Toole, Fintan (2010): *Ship of Fools: How Stupidity and Corruption Sank the Celtic Tiger*, London.

Paech, Nico (2012): *Befreiung vom Überfluss: Auf dem Weg in die Postwachstumsökonomie*, München.

Petronius: *The Satyricon – Complete*, A Public Domain Book, kindle edition.

Pfister, Ulrich (2011): Economic Growth in Germany, 1500–1850, in: University of Warwick Publications service & WRAP, http://www2.warwick.ac.uk/fac/soc/economics/news_events/forums/conferences/venice3/programme/pfister_growth_venice_2011.pdf

Philippon, Thomas (2012): Has the U.S. Finance Industry Become Less Efficient?. On the Theory and Measurement of Financial Intermediation, http://pages.stern.nyu.edu/~tphilipp/research.htm.

Philippon, Thomas, Ariel Reshef (2008): *Wages and Human Capital in the U.S. Financial Industry*: 1909–2006, http://pages.stern.nyu.edu/~tphilipp/research.htm

Pickett, Kate, Richard Wilkinson (2009): *The Spirit Level: Why More Equal Societies Almost Always Do Better*, London.

Platon, *Kritias*, in der Übersetzung von Franz Susemihl, 1857, www.zeno.org/Philosophie/M/Platon/Kritias.

Plumpe, Werner (2010): *Wirtschaftskrisen: Geschichte und Gegenwart*, München.

Polanyi, Karl (2001): *The Great Transformation. The Political and Economic Origins of Our Time*, Boston. (Erstausgabe 1944).

Quack, Sigrid (2006): Die transnationalen Ursprünge des »deutschen Kapitalismus«, in: Volker R. Berghahn, Volker Vitols (Hg.): *Gibt es einen deutschen Kapitalismus? Tradition und globale Perspektiven der sozialen Marktwirtschaft*, S. 63–85, Frankfurt am Main.

Reinhart, Carmen M., Kenneth S. Rogoff (2009): *This Time is Different: Eight Centu- ries of Financial Folly*, Princeton, USA.

Reisenberger, Brigitte, Thomas Seifert (2011): *Schwarzbuch Gold: Gewinner und Verlierer im neuen Goldrausch*, München.

Ricardo, David (2004): The Principles of Political Economy and Taxation, Mineola, USA. (Erstausgabe 1817).

Richards, Eric (2007): *Debating the Highland Clearances*, Edinburgh.

Rothschild, Emma, Amartya Sen, (2006): Adam Smith's Economics, in: *Knud Haakonssen (Editor), The Cambridge Companion to Adam Smith*, Cambridge, UK.

Roubini, Nouriel, Stephen Mihm (2010): *Crisis Economics: A Crash Course in the Future of Finance*, London.

Saez, Emmanuel (2013): *Striking it Richer: The Evolution of Top Incomes in the United States*, überarbeitet mit Schätzungen von 2011, 23. 01. 2013; http://elsa.

berkeley.edu/~saez/saez-UStopincomes-2011.pdf

Saller, Richard (2005): Framing the Debate Over Growth in the Ancient Economy, in: J.G. Manning, Ian Morris: *The Ancient Economy, Evidence and Models*, S. 223–238, Stanford.

Sandel, Michael (2012): *What Money Can't Buy: The Moral Limits of Markets*, London.

Schelkle, Waltraud (1995): Motive ökonomischer Geldkritik, in: Waltraud Schelkle, Manfred Nisch (Hg.): *Rätsel Geld: Annäherungen aus* ökonomischer, *soziologischer und historischer Sicht*, S. 11–45, Marburg.

Schieritz, Mark (2013): *Die Inflationslüge: Wie uns die Angst ums Geld ruiniert und wer daran verdient*, München.

Schirrmacher, Frank (2013): *Ego: Das Spiel des Lebens*, München.

Schulze, Ingo (2012): Unsere schönen neuen Kleider. Gegen die marktkonforme Demokratie – für demokratiekonforme Märkte. Dresdner Rede vom 26. 2. 2012 (www.ingoschulze.com/rede_dresden.html), Dresden.

Schulmeister, Stephan (2010): *Mitten in der großen Krise. Ein »New Deal« für Europa*, Wien.

Schumann, Harald, Christiane Grefe (2008): *Der globale Countdown. Gerechtigkeit oder Selbstzerstörung – Die Zukunft der Globalisierung*, Köln.

Schumann, Harald (2011): Die Hungermacher. Wie Deutsche Bank, Goldman Sachs & Co. auf Kosten der Ärmsten mit Lebensmitteln spekulieren, in: Foodwatch, http://www.foodwatch.org/uploads/media/foodwatch-Report_Die_Hungermacher_Okt-2011_ger_02.pdf

Schumpeter, Joseph A. (1983): *The Theory of Economic Development. An Inquiry into Profits, Capital, Credit, Interest and the Business Cycle*, Piscataway, NJ. (Erstausgabe 1934).

Schumpeter, Joseph A. (2008): *Capitalism, Socialism and Democracy*, New York (Erstausgabe 1942).

Skidelsky, Robert (2003): *John Maynard Keynes: 1883–1946: Economist, Philoso- pher, Statesman*, London.

Smith, Adam (2008): *An Inquiry into the Nature and Causes of the Wealth of Nations*, Oxford, UK. (Erstausgabe 1776).

Soros, George (2008): *Das Ende der Finanzmärkte – und deren Zukunft. Die heutige Finanzkrise und was sie bedeutet*, München.

Sprenger, Bernd (1991): *Das Geld der Deutschen. Geldgeschichte Deutschlands von den*

*Anfängen bis zur Gegenwart*, Paderborn.

Statistisches Bundesamt (2012): *Statistisches Jahrbuch 2012. Deutschland und Internationales*, Wiesbaden.

Statistisches Bundesamt (2012 a): *Körpermaße nach Altersgruppen. Ergebnisse des Mikrozensus 2009*, Wiesbaden.

Statistisches Bundesamt (2012 b): *Durchschnittliche fernere Lebenserwartung in den Bundesländern nach Sterbetafel 2008/2010*, Wiesbaden.

Statistisches Bundesamt (2012 c): *Volkswirtschaftliche Gesamtrechnung: Private Konsumausgaben und verfügbares Einkommen*. 3. Vierteljahr 2012, Wiesbaden.

Statistisches Bundesamt (2013): *Außenhandel: Rangfolge der Handelspartner im Außenhandel der Bundesrepublik Deutschland 2012*, Wiesbaden.

Steinbrück, Peer (2010): *Unterm Strich*, Hamburg.

Strange, Susan (1997): *Casino Capitalism*, Manchester.

Strobl, Thomas (2010*): Ohne Schulden läuft nichts: Warum uns Sparsamkeit nicht reicher, sondern* ärmer *macht*, München.

Temin, Peter (2013): *The Roman Market Economy*, Princeton.

Twain, Mark (1997): *A Tramp Abroad*, London. (Erstausgabe 1880).

United States of America (2011): *The Financial Crisis Inquiry Report. Final Report of the National Commission on the Causes of the Financial and Economic Crisis in the United States*, Washington.

Van De Mieroop, Marc (1997): *The Ancient Mesopotamian City*, Oxford, UK.

Vega, Joseph de la (1688/1994): *Die Verwirrung der Verwirrungen. Vier Dialoge über die Börse in Amsterdam. Das* älteste *Buch* über *die Börse*. Herausgegeben und kommentiert von André Kostolany, Kulmbach.

Vogl, Joseph (2010): *Das Gespenst des Kapitals*, Zürich.

Wallwitz, Georg von (2011): *Odysseus und die Wiesel: Eine f*röhliche *Einführung in die Finanzmärkte*, Berlin.

Weber, Max (1988): Die protestantische Ethik und der Geist des Kapitalismus, 1920, in: Max Weber, *Gesammelte Aufsätze zur Religionssoziologie I,* Stuttgart.

Wehler, Hans-Ulrich (1987 a): *Deutsche Gesellschaftsgeschichte*, Erster Band, 1700–1815, München.

Wehler, Hans-Ulrich (1987 b): *Deutsche Gesellschaftsgeschichte*, Zweiter Band, 1815–1845/49, München.

Wehler, Hans-Ulrich (1995): *Deutsche Gesellschaftsgeschichte*, Dritter Band, 1849–1914, München

Wehler, Hans-Ulrich (2003): *Deutsche Gesellschaftsgeschichte*, Vierter Band, 1914–1949, München

Wehler, Hans-Ulrich (2008): *Deutsche Gesellschaftsgeschichte*, Fünfter Band, 1949–1990, München.

Weizsäcker, Ernst Ulrich von, Karlson Hargroves, Michael Smith (2010): *Faktor Fünf: Die Formel für nachhaltiges Wachstum*, München.

Whittaker, Ch. R. (1997): *Moses Finley 1912–1986*, Proceedings of the British Academy 94, S. 459–472, London.

Williams, Ernest E. (1973): *Made in Germany*, 1895. Überarbeitet und eingeleitet von Austen Albu, New York.

Wolfe, Tom (1988): *The Bonfire of the Vanities,* New York.

Ziegler, Dieter (2009): *Die industrielle Revolution*, 2. Auflage, Darmstadt.

國家圖書館出版品預行編目資料

資本的世界史：財富哪裡來?經濟成長、貨幣與危機的歷史 / 烏麗克.赫爾曼(Ulrike Herrmann)；賴雅靜譯. -- 初版. -- 新北市：遠足文化, 2018.02
　　面；　公分. -- (歷史.跨域；1)
譯自：Der Sieg des Kapitals : wie der Reichtum in die Welt kam@@die Geschichte von Wachstum, Geld und Krisen
ISBN 978-957-8630-15-4(平裝)
1.經濟史 2.資本主義 3.經濟發展
552.097　　　　　　　　　　　　　　　　　　　　　　　　　　107000027

遠足文化　　　　　　　讀者回函

歷史·跨域 01

資本的世界史：財富哪裡來？經濟成長、貨幣與危機的歷史
Der Sieg des Kapitals: Wie der Reichtum in die Welt kam: Die Geschichte von Wachstum, Geld und Krisen

作者·烏麗克·赫爾曼（Ulrike Herrmann）｜譯者·賴雅靜｜校訂·黃紹恆｜責任編輯·龍傑娣｜編輯協力·胡慧如｜校對·楊俶儻｜封面設計·紀鴻新｜出版·遠足文化事業股份有限公司·第二編輯部｜社長·郭重興｜總編輯·龍傑娣｜發行人兼出版總監·曾大福｜發行·遠足文化事業股份有限公司｜電話·02-22181417｜傳真·02-86672166｜客服專線·0800-221-029｜E-Mail·service@bookrep.com.tw｜官方網站·http://www.bookrep.com.tw｜法律顧問·華洋國際專利商標事務所·蘇文生律師｜印刷·崎威彩藝有限公司｜排版·菩薩蠻數位文化有限公司｜初版·2018年2月｜初版十三刷·2023年10月｜定價·420元｜ISBN·978-957-8630-15-4
版權所有·翻印必究｜本書如有缺頁、破損、裝訂錯誤，請寄回更換